外贸职场高手系列

JAC'S MANAGEMENT BOOK FOR THE BOSS OF FOREIGN TRADE COMPANY

JAC

JAC 著

写给外贸公司老板的企管书

中国海关出版社

图书在版编目（CIP）数据

JAC 写给外贸公司老板的企管书 / JAC 著. —北京：中国海关出版社，2017.8
ISBN 978-7-5175-0225-8

Ⅰ.①J… Ⅱ.①J… Ⅲ.①三资企业—企业管理 Ⅳ.①F276.43

中国版本图书馆 CIP 数据核字（2017）第 199142 号

JAC 写给外贸公司老板的企管书
JAC XIEGEI WAIMAO GONGSI LAOBAN DE QIGUANSHU

作　　者：JAC	
策划编辑：马　超	
责任编辑：郭　坤	
责任监制：王岫岩　赵　宇	
出版发行：中国海关出版社	
社　　址：北京市朝阳区东四环南路甲 1 号	邮政编码：100023
网　　址：www.hgcbs.com.cn；www.hgbookvip.com	
编 辑 部：01065194242－7585（电话）	01065194234（传真）
发 行 部：01065194221/4238/4246/4227（电话）	01065194233（传真）
社办书店：01065195616/5127（电话/传真）	01065194262/63（邮购电话）
印　　刷：北京鑫益晖印刷有限公司	经　　销：新华书店
开　　本：710mm×1000mm　1/16	
印　　张：17	字　　数：268 千字
版　　次：2017 年 10 月第 1 版	
印　　次：2018 年 4 月第 2 次印刷	
书　　号：ISBN 978-7-5175-0225-8	
定　　价：45.00 元	

海关版图书，版权所有，侵权必究
海关版图书，印装错误可随时退换

序一

认识 Jac 老师是两年前的事情了，当时我们央企正在进行内部市场化的改革，尝试在企业内部做一个实验，将开发客户的流程进行分解和标准化，最大限度地缩短新员工的出单周期。我个人做事的风格是先了解这个领域最厉害的人物，看看他们是怎么做的，然后，把最有效的工具和方法学过来，再结合自身的情况进行实践。于是，培训部经理想办法请来了 Jac 老师为我们做辅导，帮我们完善了课程体系。Jac 老师的每一堂课都得到学员们的热烈欢迎，学员们反馈最多的就是课程"接地气、很实用"。后来通过 Jac 老师的方法，学员们快速通过了公司的测试，顺利取得了订单的突破。

Jac 老师的书的特点是"从实践中来到实践中去"，每一个案例都是他亲身的经历。我见过很多非常优秀的外贸从业人员，他们也有着非常靓丽的业绩，但很少愿意分享自己的经验和技巧。Jac 老师是我最为钦佩的外贸精英，他不仅自己在外贸领域战功卓著，而且善于总结分析，能够对工作中遇到的问题进行系统地反思，并把自己的经验无私地分享给大家。他的经验对许多外贸新人外贸综合技能的习得和提升起到了非常重要的作用。

Jac 老师是外贸领域为数不多的同时具备战略和管理思维的人物。本书中 Jac 老师不仅为外贸从业人员讲解了切实可行的方法，还为外贸老板分享了具有战略意义的外贸思维，并提出了外贸企业发展的几个阶段，每个阶段不同的侧重点，以及对人的不同能力的需求。唯有亲身经历过企业这几个发展阶段的人才会有如此切身的体会。

本人非常高兴看到这本通俗易懂又令人耳目一新的书籍面世。这是一本随时可以把我们带到外贸工作情境中的书，它能帮助我们外贸从业人员解决工作中遇到的各种问题。表面上它讲的是一种"术"的层面的东西，但实际上它充分体现了 Jac 老师这么多年深耕外贸领域在"道"的层面的思考。本人希望大家和 Jac 老师一起"悟道"国际贸易，更好地帮助中国企业走出去，让中国品牌屹立于世界。

中建材国际贸易有限公司业务运营总监　师继锋

2017 年 6 月 12 日

企业不息教育不止

这是一本写给外贸老板的书。Jac 三个月前第一次请我为这本新书作序，我有些惶恐，但还是应承了下来。一晃三个多月过去了，我们之间往来交流无数次，但都没再提起过这件事，我以为这事不了了之了。没想到，今天收到 Jac 的微信留言，正是这本书的主要内容和他自己写的前言，以及邀我撰写序言的事宜。于是，我提笔给 Jac 还有外贸老板们写几句心里话。

之前我说 Jac 给老板出书这事可能不了了之了，我真不是开玩笑。Jac 给这本书的前言所起的标题是"更应该受教育的是老板"，这句话本身就充满争议，但我知道这是他的心里话，同样也是我的心里话。

Jac 成名已久，在外贸圈 Jac 不是个人名，是实实在在的一个名人。看过他博客、公众号文章的外贸人在全中国不下几十万人，这些人背后是数以十万计的中国出口企业。他实实在在地影响了很多外贸人。

我所在的焦点商学院成立于 2007 年，从成立开始到现在一直在为外贸人做培训，而且也是以外贸实战培训为主，面向的对象 90% 以上是基层业务员和业务主管。换句话说我们焦点商学院和 Jac 一样，都离外贸老板比较远，我们都试图去影响更多的外贸老板，但真的很难。

我们在和外贸一线人员的互动中经常听到他们的抱怨，感受到他们的无奈。一方面他们工作压力大，包括业务的指标考核、订单的激烈竞争，另一方面则是学习和成长的环境艰难。外贸是业务型工作，理论上是没有休息时间的，所有的时间都可以拿来开发客户、维护客户，这是大部分老板的想法。

这十几年来，中国的外贸发生了巨大的变化，外贸业务员也需要不断转变思路、采取新的方法。以前接订单主要通过展会，老板往往也会亲自去参加；后来通过 B2B 平台开发客户，老板也慢慢接受，给业务人员提供平台；如今，需要通过 B2C、SNS、小语种平台、SEO 多管齐下找客户。业务员们想学习利用新渠道，可很多老板的思路还停留在原来的阶段，不予以支持。因此，从外贸业务本身来说外贸老板确实需要受教育。

再从团队管理来说，以前想进外贸企业当业务员是有门槛的，大家挤破头要进这一行；到如今呢，外贸业务员极其难找，没经验的业务员老板看不上，有经验的老板又处处设防，这个行业的用人陷入了一个怪圈。导致这一切的主要原因是外贸老板。我们公司一直在和南京的高校进行校企合作，联合培养外贸人才。但近几年我们发现从市场营销、国际贸易、英语等专业转化到外贸行业的大学生越来越少，转化难度越来越大。2016 年我们一个飞鹰训练营有 42 位大学生，最后从事外贸的不到 5 位。有些是在面试匹配时比较了银行等金融机构的工作后选择了后者，有些是被老板们仍旧高高在上的姿态吓走了。新业务员不敢放手培养或引进，有经验的业务员公司又没有好的机制吸引过来，因此从用人角度来说老板也需要教育。

最后说说老板自身的成长需要。我一直有个观点，外贸老板特别是贸易公司的老板和很多工贸一体企业的老板乃至其他行业的老板是不一样的。从经营和管理的全面性上比较，外贸老板是有欠缺的。为什么这么说呢？中国第一代外贸老板大多是两个出身，一是大型外贸国企资深业务员转型创业，二是内贸工厂转型外贸，或者是企业家二代创业做外贸。这两种老板都有着管理和业务上的局限，前一种长期只熟悉产品流通领域，后一种所熟悉的业务模式和新业务有差异，所以说从老板本身的成长来说，也是需要受教育的。

这本书是 Jac 和老板们敞开心扉沟通的一个尝试，Jac 把自己长期带领外贸团队成长的经验，例如渠道拓展、团队管理、选人用人、管理困惑等多个方面的经验都分享了出来，希望各位外贸老板们能有所收获。

中企教育科技董事长兼总经理、焦点商学院院长　姚俊
2017 年 6 月 15 日

前言
更该受教育的是老板

关注我的诸位都知道，这个标题我曾经用过，而且这篇文章发布之后还引起了不少的争论。有人说，我是为讨好业务员才写这样的文章。说这话的人对我完全不了解，我从来不会讨好任何人，只写客观公正的文章。

我写给一线业务员的文章较多，包括如何做宣传，如何分析客户，如何写邮件，如何跟踪客户，如何跟客户谈判，等等。我的前两本书《JAC外贸工具书——JAC和他的外贸故事》《JAC外贸谈判手记——JAC和他的外贸故事》就是这样的内容。

但是，早在几年前我就发现了两个严重的问题：

（1）很多事业务员想做，但是做不了决策；

（2）很多事情很重要，但是业务员又不愿意做。

第一类问题，例如宣传途径的选择，业务员知道Google SEO（Search Engine Optimization，搜索引擎优化）是一种不错的途径，很多种产品在Google上宣传的效果都不错，业务员觉得自己的产品也可以尝试，但是老板只知道B2B（Business-to-Business，企业对企业的贸易），不想投入更多；例如业务员的某个客户很有采购意向，而且对方公司规模很大，客户提出需要免费样品，其实一个样品也没多少钱，但是老板就是不同意发；再例如，客户要求付款方式采用L/C，开证行很不错，但老板还是不做……

第二类问题，业务员不愿意做的大部分是基础工作，例如产品学习很重要，但是绝大多数业务员不喜欢；例如客户背景调查很重要，大部分业务员只是应付了事；例如模拟训练也很重要，大部分业务员却都莫名地抵制……

所以，老板一方面要学着放权，授权；另一方面，某些战略性的问题，老板还是要自己去设定机制，加强执行力。

基于帮助更多老板提升管理水平的目的，我开始把自己管理的经验慢慢地写成了文字。我必须承认在一段时间内我走了很多弯路，写出来的文字也的确很幼稚，这部分文字也被收录到了这本书里。当然，我会客观地在原有的文字下面写出点评，以及我后来的思考，算是前车之鉴。大家看成功的故事看多了，看看失败的经验，可能更有用。

我的优势在于思考能力强，以及修正错误的决心大和反应的速度快，能很快从原来的错误中总结出教训，迅速调整。所以，当我对央企、国有企业，或者稍微有点规模的外贸公司进行辅导的时候，都能帮助他们把机制做得非常完善，流程顺畅，执行有效。

其实，管理一个企业无非就是做两件大事，制定战略和加强执行力（如图 0-1 所示），所以本书也会涵盖这两部分内容。

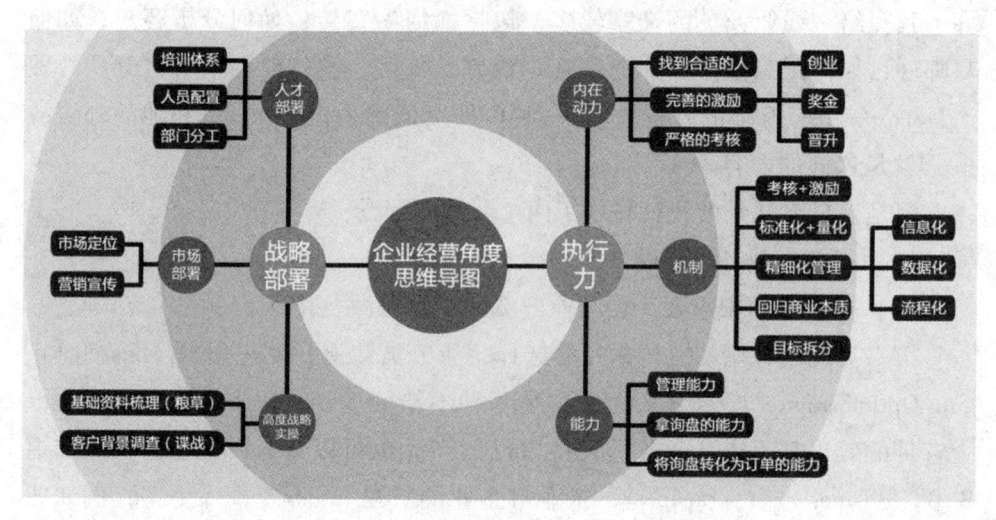

图 0-1

我把外贸企业的发展历程分为创业期、守业期、中兴期。

现在很大一部分外贸企业都已经度过了创业期，也就是生存期。创业期的特点很明显，就如同图 0-2 所示，并不需要什么强大的团队、完善的机制，因为增长速度够快，能掩盖一切问题。

一旦进入守业期，情况就变了，企业增长速度变缓，成本升高，团队的

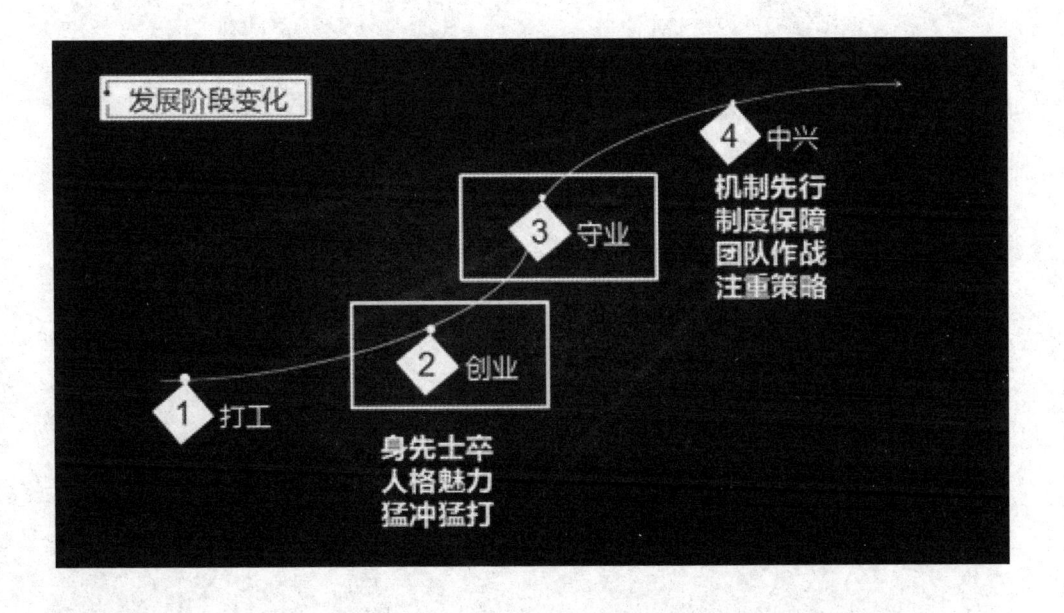

[图片：发展阶段变化示意图，包含1打工、2创业（身先士卒、人格魅力、猛冲猛打）、3守业、4中兴（机制先行、制度保障、团队作战、注重策略）]

图 0-2

负载能力达到了最高点，一帮员工跟着老板冲了这么多年，也想着自己该享受一下了，单纯地打鸡血对他们来说已经作用不大，企业需要建立激励制度，培养新团队，更需要建立整个公司的精细化管理制度。

大部分外贸老板要么是业务型，要么是技术型，对于管理、机制建设、团队培养没有好的思维，道听途说了很多方法，也参加了各种培训，可是回到公司内部还是落不了地。我希望这一本专门针对外贸企业管理者的书，能够为大家解决疑虑。

Jac

目录

第一章
外贸企业未来发展的宏观视野 ………… 1

第一节 外贸企业发展战略 ………………………… 1
Part 1 　外贸企业的战略布局 ……………………… 1
Part 2 　外贸企业应该把这些放到战略高度 ……… 4

第二节 直面变化，巧妙应对 ……………………… 8
Part 1 　直面所谓的外贸寒冬 ……………………… 8
Part 2 　再见，低成本外贸时代 …………………… 10
Part 3 　外贸形势的变化与应对 …………………… 11
Part 4 　传统 B2B 如何实现向 B2C 的转型 ……… 15
Part 5 　内贸企业转外贸企业的关键点 …………… 23
Part 6 　外贸企业需要尽快商务化 ………………… 27
Part 7 　试错成本不容忽视 ………………………… 30
Part 8 　重新定义老外贸 …………………………… 32

第三节 耸人听闻的言论 …………………………… 36
Part 1 　贸易公司倒闭潮真的要来了 ……………… 36
Part 2 　外贸企业发展中的定时炸弹 ……………… 40

· 1 ·

第二章

厘清外贸体系 ·············· 43
第一节　你必须了解外贸体系 ·············· 43
第二节　品牌运作的四大体系 ·············· 47

第三章

行业现象之我见 ·············· 51
第一节　看似奇怪的那些事儿 ·············· 51
　　Part 1　为什么贸易公司一般都做不大 ·············· 51
　　Part 2　为什么单笔订单额越来越小 ·············· 52
　　Part 3　不以签单为目的的参展都是浪费钱 ·············· 54
　　Part 4　更新一下你的某些传统观点 ·············· 55
第二节　我眼中的Alibaba ·············· 60
　　Part 1　"我到底应不应该做一达通" ·············· 60
　　Part 2　Alibaba到底惹了谁 ·············· 62
　　Part 3　除了Alibaba还有什么宣传方法 ·············· 65

第四章

打破外贸企业经营瓶颈 ·············· 78
第一节　向精细化管理要效益 ·············· 78
第二节　通过数据分析提升转化率 ·············· 81
第三节　外贸企业老板的心态与改变 ·············· 84
第四节　你的经验不是万能的 ·············· 87
第五节　他山之石为我所用 ·············· 90
第六节　如何预防功勋员工流失给企业业绩带来波动
　　　　 ·············· 92

第七节　是否成功切换了创业模式和守业模式 …… 95

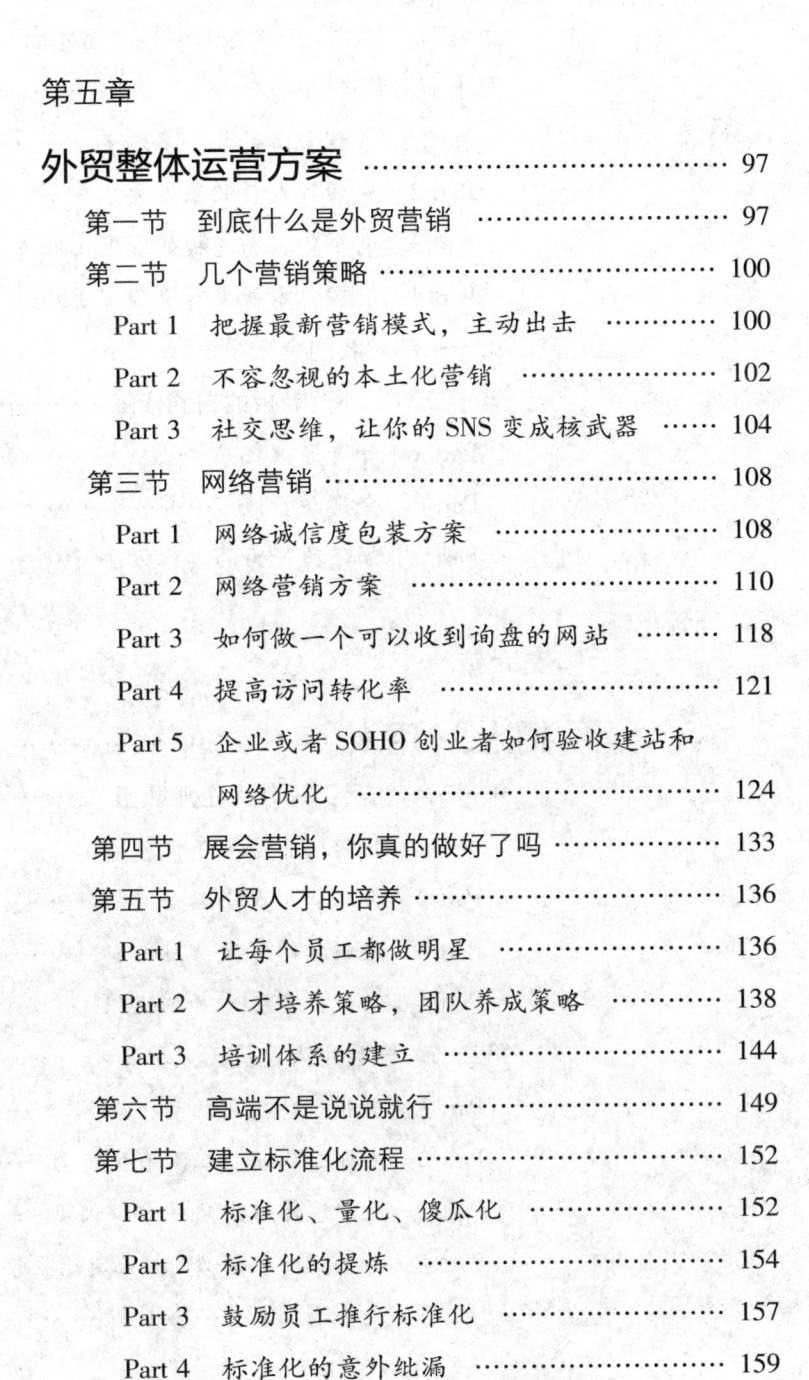

第五章
外贸整体运营方案 …… 97
第一节　到底什么是外贸营销 …… 97
第二节　几个营销策略 …… 100
　Part 1　把握最新营销模式，主动出击 …… 100
　Part 2　不容忽视的本土化营销 …… 102
　Part 3　社交思维，让你的SNS变成核武器 …… 104
第三节　网络营销 …… 108
　Part 1　网络诚信度包装方案 …… 108
　Part 2　网络营销方案 …… 110
　Part 3　如何做一个可以收到询盘的网站 …… 118
　Part 4　提高访问转化率 …… 121
　Part 5　企业或者SOHO创业者如何验收建站和
　　　　　网络优化 …… 124
第四节　展会营销，你真的做好了吗 …… 133
第五节　外贸人才的培养 …… 136
　Part 1　让每个员工都做明星 …… 136
　Part 2　人才培养策略，团队养成策略 …… 138
　Part 3　培训体系的建立 …… 144
第六节　高端不是说说就行 …… 149
第七节　建立标准化流程 …… 152
　Part 1　标准化、量化、傻瓜化 …… 152
　Part 2　标准化的提炼 …… 154
　Part 3　鼓励员工推行标准化 …… 157
　Part 4　标准化的意外纰漏 …… 159

第八节　借题发挥，小题大做 …………………… 161
　　第九节　激励，一个中心，两个基本点 …………… 164
　　第十节　管理 ………………………………………… 166
　　　Part 1　管理员工的几个基本点 ………………… 166
　　　Part 2　对管理人员的基本要求 ………………… 169
　　　Part 3　两个你容易忽视的管理小细节 ………… 172
　　　Part 4　管理，本就没有道理可讲 ……………… 175
　　第十一节　我的企业投资观 ………………………… 177
　　第十二节　外贸老板的自我修炼 …………………… 179
　　　Part 1　外贸老板之痛 …………………………… 179
　　　Part 2　舍得与尝试 ……………………………… 181
　　　Part 3　加强执行力的具体方法 ………………… 182

第六章

招人、用人 ……………………………………………… 185

　　第一节　招兵买马壮大企业队伍 …………………… 185
　　　Part 1　招聘——磨刀不误砍柴工 ……………… 185
　　　Part 2　招人、用人小贴士 ……………………… 187
　　　Part 3　终极招聘方案 …………………………… 191
　　　Part 4　老板要具备"原本思维" ……………… 194
　　第二节　学会用人让员工人尽其才 ………………… 198
　　　Part 1　企业对待功臣的两个误区 ……………… 198
　　　Part 2　为什么你的员工没有执行力 …………… 200
　　　Part 3　人才培养速成法——培训篇 …………… 202
　　　Part 4　关于"邮件转发"，必须让业务员明白的
　　　　　　　那些事儿 ………………………………… 206

第七章

外贸老板经常面临的那些"纠结" ········ 208

- 第一节　左右为难的业务决策 ················ 208
  - Part 1　一个订单赚钱不多甚至不赚钱你到底要不要做 ····················· 208
  - Part 2　写给各位对宣传纠结的老板看 ········ 210
- 第二节　老板也要不断深造 ·················· 213
  - Part 1　老板怎样筛选供应商 ················ 213
  - Part 2　根据公司禀赋，量体裁衣 ············ 216
  - Part 3　更该受教育的是老板 ················ 218
  - Part 4　外贸公司老板的常见软肋 ············ 220

第八章

外贸老板必须主导的实操 ················ 225

- 第一节　做好外贸要加强模拟和训练 ·········· 225
- 第二节　收到询盘后的客户背景调查 ·········· 227
- 第三节　一定要让你的业务员分清这三组词 ···· 231
- 第四节　别再让你的员工做这样的事件营销 ···· 233
- 第五节　教会你的业务员危机公关的基本逻辑 ·· 234
- 第六节　预防邮箱被盗引发客户被骗的一些方法 ··· 236

第九章

外贸企业未来几年关注点 ················ 240

- 第一节　这几个市场值得外贸企业重点关注 ······ 240
- 第二节　要这样做外贸宣传 ···················· 243

第一章

外贸企业未来发展的宏观视野

第一节 外贸企业发展战略

Part 1 外贸企业的战略布局

对于外贸企业来说，要想让自己的事业发展到一定的高度，必须有明确的战略布局，通俗来讲，就是要把每条路怎么走规划清楚，用战略去指导战术。

我把客户分为三类，并按照这种分类进行战略布局：

（1）大客户、规模客户、明星客户；

（2）普通客户；

（3）零散客户。

怎么来确定这几类客户呢？其实，每个行业有每个行业区分客户的标准。例如，大客户可以是订单量很大的客户，也可以是虽然订单量不大，但是在某个特定区域内有很大的名望，提起来尽人皆知的客户。换句话说，大客户是大量消化公司产量的客户，或者是可以带来样板效益的客户。

普通客户一般指订单量不大不小的客户。他们的订单通常是一个柜子的原材料，或者一台机械，说大不大，说小不小。

零散客户，一般指那些样品级别的客户。他们的订货量很小，如果你的货物是按柜子出口的话，他们的货物可能就是半个柜子、四分之一个柜子，甚至四分之一都不到。

这三类客户，是我进行外贸战略布局的依据！

一、大客户

把焦点聚集在某一个客户身上，需要战术和方法；把焦点聚集在某一个国家或地区，则需要布局。很多人会讲，聚集在某一个国家或地区，太虚了吧，一会儿你就知道其实并不虚。还有人会说，聚焦在某个国家或地区是不是要讲某一个国家或地区的商人如何如何，有什么样的特点之类的。我想说，不是，人形形色色，不可能按照国家或地区来划分特点。

说太多理论不容易理解，我还是举一个国家为例吧。例如韩国，我在很多场合都说过，这是我起步的市场。我之所以可以从这个市场起步并走向辉煌，是因为我对这个市场做了精确的布局。在以后开发其他国家或地区的时候，我也使用了类似的布局方法。

首先，按照产品的用途我搜索出一些大客户，把这些客户作为全年跟进的重点，不断研究、调查客户，分析客户。当然，这一步最关键的还是找到到底谁负责采购。这个课题，无论是邮件还是电话的方法我都写过了，可以去翻《JAC外贸工具书——JAC和他的外贸故事》找答案。

就这么简单？当然不是，如果这么简单就谈不上布局了。更加关键的环节来了，大公司意味着人事复杂、规则众多，当然潜规则也很多。

大公司必然有一大帮人在盯着，而且其所在国的贸易公司肯定会拼命地跟他们搞好关系。总有那么几家贸易公司的人能够跟这些大公司的采购负责人成为朋友，你推送100封邮件不如这些关系户提一句。就算不熟悉，他们本国人打电话方便，上门也方便，效率远远超过我们所谓的邮件营销和电话营销。所以，如果你已经认识当地贸易公司的人，就要告诉他，你打算大规模开发当地市场，要从大公司开始，问他是否有兴趣跟你一起，尝试让他打电话或者事先拜访他们取得联系，并告诉他你愿意去面谈，同时，告诉该贸易公司你会让他做你的独家代理……

当然，如果没有认识的人你也不要怕。海关数据有吗？会搜索吗？先找到贸易公司的联系方式，直接给他们发邮件，不需要推荐产品，就说你是来招代理的，你的战略就是开发大客户，如果他感兴趣，你们面谈，你还会给他代理的资格，并提供最低价。

只要你发的邮件够多，一定会遇到合适的人。我每次都会找到，很幸运吗？可能吧。

找到人之后，你要给对方足够多的诱惑，佣金足、资料全、服务好、随叫随到等。这么做的意图很简单，告诉他这个项目赚钱多，无后顾之忧，来吧，入行吧！

说起来很简单，做起来很难。最难的部分是信心和耐心，没有人会马上相信你。你要一遍又一遍地做工作，要不停地筛选，最终选择一个值得托付的代理公司，把你掌握的信息给他，这样就万事大吉了。

我很反感某些人什么都没做就质疑。不要觉得我是空口说白话。我是这样过来的，这么多年，这个方法从来没有失效过，现在我也还在做这件事。

估计还有一些人有疑虑，你就不怕你支持他开发出来客户，结果他跟着别人跑了？

我确实害怕，但是维护合作关系是我的强项，我有信心留住客户。

我开发韩国市场、德国市场的时候，非常频繁地往返于这些国家。很多人说这样值吗？好，我告诉你值不值。当时我们公司没有任何的高级检测设备，检测任何高级项目都需要靠外部机构，检测一项就需要4 000元，总计7项，28 000元。但是有一个大公司的检测设备非常齐全，所有的项目都可以检测，只要让他们代理我们的产品就可以节约我们公司的检测费用。

在代理公司检测产品的过程中，我们还有机会见他们的一线检验员，知道我们产品某些原来根本不知道的特性，甚至知道使用过程中的某些问题，这些收获多少钱能买到呢？

合作之后，我的收获就更多了，因为这个样板是对我们公司最好的背书。这就是大客户布局。

二、普通客户

普通客户是我们面对的最多的客户。估计做过一段时间外贸的人应对这些客户都有一些心得，其中最基础的一步是报价策略要正确，具体的报价策略大家可以看《JAC外贸工具书——JAC和他的外贸故事》。

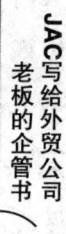

三、零散客户

零散客户一般是规模较小的终端客户，这类客户有进口需求，但是他们的需求很难被中国出口商满足，因为绝大部分中国出口商都不重视这种小客户。与他们的订单成交价格不高，而且程序跟大规模出口一模一样，甚至更加复杂，但是，如果你独辟蹊径，抓住这一部分客户，也会有意想不到的惊喜。

我曾经尝试说服一个小买家进口一个小柜的产品来试用，但是他算了一下，说不可能，因为他们每个月只能用3吨货，一个小柜有22吨货，他要7个多月才能用完，原材料会不会变质不说，资金压力也很大，又会占用大量的库存。于是我费了好大的力气给他出口了3吨货。这批货物是危化品，拼箱非常困难。结果，这样的客户越来越多，一个市场有了3~5个客户，每个月可以拼出1~2个柜子。他们说，本来他们都是从国内市场买货，产品价格高很多，供应还不稳定，所以，希望我给他们供货。于是，在泰国市场，我们设立了自己的第一个仓库，每个月运两个柜子货物过去，一袋一袋卖，利润高得难以想象。

后来我们又慢慢地布局了几个市场，方式不同，有的是自己建仓库，有的是借用原有中间商的仓库，跟他们合作，产品卖掉后我们分成。

这种销售方式类似于我们国内化工市场的经销商卖货给散户，利润并不低，因为这些散户即使知道工厂，但是工厂要么不理他们，要么对当地的经销商有保护，不给散户供货。所以，如果你们有实力，可以自己去建仓库、办公室、办事处，一方面可以维护大客户，开发普通客户，另外一方面还能抓住散户。如果你不想那么麻烦，就找一个代理，只要你会分钱就行了。

Part 2　外贸企业应该把这些放到战略高度

方法和技巧随时可以调整，宣传渠道只要有钱有胆量就可以投进去，短时间的困难只要你坚持也可以熬过去，但是战略不能错，错则满盘皆输。

你可以要求业务员正确地做事，但是前提是，整个公司都在做正确的事，当公司把路选错、选偏了，甚至选反了，业务员跑得越快，离目标越远。到时候，你不能怪团队不用心、不努力，而是应该自责，向团队道歉，害得大家无功而返，付出却没得到应有的报酬。

因为战略问题没让团队赚到钱的公司是在浪费资源。

一、抓住本质

这个观点我已经表达过很多次了，而且我们整个团队从 2015 年开始已经在做一些精力的战略转移。现在外贸经常被称为跨境电商，跨境先不管，电商这个词我们一定要搞清楚。电子商务，电子是途径，商务才是本质。

以前没有电子这个渠道，实现商务往来的途径是线下展会、拜访、电话，可能以后电子也会被其他的渠道取代，但是商务永远不会变，商务就是拿下客户，维护客户。

所以，作为外贸企业应该去测评自己在电子和商务方面分配的时间比重。询盘的获取很重要，但是实话实说，并没有几个公司是因为缺少询盘而出问题（一分钱不舍得投入的另当别论），大部分公司是有很多询盘，很多的老客户资料却转化不了。

问题出在哪儿一目了然。外贸企业应该从公司内部进行引导，解放业务员的精力，让他们可以真正地把大部分的精力投入商务中，这才是企业发展的制胜之道。

二、人才战略

竞争的本质永远是人的竞争，可是人比机器的不确定性更大，喜怒哀乐变化多端，铁打的营盘流水的兵是亘古不变的真理。你不需要关注离职者到底去了哪，他会有什么样的发展，好或者不好，这些基本上都与你无关。现实问题是，他走了之后会不会对你的企业造成很大甚至致命的影响。

外贸，是一个重人力的工作，自动化再强，科技再发达，有一个事实改变不了，即订单的谈判和客户的服务都要靠人。

大部分企业是一个萝卜一个坑，招聘都是应急性的，当有员工离职，才想起来这个职位需要有人接手，于是急急忙忙地招聘，这是试错成本高的重要原因。外贸企业应该把人才作为企业战略资源来对待。

一切以成交和现实的外贸能力（如面对面谈判能力）为出发点来招聘很

重要。招聘广告要挂上去，并且要不断地更新。不断地面试，不断地淘汰，这样团队才能保持活力，企业也才能真正找到自己想要的人，留下自己想留的人。

三、走出去战略

走出去是大势所趋，不是你想做就做，不想做就可以不做的。对于外贸企业来讲，现在的问题不是应不应该走出去，而是怎么样走出去。

商人为了逐利是无孔不入的，网络上获得客户的成本在上升，质量在下降，线上沟通成本也在上升，机会慢慢地又转到了线下，尤其是外贸的最前线，也就是客户的所在地。

伴随着第三方海外仓服务的兴起，走出去一定会加速，仓库前置、销售人员本地化，将是最有力的竞争手段。

走出去费用不低，所以要追求成功率，要求企业的资料准备要齐全，人员素质够高。很多人说走出去是大公司要做的事，我想说，你错了，绝对不是。即使公司只有两个人的时候也要经常走出去，现在很多大胆的 SOHO（Small Office, Home Office，外贸中一般指在家创业的独立外贸人）会跑到越南、韩国、孟加拉国这些国家拜访客户。你不可能指望别人铺好了路让你走，你自己不去开路，只能原地等待慢慢地被吞噬。

四、B2B 品牌化战略

B2B 尤其是 OEM（Original Equipment Manufacturer，原厂委托制造）很难做出品牌，因为客户基本上不会愿意经营你的品牌，所以，我的品牌概念是指品牌化的服务和品牌化的质量。

产品和服务绝对是客户最关心的。虽然我们是贴牌生产的公司，但是客户很认可我们的制造工艺和质量控制体系，这些都是公司的无形资产。对于贸易公司而言，根本没有自主生产的产品，而且整个销售过程对于产品本身没有任何增值，所以，贸易公司最根本的工作就是提高服务的标准。

例如我们公司业务员可以明确地表明我们公司是一个贸易公司，但是我们有严格的采购体系。无论是对工厂的遴选，还是对质量的把控我们都有别人达不到的高标准。例如我们有独立的质量控制部门，对产品的检验比客户都要严格，例如我们交付产品的高标准，售后服务的严要求……

客户的选择多了，同样意味着选择成本变高了，我们可以为客户节省大量的时间成本和试错成本，客户又何乐而不为？

五、社交战略

社交平台可能是唯一一个可以在一定程度上抵抗线下冲击的外贸宣传途径。但是我说的社交平台战略绝对不是利用社交平台发发广告、拿拿询盘那么简单的。实际上，正好相反，我很反对把社交平台变成又一个宣传阵地、广告聚集地。

社交战略是指业务员把SNS（Social Network Site，社交网站）变成高质量内容的聚集地，在此跟已经联络的客户主动交流，吸引其关注、认可这些高质量的内容。

当然，这只是社会交平台的一个作用。社会交平台还有一个作用就是寻找目标用户，也就是那些掌握你们客户资源的用户，例如，协会、学校老师、某些研究所、跟你们有共同客户的销售人员，等等。通过社交需求切入，你可以和这些人共享资源。

我们不应该仅仅用社交平台来宣传，还应该将其上升到公司的战略高度。经过几年的运营，我的SNS营销已经展现出其威力。相信我，照着这个思路走你也能体会到这种威力。

六、外包战略

让专业的人做专业的事可以节省时间，不要不把自己的时间当成本。要知道现在这个快速变革的时代，快，很重要。

例如很多宣传材料的制作完全可以外包，不要再让你的业务员做一些出力不出成绩的事；网络宣传工作能外包的外包，让业务员拿出时间来多做一个客户；团队建设策略的制定工作外包，因为团队是现在打天下的必备要素，但是有团队首先要有人员规划，有培训体系，有激励考核，有骨干带队，花时间研究的确是条路，可是，你真的赶得上这变迁的时代吗？

外包战略应该成为每一个企业的必备战略，因为人的精力有限，聚焦很重要。网站我会做，原来我都是自己做，但是现在我把它外包了。平台我也会操作，原来也是自己操作，现在都外包了……

将以上六点作为企业战略就应该长期执行，有些方法可能不会像卖掉一件商品一样，马上能赚到钱那么直观，但却是整个企业的命脉。

以上六点，供大家参考。

第二节　直面变化，巧妙应对

Part 1　直面所谓的外贸寒冬

电视上你经常会看到这种情节，一男一女被恶人抓起来扔进了冷库，然后恶人们有意无意地提供了一些线索给冷库外的人。营救的人们发挥聪明才智分析冷库的大体位置，最后，男女主人公获救。救援这个过程往往需要一定的时间，这个时候，这对男女主人公要做的是争取时间，别让自己在被找到之前死掉。

刚开始两个人还会通过活动来获取热量，后来累了，一般会有一个人，当然通常是柔弱的女人（没有歧视，大多数是这样演的）坐下来，不想再活动，蜷缩在那里，男人也没办法了，因为如果女人一个人蜷在那里只能慢慢冻死，于是两人相拥取暖。等到两个人快死了，救援来了，剧情有了个大团圆的结局。

可惜，外贸不是电视剧，不会有这么戏剧性的结尾。更多的是，两个人死了，救援不一定来。

现在，中国的外贸行业就如同冰库，而绝大多数的中小外贸企业是穿着薄衣服被关在冰库里的人。我们只能自救，或者等待这个冰库自动停止运转。

日本人做过一个实验，同样体质、穿同样多衣物的两个人，一个蜷缩在房间里，一个不停地活动，不停活动的人可以多活至少 48 小时。

我从 2014 年开始到全国跑，给企业讲课、内训，做营销方案，目睹了或者听说了大量企业破产倒闭的案例，尤其是 2015 年，简直是外贸企业灾难性的一年。

很多企业 2015 年的营业状况不是很好，2016 年收缩费用，宣传费用从 10

万元降到 5 万元（这是现状，很多企业不是降到 5 万元，可能是降到了 2 万元）。还有企业觉得 4 个业务员有点多了，去掉 2 个；有的老板认为维护老客户，2 个业务员就够了，节省费用；付款方式也更严了，稍微有点风险的企业统统不做；费用支出控制得也严一些，想办法控制老客户的提成或者奖金，等等。

公司全面收缩带来的影响更多是对外贸业务员心态的冲击，询盘少了，订单就少，维护老客户提成又不多，尤其是老客户的维护问题也很多。别的公司不断地挖墙脚，再加上严格的付款方式，老客户自然会慢慢地流失一部分，进而公司实际收入减少，留下的三两个业务员也待不住了，纷纷离职，甚至是带着老客户走，这会让企业雪上加霜。

总结起来就是产品销量越小，企业越谨慎，越紧缩，慢慢地就把自己逼上绝路了。

其实，一个企业业务再紧缩，但凡经营过几年还是有钱赚的，区别在于是老板和股东们把钱抽走揣起来了，还是继续扩大投资去维持企业的增长。

逆势增长很难，但是不是做不到。2008 年的经济危机，我们公司是逆势增长，因为越是经济危机我们越是加强开发客户的力度，增加投入。这一年我们公司业务员出国谈客户，给客户发送大量免费样品，给予客户一定的付款方式支持，所以我们公司才能在 2009 年一举将年销售额从 700 万元增长到 5 000 万元。

2015 年都说是外贸行业走入谷底的一年，我们公司逆势增加了对外宣传的费用，尤其是增加了展会、出国拜访的投入等，也开始尝试在付款方式上给予客户一定的扶持。同时，我们加大对老客户的维护和开发力度，让出国拜访客户成为常态。所以 2015 年较 2014 年公司收益有了大幅度的提升。

其实，经济危机对于人的最大影响是心态，公司的逆势投入会给外贸业务员注射强心针，让业务员感受到有公司支持，这个行业也有希望，他们才会有动力，军心稳固。

所以，在冰库里能够撑到冰库运作失灵而不被冻死，甚至还津津有味地吃着冰库里的藏品的，往往不是那些缩在角落的人，而是一直在强忍着疲劳、痛苦活动着以获取热量的那些勇者。

Part 2　再见，低成本外贸时代

其实，这个话题我构思了很久，但迟迟没有开始写，怕自己的判断出现偏差，让某些人说我误人子弟，也怕被人说我传播负能量。可是犹豫了很久，我还是决定写出来，因为在我眼里，这就是现实，低成本的外贸时代已经过去。

首先，我们要找一个时间点，那就是外贸的低成本时代起源于何时。

在我看来，外贸的低成本时代起源于互联网在中国的发展与兴盛，最显著的代表就是免费的邮件取代了昂贵的长途电话和传真，网络电话又极大地节省了通话成本，然后，就是互联网的广告慢慢地占据了决定性地位，取代了昂贵而短暂的展会。要知道，同样的几万元经费，参加一次展会就那么几天，只能遇到几个客户，而互联网广告却可以让我们一整年时时刻刻地出现在客户眼前。

总之，互联网的发展，让中国的供应商极大地体会到了红利。从互联网广告方面来讲，经历了黄页、B2B、Adwords、SEO 的发展历程，走在行业前列的若干企业发展迅速，成为领头羊。

除了互联网带来的红利，入世也为外贸爆发式的发展提供了契机，进出口权申请门槛巨降，个体户都可以申请进出口权。

以上的种种，让外贸进入了低成本时代，买台电脑，甚至不需要办公室，一个人发些免费的广告就可以拿到询盘，无论发多少封邮件都是免费的。于是，它让有些外贸人可以死皮赖脸地缠着客户，直到拿到订单。

2006 年到 2007 年的上半年，我在互联网行业工作，我记得清清楚楚，我给企业打电话推销网站都会被呵斥，大部分老板甚至所谓的外贸业务员居然都接受不了花钱建一个网站。2007 年我开始推 Google 的 Adwords 广告，很多公司 10 000 元都舍不得拿出来投入，当时几乎所有的关键词点击一次都非常便宜……

2007 年我自己出来创业，公司在网络上没有任何的经费投入，就是我们两个业务员疯狂地注册免费 B2B。这样我们也开始慢慢地有了询盘，有了从几百万元到几千万元，到上亿元的订单。

2008年、2009年、2010年情况也差不多，所以2005年到2010年是SOHO的黄金时期，我们可以发现，凡是这个时候做外贸的人，稍微愿意努力点的，都能够赚到钱。

可是从2011年开始，整个形势发生了巨大的变化，大量的企业涌入了互联网，大家开始拼命地争抢排名，抢各个平台、搜索引擎的显著位置、固定排名，互联网广告开始进入烧钱的阶段，利用免费平台甚至只投入初始的平台费用都已经收获甚微。以Alibaba为例，一开始在Alibaba平台企业只要投入一个基础会员费，雇上三两个员工，疯狂地发布产品就基本上可以保证询盘，现在情况可就天差地别了。不仅仅如此，小语种的竞争也开始变得激烈，手机端的竞争也进入白热化……无处不血拼。

与此同时，由于客户的选择增多，邮件对于客户的说服力度大幅度下降。客户即便是考察工厂也是一次性看许多家，让外贸企业的谈判成本急剧上升。而且，很明显，单兵作战的时代已经过去，团队作战是现在企业运营的必需战略，人力成本不断上升。

通过上面的分析我们可以基本上看到，现今的外贸宣传成本激增（甚至到了烧钱的地步），网上流传的全网营销，其实也必须以收费为主导，免费为辅助，无钱寸步难行。

互联网的发展为外贸带来了低成本时代，而低成本的诱惑让大量的供应商涌入，供应商不断增加，但是客户资源有限，于是外贸企业开始相互厮杀……所以，互联网会把外贸带向什么地方，我们不得而知，我们能做的是利用它，而不是受制于它。例如我们公司采用传统的展会、拜访客户与互联网推广相结合的方式来做外贸。这样的业务操作成本，有几个公司能够承担？

所以，新的时代，要想做外贸SOHO或者创业，真的需要比以前更大的勇气、能力和更多的资金，你具备了吗？

Part 3　外贸形势的变化与应对

无论你是外贸老板还是外贸一线员工，外贸形势的变化是你必须关注的，因为形势的变化会带来思维的变化、方法的变化和技巧的变化。

大多数外贸人都有一个共识，外贸比以前难做了。这是不争的事实，但是，大家也都意识到，如果能够认清形势改变思路，对于困境的改善还是非常有帮助的。

大形势的变化不是一朝一夕就会完成的，可能有一些变化还隐藏着，没有完全显现，但是有一些变化已经非常明显了。例如大部分的传统行业都已经变成存量市场，而不是增量市场。增量市场指的是我们公司的销售额提高了，其他公司的销售额并没有降低甚至也在提高；而存量市场，指的是我们公司的销售额提高了，其他的公司因为我公司的业绩提升被抢走了客户而降低了销售额。

我所说的造成外贸形势变化的很大原因就是市场状况的变化。

一、客户来源的变化

一些外贸公司现在主要的客户来源是挖墙脚。你有没有发现，你随便找个客户就是有固定供应商的。中国的外贸，尤其是传统产品的出口，经过这么多年的发展，加上网络的推动，已经将市场瓜分完全，当然，这里特指英语市场。不得不说，小语种市场还有商机。这不是人云亦云，我2014年就开始呼吁大家放点精力在小语种市场，因为我在经营中明确地发现，小语种国家能带来更多的利润。

其实，我相信绝大部分的人已经意识到了这一点，也曾经尝试去找一些小语种人员，但是要做好小语种市场真的是有难度的。小语种国家的开发要求业务员语言上不仅要会简单的沟通，还要可以进行商务沟通、销售谈判。除了语言，业务员还要了解电子商务实务操作相关问题，而这些技能的培养成本很高。我当时的小语种外贸团队就遇到了这个问题。

二、信息的价值变得更重要

互联网时代碎片化的信息爆发式的涌来，外贸正在经历从提供信息到提供价值的转变。曾经，只要你能够给客户提供信息就能够得到客户的关注，但是，现在客户获得的信息不是不够，而是泛滥，我们所认为的提供信息成了制造垃圾。目前，能够让客户感兴趣的只有价值。

例如广交会，在若干年以前，只要你去参加，就都能收到一些名片，所以，那个时候拼的是展位的规模和豪华程度，只要你的展位足够显眼，就会有大量的客户上门。

现在呢，展会门可罗雀，等是等不来客户了，因为互联网的发达，信息的泛滥，让客户寻找供应商变得简单。客户不需要跑到展会上与一家一家供应商谈，网上搜一下，可以找到一大堆的供应商，客户可以先来一轮筛选，谈得非常好的、充分信任的供应商就直接与其合作，谈得不够好或者信任度不够强的供应商，问其要个样品参观一下工厂，再做决策，一切就绪，他还需要跑到展会上去吗？

我在很多展会的现场做过调查，现在参展的大部分客户都有目标供应商。他们参加展会的最大目的就是跟已经选定的供应商见见面，聊一聊天，确定最后合作方案或者来见老朋友。所以，如果在展会现场仔细观察的话，你会发现大部分客户都是拖着皮箱拎着包直奔某一个展位而去，路两边有哪些展位他根本不关心。

三、流量、询盘变化

流量和询盘的变化，相信大部分人已经有了很明确的感受，这几年的询盘质量比以往有了明显的下降。订单小额化，付款方式授信化，尤为明显。

我的观点一直很鲜明，价格竞争并不是竞争白热化的标志，付款方式的竞争才是。因为，能够打价格战说明企业还是有一定的利润空间，当利润空间消失，竞争又不可能停止的情况下，才只能进行付款方式的竞争，所以，你是否准备好了打付款方式竞争的大战？

正是基于这种形势的变化我才要倡导主动出击，因为坐等订单这条路已经越来越艰难，外贸低成本时代真的已经过去了。原来，企业注册一大堆免费 B2B 就可以拿到很多询盘；后来，企业需要注册几个收费平台才能拿到询盘；再后来，企业在平台投入了基本费用还不够，需要跟别人竞价才拿得到询盘；现在，全网营销才能够拿到足够的询盘。什么是全网营销？就是所有的宣传渠道你都要涉猎一下。

四、本土化营销日渐重要

这两年实际出国拜访客户的经历告诉我，面对面地跑到客户的公司跟客户沟通，可以解决很多网络解决不了的障碍，例如无论你发多少封邮件客户都不回复,例如客户突然失踪你怎么也联系不上,再例如一个订单进入僵局无论如何你都不能打破。拜访客户除了解决一些问题外,它所带来的平均单额与互联网或成交订单的单额相比也是有很大区别的。本土化营销所带来的客户的平均单额是 90 万元,而网络所带来的客户的平均单额就只有 20 万元。

所以,本土化营销将成为大部分企业的下一个发展重点。当然,采用这个营销策略之前,企业一定要做好成本核算。

在激烈的市场竞争中,有一批企业已经脱颖而出,成为行业的翘楚。还有一些企业已经度过了争取生存的阶段,开始稳步发展。那么对于这批发展中的企业来讲,产品的品牌化、差异化,营销的全网化、本土化,企业运营的精细化成为进一步发展的必由之路。当然,如果你还挣扎在生存线上,就老老实实地做销售吧。

在上一个段落里面我提到了精细化运营,这应该成为每一个外贸企业的经营准则,在增量市场环境下,拼的是外贸企业抢客户和抢占市场份额的能力;而在存量市场环境下,企业如何提高效率,降低成本就会变得尤为重要。市场增长放缓,企业就要在降低成本方面或者是提升投入回报率方面做文章。想要降低成本,提升投入回报率,就一定要有数据做支撑,也就是说数据能够告诉你哪些应该投入,哪些不应该投入,而数据只能通过精细化运营得到。

五、B2B 转型 B2C

虽然跨境电商的"高烧"已经退了,但是越来越多的 B2B 企业还是在不断地往 C 端转型。跨境电商的兴起让国外的终端消费者或者只能靠渠道的小 B 端用户有了直接接触中国供应商的机会,这也是为什么 B2B 网站上的零碎询盘越来越多的原因。

其实,B2C(Business to Customer,企业对终端客户的营销)是中国外贸企业品牌化的一个路径,例如我们公司就在创造一个国外品牌,虽然过程很艰难,但是至少在进步。只要你的产品适合直达终端,你就应该考虑一下做 B2C,这不仅仅是赚多少钱的问题,接触终端你会更多地关注终端客户的需求,也能得到很多终端客户的反馈,这对企业的发展本身就是有利的。原来的 OEM 对接的是中间商,终端客户的想法是由中间商转达过来的,未必准确,还可能出现信息断层,以这些信息为依据制定发展策略很容易会被淘汰。

人要不断适应大环境的变化，而要想适应并利用环境，就要从上至下地转变，但是，倒挂情况的存在让人纠结。一线业务员最了解外贸所有的变化，最了解最新的外贸理念，却永远做不了主，做主的老板很多又跟不上外贸形势，他们听得更多的是如何管理，如何激励，或者更高大上的话题。这无可厚非，老板就应该站在一定的高度，更应该打造自己的人脉圈子，但是，人力培训里不是说了专业的人做专业的事吗？

其实很多老板做决策的时候都会去询问业务员，但是业务员往往也是模棱两可，给不出系统的答复，或者觉得事不关己，多一事不如少一事，可是这样做最终吃苦的还是业务员自己，所以，业务员们不要等着老板做出了不利的决策才抱怨。

Part 4　传统 B2B 如何实现向 B2C 的转型

如今的外贸总给人一种很奇怪的感觉，好像昨天还有一大帮传统企业的老板在苦苦地寻求向外贸转型的出路，今天突然就变成了企业从传统外贸 B2B 行业逃离。但是，在传统 B2B 往 B2C 转型的道路上，到处都是陷阱，外贸人做决策一定要谨慎。

一、B2B 和 B2C 的区别

首先我们要看一下，B2B 和 B2C 有什么实质性区别。

（一）模式差别

B2B 是 OEM 的模式，即便不是 OEM，生产的也是品质较差的货物，你有我也有，客户很容易进行比较，因为产品的原料一样，工艺一样，可替代性非常强，附加值不高（除非是大品牌或者垄断产品），所以，B2B 的出口企业议价权较小，经常被进口商剥夺利润。客户只需要一句话就可以说服供应商降价，"你不做，有人做，你到底是做还是不做"。

我永远记得那个例子，某个美国人去无锡采购不锈钢钉，到了公司，他拿出自己准备的精密天平，抓了一把钉子放在天平上称，得到总重，数出钉子的数量，然后做了个简单的除法，得出每一个钉子的重量；然后，拿到不锈钢的价格，算出材料成本；最后，每个钉子加上几分钱的加工费和利润，问工厂做不做。

B2C 就不一样了，尤其是我们公司现在所进行的 B2C。我们注册了自己的品牌，初始阶段，它赚钱未必有 B2B 那么多，那么快，但是定价权在我们手里。即便我们要把 B2C 做成小 B2B，我们也是经营自己的品牌，购买者也就是我们的品牌代理，必须遵循我们的定价权。

（二）营销方面，B2B 和 B2C 是完全相反的

B2B 是通过各种营销手段引导客户更加专业全面地去考虑自己的采购行为，做出采购决定。在一定程度上，B2B 业务员害怕客户冲动消费，因为这样他很容易丢失订单。即便订单让自己拿来了，后续也有无穷无尽的麻烦。

其实不是 B2B 业务员不想让客户在他那里冲动消费，而是因为 B2B 的购买决策模式决定着他们很少冲动。因为 B2B 采购不是个人行为，而是企业行为，即便是老板，他为企业购买东西也要考虑企业的发展需求，所以他们更需要专业、全面。

而 B2C 则不一样了，所有 B2C 的营销都是为了刺激客户产生冲动消费，因为个人消费总数的 80% 是冲动消费。所以，为了适应这种特点，B2C 只能想尽办法去让消费者产生冲动消费。理论上那种完全理性的消费模型在现实中几乎是不存在的，B2C 从业者都会拼命利用消费者的非理性，而不会试图去培养他们所谓的理性消费习惯。

当然，大品牌公司或许会为消费者的理性购物提供一些所谓的指导，但是实质上没有差别。

（三）对于人的要求

可能下面的内容会让很多 B2C 从业者感到不适，但是我相信这是现实，B2B 更加依赖于业务员。

从原材料、产品工艺、生产进程到语言基础、谈判方法，B2B 业务员都需要精通，而且这所有的东西都需要在每一次谈判中体现出来，可能有一点点错漏就会丢掉订单。此外，他们还要数年如一日地跟踪某一个不知道在他的有生之年会不会下订单的客户。

所以，公司的各个环节再完善，如果业务员能力很差，公司业绩依旧不会很好，因为这是一份人本的工作，所有的工作都要让业务员通过自己的行为体现出来，能体现多少，完全取决于人。

B2C则不同，公司把体系制定出来，各个部门坐到一起，例如产品开发、采购、平台运营、客服等部门，定出一个具体的实施细则，然后去做就好了。

说服客户下订单的并不是业务员的表现，而是标题、图片、卖点、描述，完全没有临场发挥这种事情，也完全不需要察言观色，所有的要素都是在公司的体系下根据公司的要求编写，无偏差地摆在B2C平台上。

所以B2C是一个更注重顶层设计的项目，它要求带头人必须强大。而其他的人员更多是平台操作员，只需要精通平台的操作规范，掌握最新的平台动向等即可。当然，有追求的B2C业务员会努力让自己变成领头人。

（四）经验的积累

B2C的经验积累、客户积累、销售积累可以很轻易地通过某个产品的排名、评论的数量展现出来，是直观的，客户一眼便知。而B2B不同，所有的经验积累、客户积累、销售积累都要通过业务员的素质表现出来。

一个B2B业务员可以轻而易举地将几年的积累一起带走，因为所有的积累都沉淀在他身上；而B2C的积累都会沉淀在公司的平台上，业务员的离职会带来损失，却不会带来像B2B那种致命的损失。

（五）对市场的了解和依存

B2B有个好处，尤其是传统产品的B2B，业务员不需要太了解市场，只要生产、价格合适就有人购买，因为他们所面对的不是终端消费者，面对终端消费者的那些人会告诉他们该去做什么。

当然，某些给其他的产品做配套产品的企业，看起来很注重市场，其实不然，他们更多的是盯着自己的行业老大或者上游，例如iPhone的充电线、耳机之类的生产商，他们只需要关注Apple公司的动向就好了，至于消费者到底需要什么样的产品，那不是他们考虑的问题。当然有个别注重消费需求的企业都已经做大了。

B2C直接接触终端，不会有人告诉他该做什么样的产品，要想做好B2C，必须去主动贴近市场，知道市场上有什么样的需求，有哪些需求可以满足，哪些需求不错但是不容易满足或者暂时不能满足。

B2C应该更加重视客服的作用，客服的作用不仅仅是服务，还有收集客户的需求。企业对需求做分析，评判没有太大代价的情况下是否可以实现需求对接。B2C也更加重视实际调查，甚至要根据不同国家或地区开发不同的产品，没人告诉他该怎么做，一切都需要自己去钻研。

（六）忠诚度的差别

B2B 的客户忠诚度是对于人或者企业，客户关注产品的同时会关注这个业务员和这个企业。很多人会说，你的产品不好，客户哪来的忠诚度呢？这是一个度的问题。你有没有遇到过这种情况，哪怕你的产品出现了问题，客户还是会给你机会让你去改进，因为他更加信任你的人或者企业，他愿意给你机会。

B2C 的忠诚度则是完全依赖于产品和品牌，谁的产品好、品牌棒，我就认可，我不管他是什么人，也不管他是企业还是个人。

其实 B2B 和 B2C 所有的区别都来自购买主体的不同。

虽然 B2B 的购买操作者也是人，但是购买主体实际上是企业，既然是企业就不会任性而为，操作购买的人需要去向许多人交代，需要涉及的环节也很多，影响的面大，金额大，被骗或者出现问题损失也就越大，所以，他们每一笔采购都是谨慎的，需要思虑周全。

而 B2C 就任性了，他就愿意买，你管得着吗？他高兴了，要花钱，他不高兴了，还是要花钱；需要的他要买，不需要的他还要买，只要你让他有冲动，有欲望，他的钱就是你的，就看你的本事了。

二、B2B 如何转型 B2C

看明白区别才能在各个方面做好调整，当然，实际情况是，对于绝大部分人来说，即便看得很明白，也不会调整，所以，下面我用不太成熟的观点为大家梳理一下 B2B 如何转型做 B2C 吧。

（一）产品选择

做 B2C 选品无疑是第一步，很多跃跃欲试的老板发现自己的产品并不适合做 B2C，例如工业机械、化工品等，于是他们开始大海捞针，疯狂选品，这种盲目的选品必然效率低下，而且选错品的概率很高。

一般情况下，B2C 选品有四个原则。

1. 体积适中

产品体积不能太大，否则物流费用太高。当然，不知道 Amazon 推出的龙舟计划会不会改变这个现状，如果可以改变，那么 B2C 会进入一个新的发展阶段。

2. 客单价不过低

客单价不能太低,如果物流费用占了价格的很大比重,产品就没法卖了。

3. 产品有差异性

做 B2C 需要企业做出有特色的产品,什么是特色?就是差异化,就是可以做出有卖点的产品。卖点有哪些?可以在《JAC 外贸工具书——JAC 和他的外贸故事》中找。

4. 货源地附近

靠近货源地,能有一手货源,这个似乎不需要多说了,大家都懂。

以上的建议只是一个选品的基础,专业的选品还是需要根据数据细化分析。

(二)经营思路转变

这个方面可能不是一两句话能够讲明白的,我挑几个角度来讲吧。

1. 团队合作更为重要

B2B 很多时候是单打独斗,一个人就可以把从采购到销售到单证的工作全部完成,而且业绩往往不错;而 B2C 想要做好就要有分工。当然,单打独斗也完全没问题,只是那只适合夫妻店,不应该是传统企业的选择。产品开发、产品采购、平台运营、独立站运营、营销推广、设计美工等,B2C 企业要把每一个环节分工交代清楚,考核明白,这样才能运转良好。

2. 企业的上层建筑变得至关重要

B2B 是一个非常仰仗业务员的业务,老板或者带头人方法再多,都要通过业务员实施出来,业务员是否用心,业务员的英语如何,业务员的情绪如何都会影响业务实施的效果。一个骨干业务员的离去可能会直接带走一大批客户,因为公司的积累体现在业务员身上,可以说,B2B 企业里面是业务员在掌控整个公司。B2C 则更倚重上层建筑,只要领头人把规则研究清楚,把各个环节研究明白,其他的就是实施了,而且,B2C 的积累可以直观地体现在平台上,任何人都带不走。当然,产品开发这个部门的人员必须是最为可信的人,因为他掌握着公司命脉。

B2B 绝大部分取决于谈判,取决于业务员的能力,而 B2C 则是取决于平台上面的产品表现。

（三）人员的招聘培养

对于身处北方的从 B2B 转型做 B2C 的企业家来讲，人才绝对是一个瓶颈。在深圳你随便发一个招聘启事，会有大批有从业经验的人员来应聘，而北方却比较惨，几乎没有有经验的 B2C 从业者，速卖通、eBay、Amazon 的从业人员寥寥无几。甚至招聘的时候你都要给应聘者不断地解释什么是 B2C、速卖通、eBay、Amazon。所以，要解决人才问题，还是要依托 B2C 发展比较快的地区。

很多人说他们公司有钱，可以搬到深圳去，这个我不建议，因为深圳整体的环境比较火热，相对也比较浮躁，并不适合北方人过去创业。

北方的企业可以招聘一些不懂的新人，只要他们愿意用心学就可以，然后从深圳找各类平台的实际操作者，付费请他们帮你培训人才。

提示一下，不要找任何培训机构，也不要找什么公司的副总、管理人员，要找一些操作人员，只有这些人才能让大家学到实际的东西。

至于怎么招聘，怎么筛选，怎么淘汰，怎么提拔，估计大家比我更在行，我就不再班门弄斧了。

（四）师傅领进门，修行在个人

外来人员进行的培训只是对最基本常识的教授和梳理，能做到什么程度还是要看各个公司以后的修行。

这个就有别于以往的 B2B，以往的 B2B 无论如何依赖平台，也只是靠它拿个询盘，把它当作一个流量入口，而转化的主要因素在线下，B2C 则不同，流量和转换都停留在平台。

所以，要着力去研究平台的各种流量入口以及提高转化率的方法和技巧。例如做 Amazon 我们就要研究 Amazon 的每一个产品的流量来自哪一个入口，然后逐项研究其规则，让自己的 Amazon 逐渐地符合这些规则。随后再研究订单的转换取决于哪些因素，再去做好这些因素就好了。

（五）选择好自己的路线

这么多人急着从传统的 B2B 转到跨境 B2C 无非是无法忍受 OEM 下被客户挑三拣四的悲惨生活，想做点好东西，拥有自己品牌的东西。

如果有这个想法你就要在产品开发、质量控制方面下功夫。当然你肯定是需要在美国注册品牌，以获取平台对于自己的保护，至于你做不做品牌就是个人选择了。

B2C 的平台有很多，速卖通、Amazon、eBay、Google Shopping、Wish 甚至包括独立站。如果你想做，你可以在各个平台都投入物力、人力，每一个平台做好了都能赚到钱。

当然你也可以选择只做 Amazon 和独立站，就像我们公司一样。

（六）更专注市场反馈

面对终端消费者的 B2C 企业只能去贴近消费者，所以必须关注市场反馈。这也是 B2C 企业能够不断地提升产品品质和体验的最重要原因，这一点 B2B 企业就比较欠缺，这也是思路要转变之处。

（七）产品敏锐度要更强

前面已经讲到了选品，这里需要强调一下，B2C 更加强调产品品质，因为你好或者不好，会完全显示在你的平台上，初期几个差评或者不好的反馈可以让你的店铺再无生机。这与 B2B 不一样，做 B2B 哪怕之前你发出去的货质量很差，也基本上不影响你继续做生意，因为 B 类信息并不沉淀在网络上，就算是客户疯狂地去发布一些信息，也未必有直接的影响。

所以，做 B2C 产品开发和质检非常重要，你的产品可以不是很好，但是不能太差。

当然，如果真的要在 B2C 上做出点成就，就不能本着上面的原则了，要精，要有差异化，要有持续的产品开发能力。

（八）要能承受一定的库存

不要以为听别人说 B2C 多么好，就满怀信心地一头扎进去，B2C 是一条到处都是坑的路，即便前面是美好的，你也可能会"死"在半路上。

产品开发真的可以一步到位吗？会不会要不断地淘汰产品。库存积压怎么办？北方的人才储备不够，找不到合适的人，培训又难以奏效怎么办？竞争对手想要跟你恶性竞争，故意出各种花招，你要怎么应对？没流量怎么办，有流量没有转化怎么办？产品卖出去，问题频出，退换货率太高怎么办？不断地出现问题，锐气被磨掉怎么办？非能扛者莫入啊。

此外，还要加一句，这个"扛"跟 B2B 的"扛"还真不一样，B2B 不用事先备货，来了订单再生产也来得及，如果是贸易公司就更好了，空手套白狼，无非就是承担公司运行的费用。做 B2C 或多或少你都要备点货，如果真的做 FBA（Fulfillment by Amazon），有 10～20 个产品，你怎么也要发点产品过去吧，看着那些积压的库存，看着那一个月的个把订单，你能扛得住？

B2B 扛着，一个订单基本上解决一定的问题，而且重复购买会让日子慢慢好过，B2C 呢？订单都是小额的，量不够货根本出不去，你受得了吗？

（九）得罪了 OEM 老客户怎么办

你做自己的品牌得罪了老客户怎么办？这个问题你是否考虑过，OEM 是那些传统的 B2B 工厂的主要生意。你要考虑到你做自己的品牌原来的那些老客户怎么想？你一边给他贴牌，一边做自己的品牌跟他竞争，他一不开心撤走了订单，你怎么办？

不要问我，我没办法，据说再注册一个公司会解决问题，但是再注册一个公司还是要用你的工厂来加工啊，客户知道了还是会给你施压。

三思而后行吧！

（十）B2B 以销售推广为主，B2C 以营销为主

B2B 企业投资平台，做 SEO、SEM（Search Engine Marketing，搜索引擎营销），来了询盘就有的谈，就可能有订单，而 B2C 企业，你如果用传统的方式引流，你会赔得很惨，因为传统的 B2B 是做销售推广，面对的是专业群体，没有需求客户不会关注这些东西；而 B2C 面对的是个体消费者，他们有需要的时候可以关注，高兴的时候可以看看，不高兴的时候还可以点一点，所以 B2C 要以营销为主。做 B2C 不管用什么手段，你要让自己的产品曝光多起来，还不能花太多钱，因为一般来说，转化率不会很高。

（十一）要学会玩概念

B2B 面对的都是大买家，很难玩概念，要实打实地谈，实打实地拼；B2B 面对个体买家，冲动消费占多数，所以要学会玩概念，玩情怀，玩生活，说白了，除了产品要好之外，还要会宣传。

如果全都靠产品自然扩张，估计很多人都已经破产倒闭了。

（十二）做好去磨供应商的准备

试想，做 B2B 你一次可以买一个柜子的货物当作存货，而做 B2C 你敢

吗，你可能就需要买几个产品去看看市场反馈，而且很多还需要工厂贴牌，有几个工厂会愿意跟你合作？

当然，如果你只是卖一些批发市场的爆款产品，那种竞争并不亚于 B2B，你还是老老实实地做 B2B 吧。

（十三）老板的纠结

很多老板懂产品，懂 B2B，懂谈客户，就是不懂怎么操作平台，因为这是细致活，很少老板有那么多时间花在上面。

于是，纠结来了，B2C 很容易复制，但是想做好并不容易。老板们一方面自己没时间，大概也没能力研究规则，另一方面又不怎么放心让招聘来的人掌握大局。

综上所述，B2C 陷阱有很多，不要总是看着某几家公司现在赚钱眼红，你不知道他们到底经历了怎样的痛苦，如果你只是想轻轻松松地赚钱，还是莫入。

Part 5　内贸企业转外贸企业的关键点

都说现在的经济形势不好，外贸形势太差，进出口不赚钱，但还是有很多原来做内贸做得很好的企业加入外贸的洪流中来。

这些企业具有天然的优势，资金雄厚或者有一定的资金支持，产品成熟至少是经营多年的产品，企业领导比较迫切地开拓国际市场能给予很大的支持，同时这些企业也经常犯一些非常类似的错误，也可以称为通病。

一、内贸转外贸最易犯的错误

（一）试试看的态度

很多企业开始做外贸是基于尝试，往往抱着试试看的态度，投入极低，例如就投入某一个平台，建一个网站，找一个外贸业务员放在那，就开始做外贸。要知道外贸业务员不是神仙，他们需要公司的支持，需要有完善的宣传体系才能获得成效。

这种试试看很难成功，你投入一点钱试试看，业务员也稍微投入点精力试试看，如何能成功呢？

（二）缺乏耐心

很多企业老板很着急，很迫切，希望尽快转型成功，这很正常，但是要知道外贸不同于内销，内销可以打电话，登门拜访，可以搞关系，即便你是一个新公司，也可能第二天就找到客人，并通过公关拿下。

而外贸呢，打电话消耗过高，而且会找不到人，电话被转来转去。登门拜访更是不可能，一般都是网络销售。要知道，网络的效果是需要时间沉淀积累的，一个网站建起来，一个网络平台做起来，往往需要几个月的时间才能被搜索引擎认可并收录。

即便是你做了效果比较快的平台，由于业务员报价没有经验，付款方式、包装方式等都没有现成的可供借鉴的案例，需要不停地摸索，所以，缺乏耐心不能持之以恒，必然收获不到好的业绩。

（三）做外贸，赚大钱

是的，做外贸是可以赚大钱，但是并不意味着单笔利润可以高于内销。甚至可以这样说，绝大部分的产品，外贸的利润都远远低于内销。

这个方面不知道有多少企业有错误认知。我们公司一开始做外贸也在这个方面吃过很大亏，拿着做内销的利润去做外贸，丢了一个又一个的客户。后来，通过询问客户，"咨询"同行才了解到外贸的利润设置，才开始慢慢地找到感觉，慢慢地出单、赚钱、赚大钱（量大）。

（四）做外贸就是做平台，做 B2B

很多内贸企业转型做外贸，就认为做个 B2B 平台就可以，例如 Alibaba，当他们进来之后才发现，这些平台上面供应商太多，同行都杀红了眼，价格没有最低，只有更低，还有低得不能再低的骗子。于是他们才开始感叹，做外贸原来这么难，自己真的不应该蹚这个浑水。

我想说的是，难是因为你选了一条艰难的路，做了多年外贸的同行都有自己的老客户，有保证利润的客户，人家做个 B2B，是选择性地做，筛着做，就算是拼起来，人家也不怕。他只是靠 B2B 平台上的客户提升产品出货量，降低一下单位成本，而你却打算在这里赚钱，怎么可能？

做外贸的途径多得数都数不过来，你却打算在 B2B 平台上血拼，小心出师未捷身先死。

二、内贸转外贸的关键点

分析完了这些通病,按照我的经验给广大想置身外贸行业的内贸企业一些意见和建议。

(一)兵马未动,宣传先行

上面说了,网络宣传的效果绝对不是今天做,明天或者后天就有的,可能要经过 3 个月甚至更长时间的沉淀。如果你打算做外贸,就先找一个专业的建站服务商给你设计建站,毕竟建站也是需要一个月的时间甚至更长的,而人员可以在这个过程中招聘。

没有英文资料怎么办?有这个想法的老板要去面壁,你有那么多同行,照抄照搬总会吧?很多内贸企业做外贸都是靠模仿同行起家,拿来主义永远是最简单、最实用的。

差异化,可以等到你招聘的员工到来之后再进行,一个月都招聘不到人?这个恐怕也很难。

宣传方法,一定是多种方式相结合,不要固守着平台,有那么多的宣传方式,要敢于投入一些,慢慢地找出对自己最有效的宣传方式。

(二)要拉帮结伙

不要图省钱,找一个人过来做外贸。新公司,新外贸业务,意味着业务员一开始要把精力都放在宣传上,枯燥乏味的工作会让他们如坐针毡,尤其是只有一个人的时候,无助、迷茫会让他们萌生去意。就算是收到询盘也只是高兴一会儿,因为他们对行业不了解,对行情不了解,报出去的价格大多石沉大海,这对他们的自信心和耐心是个残酷的摧残。

所以,招聘一般要招两个或者两个以上业务员,一方面两个人会有比较,更有动力,还可以分担一些工作,不至于忙得焦头烂额;另一方面,两个人可以互相排解苦闷,不至于郁结于胸,默然离场。

(三)长期规划

长期规划其实很有意思,大部分老板都说,他可以接受第一年不出单,不赚钱,他是为以后打算。

说得都很好听,但是做到的寥寥无几,几个月过去,没有询盘老板就开始慌，有了询盘没有订单就开始急，天天问，天天催，业务员随之也开始心浮气躁，更没有心思去做一些基础工作，得不偿失！

外贸真的是一个需要极大的耐心的事业，心浮气躁者还是不要进入这个圈子的好。

（四）了解行业信息

很多老板进入外贸圈是想提高利润，但是很少有产品可以让他们达到这个目的，所以，老板们要有心理准备，更要去想办法了解行业和行情。

价格永远是竞争中的重要手段，虽然有些时候价格高也能拿下客户，但是那是在价格差别不大的情况下，如果你产品的价格高得离谱就会直接吓跑客户。

了解同行信息的方法有很多，如果你认为同行会跟你说实话，你可以直接去问；如果你没有把握，就想办法去套取价格。如何套取？无非就是用间谍邮箱，这个方面我已经说过很多，不再多说。还有就是利用海关数据，或者直接询问客户目标价，或者问其他的同行报给客户的价格。

总之这一步很重要，必须做，它可以让企业少走很多冤枉路。曾经，我用了7个月才找到相对准确的报价，但是找到后受益无穷。

（五）善用人才

内销做得成功的老板，是比较优秀的，肯定有自己的一套工作方法，但是内销的工作方法未必会让外贸也成功！

很多企业咨询过我，他们内销做得非常好，但是外贸迟迟没有起色，我细问下来才知道他们一直用内销那一套方法来做外贸，这样如何能够成功呢？

既然你招聘了做外贸的人，就尽量按照他们的思路来，当然，如果你没有任何经验，建议你招聘一个有经验的人过来，他会告诉你每一步如何走。你要尽量采纳他的建议，要不然就别用他，不要用你之前的认知来判断现在他的提议，因为你们领域不同。

当他反馈给你信息的时候，你要认真考虑，而不是急着用你之前的认知来否定他，批评他。还是那句话，内销外贸很多方面差别很大，内销带给你的认知，未必适合外贸。

（六）量化激励

很多老板非要等到出单再定业务员的提成，这样业务员工作没有目的性，不知道自己会赚多少钱，自身的动力也就减弱了不少。不管有没有订单，招聘的员工一到位，就要明确地告诉员工，提成是按照营业额还是利润，利润是毛利润还是净利润。例如我们公司是按照毛利润，出口的 FOB（Free On Board，离岸价）减去进项发票，乘以一个比例，例如20%，就是员工的工资；还有的产品按照营业额，例如营业额的3%。这样一来，员工很轻松就会知道，自己想赚多少钱应该做多少业绩，这种激励，是其他的任何规章制度都比不了的。

做到以上6点，至少可以保证你的企业有序转型，慢慢地找到做外贸的感觉，并做出业绩。

Part 6　外贸企业需要尽快商务化

什么是商务化

商务化我认为包括三个方面：专业化、职业化、正式化。

什么是专业、职业，之前有专门的文章论述，不再多讲，大家可以去看我的另一本书《JAC 外贸工具书——JAC 和他的外贸故事》。而关于正式化，大致有如下几方面内容。

（一）礼仪正式化

之所以用"正式化"这个词是因为我实在找不到其他更好的词来表达。下面我抛开这个词，直接表达要点。

完全不懂或者不在意商务礼仪是绝大多数外贸人存在的问题。这个绝对不是在跟大家讲一些理论化不切实际的东西，如果大家仔细地关注日本人、韩国人，你会发现他们都有下面的特点。

1. 衣着正式化

西服、领带、黑皮鞋、皮箱、公文包、笔记本一般是标准配置。他们很少胡子拉碴，蓬头垢面。如果你跟他们打一个照面，明显感觉他们精气神十足。如果你是客户，这种供应商跟一个衣着随便甚至邋遢的人一比，谁更可信呢？

2. 问候正式化

这个问候分为身体语言和语言表达，包括握手、鞠躬、眼神、笑容，他们都会让人感觉是经过了严格的训练。

3. 用语正式化

无论是邮件、电话、手机端还是面对面，凡是进行商务谈判时，他们的表达用语都非常正式化，给人感觉严肃认真，值得信赖。

（二）商务流程高标准化

我个人很喜欢高标准化的商务流程。我记得第一次去拜访三星的时候，我的代理商提前两天约见了三星采购负责人，提前一天又确认，提前一个小时再次确认，最后，到了楼下之后第三次确认，做得非常周到，让我咂舌。

后来三星采购负责人来我们工厂参观，做得更加细致，确认酒店，确认行程、人数、行李数、机场与工厂的距离，是否准备好了所有的环节……让人不禁佩服。

除了严谨的确认流程，大部分国外客户不会空手来拜访供应商，都会有伴手礼，这是他们商务流程中严格要求的，所以，当我们去拜访客户的时候，不管是否合作，是否有可能合作，小礼品是必须带的。

此外，国外大公司的客户普遍采用 PPT 讲解的方式展示公司及需求，PPT 一定制作得非常精美、图文并茂，而且会一丝不苟地给你讲解各种事情，只要是重要的事项，大部分会有打印好的文件。

总之，他们的各个流程都会非常严谨，以高标准完成，包括你在他们公司就餐的细节，你离开时送行的细节。

（三）商人心态

提起这个话题很多人讲了，都做商人这么多年了，商人心态难道还没有吗？不好意思，事实就是很多人缺乏，甚至没有。

表现在哪？贴标签。

当你看到客户的某些行为，很多人的第一反应不是思考其商业目的，而是去判断客户的人格或者品质。我记得世界上最伟大的咨询公司麦肯锡的工作规则里有这么一段话："即便你跟客户之间性格差别很大，即便你瞧不上客户的人格，你也要去发现对方的优点，去研究对方的商业行为本身。"

免费样品？骗子，大骗子。一旦你给客户贴上这种标签，你下面的行为就不再是商业行为了。你的第一反应应该是判断客户是否是你的目标客户。

新客户需采用 D/P（付款交单）的付款方式？你就想这个客户是不是有

什么目的？是不是想骗我？D/P 是国际通用的付款方式，怎么提到 D/P 就是在骗你呢？你的第一反应应该是判断交易风险和自己的资金实力，这才是商人心态。

客户砍价一半？你觉得这个客户好没有诚意，没什么意向啊。其实商人心态应该是，这不过是客户用来砍价的手段罢了。

其实最有意思的非商人心态是客户提出负责条款时，尤其是客户提出条款里应该包括货物不合格的赔偿指示时，大部分外贸人做出的反应是："他这是在为坑我做准备啊！"奇怪了，客户给你钱，你给他货，货物不合格你要赔偿，这不是正经的商业规矩吗？

还有，有的客户会要求在条款里写明，如果发货延误，需要每天支付多少的赔偿，很多人又不能接受了。这是商业合作，不是玩游戏，你给客户的承诺是商业承诺，做不到就应该有处罚，这才是应该有的商人心态。

（四）谈判正式化

既然是谈判就要真刀真枪，你的条件如何，我的要求如何，大家统统都摆出来，可是我们有很多人都喜欢藏着掖着。其实很多时候客户说，"请给我你的最低价，不然我可能没法跟你合作"，这是正式谈判的话术和套路，而我们要么觉得被威胁，要么不知所措，这是在谈判，谈判就是如此，可能会有温情，但是更多时候就是赤裸裸的商业对话。

专业的采购商会有很多谈判套路，但是大部分时候，国内的外贸业务员什么都没有，没思路，没准备，没方案，所以才会被客户一直支配着谈判过程。

这是一种奇怪的倒挂，在整个交易中，买方原本就占据心理优势，卖方应该细心准备各种方案才可以拉平这种差距，结果呢？

不要把谈判当过场，正式的谈判很血腥，面对这种谈判应该有思路，有方案，有实施细节，有实施技巧，例如 JAC 议论文谈判法之类。此外，更要有角色分配，有备忘录，这种正式的谈判，你们认真的态度会给客户留下良好的印象，哪怕因为某些条件你们没能马上成交，你也还有机会。

（五）文件正式化

上面讲述中零零星星地提到了，重要事项一定要有文件，谈判过程一定要有正式文件记录，重要承诺一定要有备忘录，需要签字的要签字，需要盖章的要盖章。将有你所在公司的名称和标志为页眉的空白纸准备好，老外很看重这样的模式，很多外企银行会把有公司抬头和标志还有签字的打印文件作为对方提交的正式文件留存。

合同、PI（形式发票）、发票等各种单据就不用再强调了吧。

我的习惯是，无论是展会、拜访客户还是客户来访，我都会准备一大堆文件，当我在讲解 PPT 的时候，我会提醒他们，这个 PPT 里提到的很多东西，在文件的某一页，请他翻阅，效果极好。

（六）沟通高效化

沟通效率低下是商务化程度不高的直接体现。例如，不守时，答应客户的事项拖拖拉拉难以兑现，对于客户提出的很多商务要求既不同意也不明确拒绝。

在谈判中，难以给出客户专业而全面的解答也是沟通效率低下的体现。沟通一定要高效化，不要浪费自己和别人的时间是商务化的必然要求。

所谓的商务化如果细细列举还有很多方面，例如我们要做到服务的高标准化，危机公关的正式化。我做过一个调查，在我的调查对象中，有危机公关标准化文件的公司为 0，也就是如果出现了危机，例如货物受损或者不合格，大多数人的选择是随机应变，想到哪做到哪。更多人是能推就推，能拖就拖，也不说不赔，也不表示要赔，让你猜他要干什么。而我的习惯是，按照我们公司制定的标准化文件，有步骤地去实施，所以，我的客户才会那么看重我，后来知道我是贸易公司也愿意跟我合作。

很多人会讲，商务化取决于企业内在标准的提升，不是一朝一夕形成的，也不能照搬照抄，我承认。但是，我们公司的商务化之路是模仿得来的，一开始跟着韩国人学形式，但是我们发现即便是形式也会让我们受益良多，于是就坚持学下去，慢慢地，它就成了习惯，成了我们公司的标准，那个时候没有人再说我们是伪装。

Part 7　试错成本不容忽视

什么是初创外贸企业或者内销转外贸企业或者 B 端转 C 端企业的最大成本？每个人都有自己的看法，我的看法是，试错成本才是这些企业转型的最大成本。无论是决策出错还是执行出错，浪费的不仅仅是钱，还包括时间、精力甚至热情、信心。

很多人觉得人才培养成本是最大的成本，但是我认为，如果一个员工能够被培养好，并且可以贡献一段时间价值的话，投资回报率还是不低的。真正的成本来自找不对人，找不对人就会有人员流失，那么之前在这个人身上投入的所有资金、精力都会变成试错成本。

人走是有原因的，同样人留也有其道理，降低人才方面试错成本的最好方法就是本着选择人而不是培养人的观点。怎么选择人没有一个固定的标准，因为公司环境不同，领导风格不同，但是，经过第一个阶段的试错之后，总会有人成为稳定的人。你需要观察这些人的性格脾性、做事风格，总结出来，看看是否具备复制的可能性，如果有，你就可以按图索骥了。

上面说的是企业大战略——人才战略，那么具体操作该如何降低试错成本，例如做一个网站都可能带来极大的试错成本。我最近分析了一些企业网站，结果惨不忍睹，老板们根本不知道什么是移动版，网络公司滥竽充数，在给老板讲解的时候信誓旦旦地说有移动版，可惜做出来完全不适合移动端浏览。花的钱不多，可能一万元左右，但是耽误的是企业的时间，伤害的是企业对第三方服务的信任。也有企业做一个网站花了十几万元，可惜连关键词都是乱的，没有任何效果。你不能埋怨企业不懂，只能说网络公司服务不到位，毕竟收了十几万元。服务方利用被服务方缺乏专业知识来攫取高额利润属于商业行为，似乎不应该被指责，毕竟大部分行业都是这样发展起来的，但是，拿了高额利润是不是应该把产品做好？

现在整个外贸市场的第三方服务完全没有规范和标准可言，所以，我才萌生了要做一个第三方测评平台的想法，完全是公益的，希望能够为企业降低这方面的试错成本。

其实，对于绝大部分的内地企业来说，外贸都是一个并不怎么老的产业，但它初期的高速发展掩盖了许多问题，例如外贸从业人员的整体业务素质偏低，直到现在很多企业还在按照当时的人才标准培养人员，所以一大帮人进入外贸行业之后直喊外贸难做。例如第三方服务的水平参差不齐，无标准，无规范。大到 Alibaba 随意调整服务项目，视供应商的利益和诉求为草芥，小到不知名的服务商骗钱敛财，不知道何时才能出现一套规范，整顿这个市场。

姿态放低一点，多多从外面学习是降低试错成本的重要方法，还记得之前我说过的美国谚语吗"不要再发明轮子",你即将遇到的坑可能前人早就跳过了,不如花点钱学习一下,那样能节省很多时间成本和信心成本。

宽度放小一点,深度上用心一点,也会降低试错成本,不要贪多求全,每次只做一件事也是成功之道。

Part 8　重新定义老外贸

有一个极其奇怪的现象,现在凡是"老外贸"这个词出现,大部分时候后面都会跟一件不怎么好的事,例如10年外贸经验,还是被客户骗了;10年信用证操作经验,还是着了道,等等。

怎么会这样?我完全搞不清楚给这些人挂上一个老外贸的头衔到底是为了什么?是为了说明他经验足够,不是他幼稚,是客户太狡猾,套路太多?

可是我看了很久,也没看出这些所谓的老外贸到底老在什么地方,就只是因为在外贸岗位上多待了几年吗?

我今天想给老外贸重新下一个定义,在现如今的外贸形式下,到底什么人才算是老外贸?

当然,你完全可以不认可。但是,我相信只要你调整心态来看的话,这些东西对你一定大有帮助。

一、对产品老到

外贸就是销售,销售就是卖东西,从这点来说我们跟摆地摊、站柜台的人没什么区别。

既然是销售我们就要对我们卖的东西充分了解,一个连自己卖的东西都不了解的销售人员怎么敢称自己老呢?

无论是在群里聊天,还是进行内训的时候我经常碰到这种状况,有一些外贸人声称自己已经做了三五年外贸,对产品非常了解,但是却被我几个问题就为难住了。他们认为这些问题过于高深,不应该是业务员需要了解的范围。下面,我列举一下,你看一看这些到底是不是业务员应该掌握的知识。

(1)产品的原材料、生产流程,以及整个生产流程中决定产品质量、价格的各种要素;

（2）产品的检验流程与大部分客户拿到产品之后的检验流程，这两种检验之间会不会存在一些差别，原因是什么；

（3）产品的用途，不要跟客户说什么用在某个行业，请给他具体说明用在哪个产品上，例如说可以用在化妆品上，那么你要告诉他，它到底可用到哪种化妆品上，而这个产品在这种化妆品中到底起什么作用，是否有其他的替代品，如果有，为什么客户不用其他的替代品；

（4）在国内有多少家像你这样生产或者经营这个产品的工厂或者贸易公司，跟你几乎同等规模的有多少家，你们各自的优势或者劣势有哪些，行业老大是谁，他们经历了什么样的发展历程，他们是如何成为行业老大的；

（5）购买你产品的客户都是哪些群体，重复下单的客户都是哪些群体，如果客户一切正常，他的平均购买频率是什么样的，这些客户的决策过程是否有迹可循。

实际上还有很多需要业务员掌握的内容，大家可以先用这些问题来自查。而这些就是我一直所强调的专业部分。我的观点一如既往，外贸人员的基本素质包括专业、职业、正式化，那么，作为一名老外贸，更应该在这三个方面有其独特的地方。

当然，这个地方我要强调一点，是否专业并不决定于你电脑中有多少产品资料，而是决定于你到底把这些资料加工成了多少的知识或者信息，并且储存在自己的大脑中，而且找到了合适有效的表达方法。总之，就是一句话，你自己觉得自己专业一点用都没有，你要让别人知道你专业，否则就是自我陶醉。

二、对客户老到

拿到一封邮件就不假思索地去报价，这并不意味着你老到，而是说明你随意。在这里我绝对不是说要辨别询盘，做过很多年外贸的人都知道，一封详细的询盘并不意味着客户质量好，而一句话的询盘也并不意味着客户就是骗子或者同行。

报价是一定要报的，只不过你要分析，客户的这封邮件里是否透露出一些信息，或者说网络上是否有关于这个客户或者公司的有关信息可以供你利用。客户是贸易公司还是终端使用者，客户是采购经理还是老板，客户是从事哪个行业，你的产品在客户这个行业中所占的比重有多大，等等。你的报价策略或者沟通策略，都要根据客户的情况而制定，绝对不是一套方法就可以应对所有客户，也不是一套方法用十年。

跟客户谈判要老到，无论是谈判策略的制定还是谈判步骤的实行都要谨慎，在整个谈判过程中，你的心态要平稳，情绪要稳定，可以随时发现商机和客户所挖的陷阱。不能因为客户砍价幅度过高而愤愤不平，更不能因为客户所表达出的暂时意向而沾沾自喜，过程非常重要，但是，没有结果的支撑，过程也只是看起来很美而已。

已合作的客户你一定要充分了解，第一次合作的客户，你也要想尽办法去获取客户的更多信息。那些合作了多年的老客户就更不用说了。多年的交流，双方对彼此应该非常熟悉，理论上来讲应该是成了朋友或者亲人。你应该时刻关注客户个人或者公司的动态，例如客户的采购规律，客户的经营情况，客户的市场状况，因为这些情况都决定着你的订单状况或者是款项安全状况。再例如跟你沟通的人的职位变动状况，因为他的调动会影响沟通的质量，甚至订单的情况。

当然，要了解的远不止这些，我对我的老客户信息可谓是全方面掌握。例如客户的爱好和习惯，客户的私人生活规律，客户的家庭人员状况，有哪些突发的变故等。总之，会影响我和客户的私人关系，或者两个公司关系的所有事项我都要把握。

如何了解客户？沟通，不断地沟通，并且在沟通的过程中保持敏锐度，不断地提取客户的重要信息。

新客户信息你很难获取，甚至可能一无所获，但是，如果老客户也一无所获，说明你根本不用心，与方法无关，因为交往是人的本能，大多数时候不是客户拒绝交流，而是你拒绝交流。

很多外贸人的抱怨在我看来都是咎由自取，说得有点不近人情，但是却是忠言逆耳。仔细分析，你会发现，很多问题的根源都是你对客户不了解。如果是第一次合作双方不了解再正常不过，此时你要衡量风险，确定他到底值不值得你冒险，因为谁都想做十拿九稳的生意，客户的十拿九稳对于你来说就是极大的风险，你的十拿九稳客户也可能难以接受，所以，一般策略是各自承担一部分风险。

而老客户，尤其是合作了很久的老客户你再不了解就完全不可理解了。我们的客户也会突然提出要求变换付款方式，此时，我一定会问为什么，是因为最近资金紧张，还是因为公司会计制度更改，还是因为其他的什么原因？然后，结合着我对他个人的了解去做出相应的决策。

三、善总结，爱学习

老外贸业务员还有一条重要的标准就是热爱学习，且不断总结，不断地提升自己，更重要的是老外贸业务员在自己擅长的领域都有自己的一套体系，没有致命短板。

这条标准很重要，很多人号称自己做了10年外贸，听起来好像很厉害，但是实际上却是雾里看花。拿到订单不分析原因，丢了客户不总结教训，浑浑噩噩，感觉自己什么都懂一点，但是其实又什么都不懂，这不是老外贸。

不总结就没有沉淀，不学习更没有未来，做了那么多年外贸不知道自己强在哪弱在哪，当然就对自己没有清晰的评价，这样的人怎么敢称自己是老外贸呢？

中国外贸正在剧烈的转型中，也带动了思维的转变、方法技巧的转变，有经验的老外贸面临着新理念的冲击，能否克服心理障碍，拥抱变化，将成为老外贸下一个分水岭。

当然，我这里说的老外贸是善总结的那种，他们应该在外贸整个流程或者某些环节上有自己独到的体系、方法或者套路。这些东西都是在长期的实战中提炼出来的，绝对价值千金，只要思维能够转变过来，对这些东西进行调整，就能立刻爆发出惊人的战斗力。

四、对行业充分了解，或者掌握了充分了解的方法和技巧

在某一个行业浸淫多年，对行业有充分的了解是必需的，有些人做了5年外贸，但是却从事了三四个行业，谈何深入？至于为什么频繁地换来换去，原因很简单，业绩不好，赚不到钱。

在我的概念里，老外贸应该是在某个特定行业做出了一定成绩，而且不会因为换行业而像一个新人般从头开始的人，因为外贸里的技巧和方法大多是相通的，只需要根据产品或者行业微调就可以。老外贸必须具备迅速融入

一个新产品、新行业的能力，说得再明白一些，就是他们必须有能够迅速掌握产品，掌握行业的方法或者技巧。

还有一些其他事项老外贸也需要掌握，例如了解国际贸易合同规则。做外贸时间长了自然会知道哪些条款会相对敏感，哪些国家或地区有特殊规定。对这些规则老外贸不仅要懂，还要能为自己以后的沟通所用。

所以，我认为老外贸这个称呼意义重大，绝对不是在外贸里混上几年就可以自称的，我不是要咬文嚼字，因为有些东西会有特殊的指向意义，也就是说老外贸人是告诉新外贸人到底要走向何方的标杆。

第三节　耸人听闻的言论

Part 1　贸易公司倒闭潮真的要来了

我从来都不是一个悲观主义者，充满热情、充满希望是大家对我的一致评价，但是我从来不会拒绝承认一些事实，哪怕再残酷。

如果把 2005 年称为中国中小企业外贸的元年的话，到了今天，也只不过才 12 年而已。这 12 年里，外贸人创造了大量的神话，SOHO 族（家居办公者）年入几百万元，一句英语不会说的老板跑到展会上签了大量的订单，三个人的贸易公司创造上亿的出口额……我也不愿意相信，才仅仅过了 12 年，中国外贸就到了洗牌期，但是趋势已经很明显，难以逆转。

很多人问过我一个问题，现在客户只想找工厂合作，而且找到工厂也真的越来越容易，贸易公司还有多少机会？我的回答通常都是，无须恐慌，工厂是第二产业，制造业，而贸易公司是第三产业，也就是服务业。外贸里面服务占有很大的比重，而绝大部分工厂的服务精神跟贸易公司暂时是没法比的，所以，贸易公司还有很大的机会。而且，世界上所有发达国家的发展进程表明，生产和贸易的社会分工是必然存在的。

分工存在，但是并不意味着现在的所有贸易公司都能继续存在下去，优胜劣汰，是亘古不变的规律。

一、外贸公司倒闭潮到来的原因

2017年开始，大量的贸易公司倒闭，我认为主要原因包括以下两点。

（一）付款方式的竞争已经是主要竞争

我曾经不止一次说过，价格竞争并不是市场竞争的终极形态，付款方式的竞争才是。

因为价格竞争再激烈，也是以一定的利润为目的的，大家都很清楚自己的底限在哪，一个订单接下来总归还是能有一点点利润，哪怕是再少的利润。没有几家工厂能够承受不赚钱的火拼，所以价格竞争到了一定阶段，大家都已经到了底限的时候，就趋于暂时的稳定。

但是，竞争并没有结束，因为还是有人需要抢占市场，抢夺客户，所以，为买家放账就成了重要的竞争方式，你用T/T（电汇），我做L/C（信用证），你用L/C，我就做L/C90（远期信用证，见票90天后付款），你做L/C90，我就做D/P（付款交单）……

这下问题来了，当面对风险极大的付款方式时，几乎没有任何风控体系的外贸企业，尤其是小的贸易公司只能凭借老板拍脑门做出决策。

做，只要一笔生意出现问题，就会血本无归，倾家荡产；不做，如果这种付款方式成为常态，就注定他再也与订单无缘，也会慢慢无法支撑，关门大吉。

如果付款方式的竞争成了竞争的主流形态，贸易公司要么大着胆子，冒风险去做，要么依仗第三方风控，如中信保。如果企业资金有问题还要寻求第三方资金杠杆，如信用证下的信用证打包贷款、押汇、福费廷等业务，或者利用最近非常火热的外贸综合服务平台来解决资金周转问题。

国家最近极力地推进外贸综合服务平台的建设，国务院更是核准了四家平台为全国试点，或许会为广大的中小贸易公司解决一些问题。

（二）海外地推或许会截断中小贸易公司的后路

线上竞争激烈无比，询盘数量下降，质量也是惨不忍睹，订单小额化、零散化成为常态。有远见的一些公司早已经实施海外地推战略，有实力的公司直接建立海外仓加常驻人员直达本土市场，地毯式推进；实力稍微弱一点的公司也会采取各种方式走出去，例如偶然的出国拜访，或者依靠第三方的地推服务，等等。

这种把外贸变成本土内销的做法对于很多不走出去的小贸易公司来说简直是釜底抽薪。工厂至少还有一定的内销业务作为支撑，贸易公司就出口这一条路，断了，便再无生路。线上竞争年代，贸易公司或多或少还能拿到一定询盘，争取到个别大客户的子公司的订单，现在恐怕机会会越来越少。

试想，当你收到一封询盘，还在给客户发邮件，发 Skype 或者打电话的时候，同行已经出现在了客户面前，你将面临多大的困难？你真的可以强大到利用那么不高效、不通畅的线上沟通方式战胜可以无限接近客户的同行？

我经常开玩笑告诉朋友，他跟老客户关系再亲密，也不如我隔三岔五地上门，我一次找不到客户的弱点，两次找不到，三次五次还找不到吗？新客户难开发，老客户保不住，企业下场如何，一想便知。

很多企业担心走出去的投入产出问题，总是在想别人走通了再按照别人的路弯道超车。你要知道，别人花了大价钱买来的经验会轻易地告诉你吗？等着别人把市场布局做好，你还有多少机会分一杯羹呢？

目前，付款方式之争和海外地推战役还没有完全打响，但是已经是大势所趋，倒闭大潮还没有汹涌而来，但是已经暗流涌动。这绝非危言耸听，外贸人要早做准备才行。

二、如何应对倒闭浪潮

（一）提高综合素质

这个是我一直都在呼吁的，提高业务员的专业性、职业性、正式性，是应对各种冲击的最强有力的手段。

提高谈判能力和沟通能力可以让业务员在付款方式谈判中获取一定的回旋余地，也能在一定程度上抵御海外地推趋势的冲击。

如果一个企业拥有一支强大的队伍，走出去也会变得格外简单。

（二）进一步提升服务能力

贸易公司的主要优势就在于服务，我们对于整个产品端本身没有任何的增值，只能从链条上寻求我们存在的必要和生存的空间，我始终坚信，服务是贸易公司的本质属性，而对于工厂，服务却只是附加值。

（三）进一步提升营销能力

还记得我说的价值五部曲吗？

创造价值，这一步属于工厂研发生产环节；发现价值，例如从七大体系供应体系、生产管理体系、QC（Quality Control，质量控制）体系、包装体系、储存体系、出厂前检验体系、售后服务体系发现价值；提炼价值，把上面七大体系的精华提炼出来；传达价值，把提炼出来的精华加上证据，通过谈判传达给客户；延续价值，也就是为客户做好服务。把后面的四步做精，将会让你在生死之战中占据有利位置。

（四）找到合适的方式走出去

走出去是外贸企业不得不走的一条路，为了降低成本，企业可以采用众筹的方式，例如五家公司租赁一个办公室，一起办公，既能降低费用，也能减轻异国他乡的寂寞之感。这五家公司最好是相关行业，这样还可以共用客户。

其实走出去还有一个好处，可以更加准确地了解客户，这样对于一些风险较大的付款方式，就会有一个比较准确的风控。

（五）把控供应链

对贸易公司来说，客户重要，但是我认为供应链更加重要，尤其是在现在这个阶段。

朋友问我如何扩品的时候，我的第一答复就是选择可以掌控供应链的产品。因为如果工厂全力支持，你根本不用愁客户，反之如果供应链出了问题，伤害的就不是一个客户了，可能是整个市场。

对供应链的把控能力的高低是评价一个贸易公司体系是否完善的核心要素，也是一个贸易公司能够活下去的最大保障。

所以，如果一个贸易公司连供应链都把控不了，只能落得惨淡收场，当然，除非你做的东西没有人愿意做，或者没人能做。

（六）品牌化

品牌化是什么意思，为什么不是打造品牌呢？

贸易公司没有自己的产品，打造品牌是个不现实的命题，但是，你可以让你的服务高标准化，也就是品牌化。

客户的选择多了，同样意味着选择成本变高了，你可以为客户节省大量的时间成本和试错成本，客户又何乐而不为？

Part 2　外贸企业发展中的定时炸弹

贸易公司为什么都做不大，主要是因为裂变带来了巨大影响，实话实说，低成本外贸时代已经过去，裂变已经变得越来越难，而且随着各种客户管理软件的兴起，也很难有若干年以前那种业务员带走客户另起炉灶而原公司无能为力的局面。

说一句时髦的话，一个企业外部敌人再多都不可怕，真正可怕的是企业内部的种种问题，这些都是潜伏的定时炸弹，当有一天你突然发现的时候，可能连拆弹的时间都没有了。

大部分外贸企业的快速发展其实都不是因为体制完善、体系规范、产品优势突出、员工素质全面，而是赶上了中国外贸高速发展的红利期。享受过这个红利期的人都很清楚，这是一个只要你努力就能卖掉产品，赚到钱的时期，不需要太多方法和技巧。

大部分企业在享受这种红利的时候没有看清自己，没有居安思危，未雨绸缪，面对突然而来的外贸形势大变革完全无所适从。

时代红利所带来的高速发展除了会让一个人一个企业盲目自信和乐观而忽视自我修炼和提升之外，还会掩盖很多问题，例如成本控制，因为每一种操作方式投资回报率都很高，所以控制成本这个问题没有得到足够的重视。到了存量市场的状况下，问题就会凸显，因为在利润率不会大规模增长的情况下，如何控制成本，也就是我一直在提倡的精细化运营成为一个企业的重中之重。例如建立公司内部的客户分批体制，部门之间的分成体系等。

以上这些问题都会给公司发展带来难以预料的障碍甚至损失，此外，还有几个方面是企业的致命威胁，我来列举一下。

一、风控体系

曾经我看到一篇讲信用证的文章，其中有几句话让我非常感兴趣，当然，更多的是惊讶。文章说他们公司客户开的信用证里面有很多条款风险很大，但是到嘴的肉公司又不肯放掉，就接了。在后续审核信用证时，他们又发现了十几条软条款，最后，公司居然还是接了这个订单。

我对这家公司的风控真的很感兴趣，明明知道不可为而为之，就是为了给大家当反面教材？

其实大部分的中小企业都跟这个公司一样完全没有风控体系可言，不对，老板就是风控体系，但是问题是老板不可能知道每个人的客户情况，也没有任何资信调查，就拍脑袋做决定，真的合理吗？

我一直在说一个概念，价格竞争不是终极竞争，付款方式的竞争才会带来行业洗牌。而付款方式的苛刻会带来很大的问题，接单了万一客户拒绝付款，中小企业会遭受灭顶之灾；不接受，万一接不到订单，企业也会慢慢垮掉。

所以，风控绝对不应该是T/T做，信用证或者D/P不做这样简单粗暴的规则，而是什么样的信用证甚至D/P可以做，什么样的坚决不能做。

风控是最需要大数据的一个项目，所以，由企业本身来利用自身的经验做风控是不合理的，企业无非就是分析客户资料，别无他法。整个外贸行业期待一家数据全面、极具公信力的第三方服务企业出现，中信保可能暂时是大家唯一可选的了，但是，中信保还是存在很多问题，例如数据不全面，存在误判等，这些也是切实需要解决的问题。

二、一家独大

一家外贸企业的大部分产值由一个业务员控制是很容易出现问题的。

注意，我说的绝对不仅仅是业务员忠诚度的问题，我宁愿相信绝大部分员工都是忠诚的。问题在于老板的心态会变化，会觉得这个员工这么厉害，会不会总有一天要单飞，然后就想方设法地去限制、控制，或者进入另外一个极端，完全不敢管这个人，听之任之。

员工的心态也会变化，他为公司贡献这么多，但是拿到的似乎不如想象的那么多，他应该更值钱。如果这个员工又属于业务型，完全不想带新人，麻烦就更大了，公司可能会出现人才的断层，梯队的建设也会出现问题。

人的惰性会让绝大部分人在获得一定的成功后把节奏放慢，如果再加上老业务员带新业务员一段时间，新业务员不成才，会给整个公司的业务增长带来麻烦。

当然，这不能怪员工，只能说公司的制度不够完善。

三、服务能力不足

为了降低成本，中小企业往往是一个萝卜一个坑，甚至希望一个萝卜多个坑，业务员要做营销、谈客户、做跟单、做服务，于是一个个的特种兵出现了。

这样的架构带来了一个很严重的问题就是业务员的精力被各种事务占据，不能拿出更多的精力来做订单，更不要说带新人，教新人了。

所以，外贸企业的架构要变，要想尽一切方法来提升整个公司的服务承载能力，让业务员能够真正地回归自己的本职工作——谈客户。

第二章

厘清外贸体系

第一节 你必须了解外贸体系

我认为，外贸体系分为三个部分：供应体系、营销体系、客户体系。

我所说的体系指的是让外贸能够长期持续发展的努力方向，其实大部分的外贸企业都或多或少地在做这些工作，只不过没有人系统地总结过罢了。此外，既然是体系，就是一个综合性的工作，绝对不仅仅是业务员或者老板能够独自完成的，很多内容需要从整个公司的全局来梳理。

一、供应体系

不管你的公司是工厂还是贸易公司，供应始终是外贸里面一个极其重要的课题，你公司的供应体系决定着你能给客户提供什么样的产品以及服务。而产品和服务是外贸的核心内容。

在这个体系里面，生产部门要全面地配合外贸业务员的工作，让产品质量获得客户认可，产品货期符合客户要求，并提供稳定持续的供应。

这个工作绝对不是一个小业务员能够促成的，很多公司做了外贸业务，但是却难以在外贸方面投入足够的精力，这样会逐渐磨掉外贸业务员的热情和积极性。既然打算做外贸，就要为外贸业务服务，不然干脆不要做，浪费钱，更加浪费业务员的青春。

供应体系还包括生产人员和技术人员要为一线的业务人员提供必要的产品知识培训，足够多的产品资料，包括图片、视频、文字等。

当然，所有的外贸企业都是从不正规到正规的，如果你在一个刚刚起步的外贸企业，你想有一个好的发展，公司又没有提供必要的支持的情况下，你就要自己想办法了，例如自己主动往车间跑，主动找技术员和一线工人聊天、学习，自己去储备一些素材，例如照片、视频，等等。

我一开始在工厂的外贸工作都是开拓性的，因为，工厂的内销订单多得不得了，根本不会有人愿意多做些工作来配合我，谁知道他忙活半天会不会有成绩呢？于是我经常跟技术员聊天，给技术员洗脑，告诉他，"今天有客户问产品""今天有客户跟我讨价还价""今天有客户问了一些略深的技术问题""今天我成了一个小订单请你吃饭"，或者经常邀请客户来工厂参观。技术员看得见，工人也看得见我的业绩，一段时间之后大家都看到了外贸的发展前景，他们有机会跟老外接触，有机会去国外调试设备，有机会跟家里人吹嘘他见了多少外国人……这样一来，他们自然愿意配合我。

以上是自有工厂的情况，如果你所在的公司是贸易公司怎么办？其实解决问题的思路跟自有工厂如出一辙。

首先，展现自己的实力以及决心，换取一定程度的支持，之所以是一定程度的支持是因为工厂不可能因为你简简单单的承诺或者表下决心就对你死心塌地。其次，找询盘，找客户，谈订单。

你有没有遇到过这种情况，你给客户报价 1 000 元，结果客户开口就说 950 元可以吗？你接受了这个价格并马上下订单，结果你突然发现，950 元就是工厂给你的成本价甚至有的时候低于工厂给的成本价，无论你再怎么跟工厂磨都不可能成交。这个时候大部分人就开始沮丧、失落，其实大可不必，很多订单你拿不下实属情理之中，既然这个价格工厂可以做，或者可能可以做，你为什么不干脆给工厂呢？

或者说，有的时候客户给的价格你可以做，但是利润低得微乎其微，经过了试探、交锋、磨叽，客户不可能再加价格，那么你也可以接下来，因为你可以给工厂，工厂可以赚钱。

上面两种订单数额加起来绝对不是小数目，你可能赚不到钱，但是工厂不管，工厂只知道你给了订单，而且数量还可以，那个时候，你说的话就开始有分量了。

我们公司的发展已经完美地印证了这一点，包括现在，我们也在用这种方式去开辟、维护供应商，其实无论如何我们一开始从工厂拿到的都是次优的条件，当我们订单越来越多的时候，才有可能拿到最优条件。

当你跟工厂的关系足够好的时候，你的很多要求就都可以满足了。例如我们公司会要求工厂把自己的牌子拿下，换成我们的牌子；例如如果工厂牌子太大，无法摘下，我们就会要求工厂给我们印名片，名片上同时出现两家公司的名字，我们甚至会给工厂出面接待的人印这种名片。既然没法避免客户看到工厂的名字，我就主动"交代"了！

二、营销体系

营销体系包括两个方面的内容，一方面是建立宣传体系，这是营销的基础内容；另一方面是调整营销思路，这是任何一个企业适应快速发展的形势的根本。

宣传体系，我已经在以前的书里写过很多遍了，这里我就只写关键词，你可以根据关键词查阅我的其他书。

免费 B2B 的利用；

SNS 营销，Facebook，Linkedin，Google Plus 等；

SEO（长尾关键词）；

Google Adwords，Yandex；

收费平台，Alibaba，Made-in-China，各国的知名 B2B 平台；

手机端的营销；

图片营销，视频营销；

小语种的宣传。

营销思路的转变其实我也写了非常多了，这里也给出关键词大家自己去查阅。

宣传思路要由单纯的把 B2B 作为投资重点转变为 N+1；

样品思路要转变，要把样品转换为跟踪客户的有效手段，把样品变成打破谈判僵局的手段；

联系客户的途径要把单纯依靠邮件，转变为以电话和手机即时沟通为主，邮件作为确认和备忘录的形式；

开发信思路要转变，不能再单纯追求简单的邮件，而是追求让自己的邮件有吸引力、有看点。

三、客户体系

客户体系按照前后顺序可以分为三个部分，客户的来源、客户的谈判、客户的跟踪和维护。

客户的来源无非就是两个方面，第一，宣传，等待询盘；第二，主动出击搜索客户，发开发信。

（一）主动找客户

主动出击搜索客户我有两个提示。

第一，直接搜索"buy + 产品名称"的方法不是不可以，但是效果不会很好，大家可以亲身体会一下。我建议大家按照产品用途来搜索，也就是你的产品可以用到什么领域，例如我的产品可以用到餐具里面，那么我就寻找餐具厂，因为这肯定是我的客户，我只需要找到人，找对方法就好了。

第二，你可以尝试使用群发工具，我们公司现在就在用群发工具。目前，有一些比较先进的群发工具跟以前的群发有所区别，它可以根据你设定的关键词去搜索引擎自动抓取邮箱地址，然后模拟多个邮件账号发送邮件，每个账号只发送几十封邮件，大大降低了被系统判定为垃圾邮件的比例。你可以自定义多套开发信模板，看哪一套的回复率更高。

（二）客户的谈判

客户的谈判有几点我想提醒大家，下面给出关键词，大家可以直接去《JAC外贸工具书——JAC和他的外贸故事》和《JAC外贸谈判手记——JAC和他的外贸故事》中查阅。

为什么你不报价；

卖点提炼，不断地给客户重复你的卖点，给客户洗脑；

要学会给同行挖坑；

内销的很多销售技巧都可以用在外贸中，例如置之死地而后生，配合法之类；

要用解决问题的思路谈订单；

要主动，敢于提出缔结成交。

（三）客户的跟踪和维护

客户的跟踪始终是外贸里面最重要的话题之一，跟踪质量的好坏决定着你的工作积累，所谓厚积而薄发，就是跟踪客户效果比较好，终有一天订单转化率会有质的变化。

（四）维护客户

维护客户的要点我也给大家列出，大家可以根据关键词进行搜索。

延续销售热度，第一次销售的结束是第二次销售的开始；

兑现承诺（备忘录）；

如果寄提单，分开寄；

即便客户不提，也要申请免费堆存或者箱使；

如果是信用证，尽快交单，不要耽误客户提货；

如果是近洋信用证，首先，业务员要申请免费堆存箱使，其次，寄一份正本单据给客户，最后，由于交单时间受限，跟客户商定采用无单放货保函的方式，允许客户先行提货；

客户投诉，不要急着推脱，先调查，如果真的是自己的问题，先道歉，不要忙着找理由；

解决问题比解释问题更重要；

如果是贸易公司，他的客户找你联系，你要反馈；

如果是独家代理，当地有客户直接找你，你要反馈；

主动为客户查漏补缺，节省费用；

尝试着接触客户的私生活；

经常邀请客户来工厂或者公司；

如果有条件，上门考察，或者展会见面；

事件营销；

合作之后，电话要更加频繁；

帮客户采购其他产品，如果客户有其他的供应商，你可以帮助其处理相关琐碎事务；

私利。

第二节　品牌运作的四大体系

什么叫做品牌？闭门研发叫做品牌吗？远远不够。

品牌是企业的整体战略，绝对不是生产部门可以肩负得了的。

总体来说，品牌运作必须包括四大体系，生产、质量控制、市场营销和售后服务，缺一不可，当然，看起来每一个体系都可以单独运行，但是不整合会弄出大麻烦。

中国企业 OEM 做了那么多年，被外贸买家欺压了那么多年，该有越来越多的企业跳出来做自己的品牌，让国外的代理商经营我们的品牌了。

2006 年，我们公司成功地在澳大利亚运作了一个品牌，花园泵产品，当时前期用了大约一年的时间做各个体系，而后期则是迅速爆发，淘汰掉了一个荷兰品牌，一个德国品牌，做到了第四位。

同时，我们还在德国运作了一个供水设备品牌，当然，这个行业太细分，我们的品牌没有多少知名度，但是它给我们公司带来了巨大的利益——品牌溢价。

下面介绍一下四大体系如何运作。

一、第一体系——生产环节

例如你想在美国打造一个品牌，那么生产环节上必须有一个标准配置。熟悉美国大品牌生产特点的管理人员＋熟悉美国品牌生产的一线工作人员＋高标准的生产设备。

我一直在说，普通的贸易公司或者绝大部分的中小工厂很难突然有一天拿出一个产品改变整个行业，因为要做到这一步，需要有钱，大量的钱。然后，挖来或者培养出一个熟悉大品牌品质管理、生产体系、生产制度的管理骨干，以及一大批高素质的一线生产人员。此外，还要有钱购买高标准的生产设备。

很明显，这些企业做不到，所以，这些企业都是生产高雷同的低质量产品。

二、第二体系——QC 环节

说一句不太好听的话，可能很多人不同意，但是却是事实，同样一个工厂生产出的马桶盖，日本的 QC（Quality Control，质量控制）部门检测通过，中国人马上跑去哄抢；美国的 QC 部门检测过，产品可以卖出三倍、五倍甚至十倍的价格；而中国的 QC 部门检测通过，跟没有检测一样，市场根本不认同。

稍微大一点的企业或者品牌都非常重视 QC 环节，因为如果自己的品牌产品总是不断地出一些低级问题，会直接影响自己的声誉。

要想做好品牌，绝大部分企业的 QC 体系都要重新打造，花重金聘请 QC 专业人员来把关。

三、第三体系——市场营销

酒香也怕巷子深，这句话一点都不错。

你做一个品牌，就是希望越来越多的终端客户能够喜欢，并通过产品信任你们公司，但是如果没有营销，问题就大了。做产品营销你首先要让中间商或者代理商喜欢你。也就是，当你的品牌还什么名声都没有的情况下，你去找中间商或者代理商谈，让他来代理你的品牌，你们一起开拓市场。我相信你最后一定能找到代理商，但是耗时会很久，而且，初期你一定还是需要让渡绝大部分的利润。我们公司打造品牌初期，我背着一个背包，去澳大利亚某个地方的花园器材经营店推销产品时遭遇拒绝："不好意思，我们跟某品牌有协议，不能卖其他品牌""不好意思，我从来没有听过你的这个牌子，不感兴趣，因为我不认为有人会买你的东西""要不你弄几台样品过来，我卖卖看，卖得掉，我想我会感兴趣的"……

我拼命地跑了两个多月都没有收到多少效果，于是，我想到了先推终端。我制作了大量的彩页去当地人口稍微集中的地方做推广，我被保安赶了无数次，还有一次被人报警，差点被抓。

后来，推广终于有了效果，因为我们的产品价格低，广告做得还算是比较用心，慢慢开始有消费者咨询、购买，也有人询问是否可以代理，甚至还领着我们去做了几期报纸广告。于是，越来越多的代理商开始找我们，包括那些曾经拒绝我们的代理商。

当时，我们的产品质量的确很好，所以，迅速凭借低价优势抢占了大片市场。当时的网络营销概念还不是很清晰，所以我们采用了最笨、最直接的方法也取得了好的成效。现在情况不同了，营销渠道有太多，线上、线下，等等，宣传速度比以前更加快捷。很多人说，他就想做一个线上品牌，在 Amazon 上小有名气就不错，我想说的是，线上品牌太不牢靠，想长久，还是线下有影响力。

四、第四体系——售后服务环节

连售后服务都没有，就别叫品牌。即便是品牌产品，生产管理严格，QC严格，也会有一些并不完善的产品流入市场。或者说，哪怕是因为消费者的问题造成了产品的损坏，你都应该有及时的善后措施。

仔细观察你会发现，现在某些大品牌出问题都是因为客服，例如三星的电池爆炸，就是售后没有及时做好工作。例如之前某个品牌的笔记本电脑，一个城市都找不到一家客服，直接被媒体曝光了，销量骤减。相反，很多原来的大品牌宣告了破产并购，但是售后服务却一直在，或者每个城市留下几个，或者花钱给其他的服务机构让其代为服务，在消费者心中留下了很好的印象，这就是售后服务对于品牌的重要性。

要在国外做好售后服务，不是那么容易，必须本土化，所以，我才说线上品牌并不牢靠，因为没有线下的售后服务，线上品牌永远无法扎根。所以，我预言，所有的B2C都会变成B2B2C。

就如同开头所讲，做品牌四大体系，缺一不可，是一件耗人耗钱耗耐心的事。很多人说，他就做一个小而美的品牌就好了，不需要那么大张旗鼓。小而美，的确不错，我原来也以为小而美可能不需要付出太多精力，但是当我跟很多细分行业做品牌的老板聊过之后，我才知道，小而美是表面看起来的，实际上品牌打造的背后也要大量的资金支持，大量的精力消耗。很多生产型的老板研究了很多年才研发出一款领先同行的产品，很多贸易型的老板不断地选品，不断地挤压库存，不断地折价才选出了几个看起来不错的产品……

当然，绝对不是要打击大家做品牌的积极性，而是告诉大家，品牌之路没有那么简单，有一定的资金积累，有一定的心理承受能力再上路成功概率会高很多。

第三章
行业现象之我见

第一节　看似奇怪的那些事儿

Part 1　为什么贸易公司一般都做不大

虽然,中国有一些大型的贸易公司,但是绝大部分贸易公司都只有十个人左右,甚至只有几个人,这是为什么呢?为什么贸易公司规模一般都做不大呢?

这里的规模,更多的指的是人数,因为外贸是一个单位个人可以创造极大价值的职业,一个人一年下来可能就能做到几百万元到上千万元的营业额,甚至有人可以做到上亿元的营业额。这是贸易公司做不大的第一个原因,因为没有必要做大,几个人就可以赚到足够多的钱,要那么多人干吗呢?

有人会讲了,既然单位个人创造价值那么高,多招几个人,不就赚得更多了?要知道有些时候一加一并不等于二,人少了靠关系,人多了就要靠管理,如果老板不足以掌控全局,人多还不如人少。

还有,如果公司的产品是单品,人太多还要涉及市场分配的问题,不然业务员之间就会产生客户冲突,这是所有老板最头痛的问题。

其实,以上都不是主要原因,主要原因是贸易公司裂变太容易。贸易公司一边谈客户,一边联络供应商,而执行这些操作的是一个又一个的业务员,当他们逐渐对行业熟悉,跟供应商熟悉,又有了几个客户,并发现公司实际上通过自己赚了许多钱,而自己只拿那么一点提成的时候,就会慢慢地萌生自立门户的想法。

想想看，大部分的贸易公司都是这样产生的，业务员从原老板那里裂变出来变成了小老板，小老板的业务员沉淀一段时间之后又继续裂变成小老板……

现在的年轻人崇尚自由、自主，更喜欢自己当家。但是说句实话，外贸的低成本时代已经结束，再走那条裂变，SOHO，创办公司的路子比以前困难了很多，但是，这种情形永远不可能结束。

裂变出来的小老板们害怕自己的员工也学自己自立门户，往往会采取各种方式保护自己，例如不轻易分享技术经验，尽量隔断供应商信息，隐藏成本和利润，等等。可是，信息这么透明的今天，如何能瞒得住呢？这样做反而更加让员工不满，加速离职。

的确，对员工出去自己创业，外贸老板似乎都无能为力，大家都会退而求其次，转而稳定自己的客户，员工出去可以，从事这个行业老板也没办法，不要带走客户就好，但是要如何做呢？

说白了，客户会选择对自己最有利的一方，当客户认为在整个交易中，这个业务员是最重要的环节，交易的价格、付款方式、货期等优惠条件都是业务员争取来的，而且与该业务员沟通基本无障碍，流程无过错，那么这个客户被业务员带走的可能性极大。当你让客户感觉到，他能享受这么好的价格、付款条件、货期、服务，都是公司平台好，而这个业务员只是传递信息，换作其他的业务员也可以做到如此的时候，客户大部分会选择留下，毕竟更换供应商，谁都不敢保证产品质量一定会稳定。

最传统的宣传只是在宣传产品，难逃第一种情形。所以，营销很重要，公司品牌，公司形象，公司服务体系，例如采购体系、质量管控体系都要大力宣传。售后服务体系也要大力宣传，让客户真正认可企业，明确地知道虽然也是某个人在直接对接客户，但是所有的流程必须依托于公司这个平台，真正服务他的是一个团队时，客户就会相对稳定很多。

Part 2　为什么单笔订单额越来越小

越来越多的人开始发现一个严重的问题，网上尤其是 B2B 平台上来的订单越来越小额化、零散化。很多公司纠结了，大单找不到，找到了也很难做得下，小单又不愿意做，为什么订单变成了这种窘况呢？

说清楚这个问题之前我们先要搞明白国外的分销体系，除了一些大工厂或者大的终端销售商自购自用产品之外，大部分产品是由国外一个大的渠道商进口，并且保留一定库存，销售给下一级经销商，下一级经销商有可能是小批发商，也有可能是终端客户。经济下行的压力让很多大的渠道商不敢一次性保留很多库存，他们宁愿少量多次进口，或者要求供应商备齐货，但是分批发，由供应商来承担库存的资金占用以及滞销风险。

经过这么多年的发展，国外对于中国制造的印象也有了明显的改观，原来对中国不熟悉、不信任的小B端买家也有了足够的勇气直接跟中国供应商接触，而互联网的兴盛给了他们找到足够多供应商的机会。当然，我们也不能忽略B2C的功劳，B2C让跨国零售变得简单，更不用说小型批发了。

话说回来，小B客户越来越多最大的原因还是利益的驱动，这些小B用户希望能够减少供应链的链条，以保证自己的利润空间。

这一切都造就了小B的崛起，而他们的崛起也让原来那些大型的渠道商遭受了巨大的压力，只能进一步找供应商砍价，以最大限度的价格优势来维持销售渠道的稳定，避免小B用户流失。不管你是否承认，这已经是既成事实，而且会一直延续下去。

如何应对这种情况呢？

走出去，自建分销体系。中国的供应商走出去，取代原来的大渠道商，直接面对小B用户，一方面增强竞争力，砍掉大渠道商的那部分利润，将这部分利润分给客户；另一方面，方便小B端用户随时用随时买，减轻其库存压力。

这种方案我们2009年在泰国进行了实验，效果极佳。现在也在极力地用这种方法布局我们的主要市场。

落实这种策略的费用不低，但是如果几家公司一起走出去可以分担费用，所以我一直在提倡众筹建海外办公室、海外仓。

我相信一定会有垂直的第三方服务商进行这种服务，大家一定要紧盯各种消息，一有机会就要抓住，这样才能掌握红利和先机。

Part 3　不以签单为目的的参展都是浪费钱

之前，我有朋友参加广交会，展会第一天早上就给我发喜讯，在广交会签了两个小柜的订单，货值7万美元。

估计又要有人说："哇，他运气太好了，我怎么没有这么好的运气呢？"

这个问题我有答案，当你不以成交为目的参展，不以成交为出发点准备各种参展资料的时候，你永远都不会有这么好的运气。

广交会之前，我特意把自己的参展经验总结成了几篇文章在博客里发布，还尝试着给很多人治一下心理病。我相信这些文章能够影响一部分人，但是大部分人，看了，最终也只是看了而已。其实，这也是我一开始敢于分享外贸经验的原因，无论我写得多么透彻，会用的、用得好的人，可能不到万分之一。

回归正题，运气，是需要坚持才会有的，坚持做正确的事，坚持正确地做事，什么是正确呢？适应外贸新形势就是正确的。

展会这种花费大量的人力、物力、财力的获客形式，也是可以获得与客户面对面沟通机会的获客模式，它怎么会被大家忽略？怎么会被随随便便地应付了？怎么会不在投入之前就确立明确的目的？

反观许多业务员以下的表现，你不觉得自相矛盾吗？

收到一封邮件要分析一下是不是同行套价格，询盘是否真诚，质量如何，你怎么就会如此重视一封邮件？

发个样品，为了几百元样品费跟客户，一个有确切需求的真实客户斤斤计较，美其名曰不见兔子不撒鹰，这与你对待展会的态度不矛盾？

客户来访，没有明确的购买意向就不接待，这难道也与你对待展会的态度不矛盾吗？

……

有老业务员嘱咐新人，在展会上接待客户，千万不能当场报价，以防同行套价格。

如果这个老业务员是故意误导新人，我想说，这个老业务员不地道，下场不会很好；如果这个老业务员说的是自己真实的想法，我想说，这个公司的老板所托非人，公司人员需要大换血。

很明显，他们参展的目的并不是成交。因为不报价谈判没法谈下去，如何成交呢？那我的疑惑来了，不为了成交，他们去干吗呢？收名片？现在可以获取客户信息的途径多种多样，比展会效果快效果好得多得多了；见老客户？有多少老客户要见？其他的时间闲着干吗？玩手机？如果老板就带着这种想法，业务员会如何表现就可想而知了。

所有的不以成交为目的的参展都是浪费钱，闲的！

以成交为目的的参展，才会对路过的客户存在期望，才不会随随便便让任何一个机会从自己手边溜走，更不会坐在那里低头玩手机；以成交为目的的参展，才会足够重视这个机会，让自己提前熟悉产品、熟悉行业，才会尽量调动所有的资源，让沟通足够深入；以成交为目的，才会准备足够多的文字、图片、视频资料，让客户更加信任，更加看重你，即便你们不能当场成交，至少你的专业会让客户有印象；以成交为目的，你才会深入地了解客户的需求点，尽量满足他们；以成交为目的，你才会用心谈判，才能充分地利用各种谈判方法，才能真正地把进度向前推进，或者成交，或者留下足够多的余地让自己去跟踪。

作为企业的老板，可能未必有时间去参加展会，但是只要你们看一下参展人员的准备，你就会知道他们打算去干什么。

最后一句话送给各位，以成交为目的去参展，你才能真正知道展会到底还有没有效果。

Part 4　更新一下你的某些传统观点

这些观点是我在分享的时候经常说的，或者会穿插在我的文章中，今天全部摘录出来，跟大家一起探讨，很多的观点是我在外贸中第一次提出，一家之言，希望能对大家有所帮助。

一、信息不是帮助而是骚扰

现在是信息泛滥的年代，提供信息的行为已经成为一种变相的骚扰，不可能获得绝大部分目标用户的青睐。所以，你要从提供信息转变为提供价值。

你所发送的每一封邮件，打的每一个电话，发给客户的每一条消息，都应该有价值，无价值必死。

二、关注渠道，更要关注商业本质

大家都在谈电商，或者跨境电商，但是大部分人都有一个误区，把大多数精力放在了电子或者网络上，其实这些只是渠道。展会是渠道，出国拜访是渠道，电话也是渠道，商，才是核心。渠道在变，商业本质不变，所以你要把大部分的精力放在对商的研究上，商便是人与人的交往、心理、行为、意识，等等，应该是研究的重点。所以，请你自己审查自己或者公司，你们的时间大部分花在哪里，是不是出了问题。

三、供应链比选品更重要

很多人问我选品怎么选，规则是什么？网上介绍选品规则的文章有很多，五花八门，大部分是从市场角度来考察。我有不同的观点，凡是现在市面上卖的产品大部分是有市场的，不然不会有人生产经营，所以，这个方面不用太费心思，反而是供应链需要重视起来。

我创业的时候，最先解决的就是供应商的问题，我花了大量的心思，利用各种手段、方法，获取到供应商也就是工厂的大力支持后，才着手开拓市场，因为，即便是到了外贸形势剧变的今天，找询盘也不是难事，有个忠诚的合作工厂才是难事。

所以，我的扩品都遵循一个规则，掌握供应端，不然绝对不会出手。

四、营销、销售才是业务员的工作重心

不要忽略营销的重要性，产品开发的确重要，但那是技术部门和研发部门需要思考的问题，而且，技术和研发需要资金，而营销和销售才能带来资金。

没有几个公司不需要营销和销售支撑，所以，外贸人要做的是从公司现有的产品，哪怕是地摊货入手做营销，做销售，所以，少跟外贸业务员说产品为王。

五、Amazon 也需要运营

都说 Amazon 重产品轻运营，我不认为轻运营是对的。之所以之前这么传是因为亚马逊的确不怎么需要运营，有刷单，有刷评价，有黑科技，还需要运营干什么。记得 2015 年一帮人讨论 Amazon 实操，大家都在讨论怎么优化、怎么规范，有一个人一直笑，轮到他发言的时候他说他就做两件事：第一，不断地选品；第二，不断地刷单迅速做起来，然后收手。运营？那是不懂的人才做的。现在呢？据说他很惨。

六、Amazon 操作和运营是两回事

你一定要分清 Amazon 操作和 Amazon 运营，这是两个截然不同的概念，Amazon 操作并不重要——可能你听了不舒服，但是事实如此，后台操作永远不会成为一个公司的核心岗位。核心岗位是产品和运营，运营是公司的大脑、运算中心，操作只是受大脑支配的手脚。操作重后台，运营重前台表现和数据分析。运营人员要对产品和消费者心理精通，所以，Amazon 运营才是最有前途的职位。

七、百花齐放的宣传方式

Alibaba 现在在整个外贸宣传体系中占据主体地位绝对不是偶然，也不是运气好，赶上了好时候是一个因素，但是跟他同时代的公司都被他淘汰了，说明他有过人之处。很多人讲地推的时代过去了，可是中国制造网用 2016 年的业绩证明，地推依旧是威力最大的推广方式。

其他的宣传方式处境尴尬，主要是没有出现一个行业明星进行市场教育，例如 SEO、SEM，到现在为止，还没有哪一家公司有胆量拍着胸脯说，他是这个行业的老大。我们也能看到一些规模大一点的公司正在布局，希望他们能够快一些，做出好产品的同时注重一下营销和销售渠道的打通。

SNS 运营目前处于敛钱阶段，我不认为一帮没有做好外贸甚至没有做过外贸的人能够运营好 SNS，因为 SNS 是内容为王，内容必须以产品为基础。

Alibaba 独霸外贸宣传渠道绝对不是什么好事，各种问题都是因此产生，如果中国外贸的整个局面或者规则由一个网络渠道来掌握，那真的是悲哀了。

八、传统外贸思维必须变革

从 2004 年 7 月开始，中国外贸太好做的局面造就了一批不懂外贸，不懂外贸销售却赚到了钱，创完了业的所谓"老外贸"。2015 年以来，这批"老外贸"遭遇了极大的危机，因为外贸行情发生剧变，对人的综合素质要求越来越高，原来的思维模式、技巧方法，受到了极大的冲击。所以，传统外贸思维必须变革，不变则死。

九、外贸红利时代已结束

2015 年的 8 月份我就提出了一个看法，外贸低成本时代已经过去，现在这一情况表现得愈发明显，外贸已经由过去的单渠道宣传向多渠道宣传转变，单兵作战逐渐被团队协同代替。线上红利期已过，时间成本加大，线下的优势开始凸显，尤其是走出去的优势。

十、外贸综合服务平台只是渠道，不要过分渲染

很多人在吹捧外贸综合服务平台，说什么外贸综合服务平台是中国中小企业，尤其是中小制造企业走出去的希望，这些观点骗一下不懂行的人还可以，还是别拿来骗外贸企业了。就跟电子商务一样，外贸综合服务平台只是一个渠道，先不说它怎么为企业找询盘，就算是它找来了询盘谁来谈，谁来把它变成订单？

我始终坚持一个观点，分工是社会趋势，一切违背趋势的做法终将失败。生产的把生产搞好，销售的把销售干好，服务的把服务做足，这才是符合规律的做法。

十一、提升服务能力，突破外贸瓶颈

业务能力决定一个公司的市场开拓广度和深度，而服务能力则会成为木桶的最短板，因为一个人的精力有限，当你有了客户，你就会发现自己的精力都在那几个客户身上，不管要不要发货，有没有订单，你几乎每天都得围着他们转。

人有懒惰的天性，都更喜欢来得相对容易的老客户的返单，而不是艰难

地开发新客户，所以，公司到了一个阶段一定会遇到瓶颈。一方面是客观层面，人的精力被老客户占据，一方面是主观层面，拈轻怕重，解决掉这两个问题企业会迎来新的发展。

十二、注重员工的培养

员工是拿来用的，不是拿来考验的，很多公司似乎搞不懂这个道理，员工招聘到了，不教、不理、不安排，自生自灭。你招聘人来是给你创造业绩和利润的，不是考验他的承受能力的。

培养员工最快的方法就是员工手册＋标准化文件＋FAQ（Frequently Asked Questions，客户常问的问题及解答）文件。员工手册是告诉他们该做什么，标准化文件是告诉他们怎么做，FAQ 文件是告诉他们客户往往都问什么问题，让他们做好准备。

把这三份文件学透了，员工不可能不出成绩的。

十三、人才战略

人才是一个公司的战略，所以，招聘绝对不能突击，而是应该拉开阵势，细水长流，哪怕有困难，也不能降低一点点标准。扩大面试的基数很重要，占据人才板块的流量入口也很重要，让每一个面试者都能看到你们公司的招聘信息是每一个想要做大的公司必须具备的理念。

十四、人才是外贸的道

什么是外贸的道，什么是外贸的术？我不知道为什么有人来问这么高大上的问题，我实际得很，我认为道也好，术也罢，赚到钱，活下去是根本。

产品是道吗？可是面对着严重雷同的局面，产品不是成交订单的根本原因，反而谁的营销能力强，谁就是王；价值是道吗？可是价值自己不会说话，需要人来表达，所以，人才是道，人的思考能力、思维能力才是王，其他的都是辅助因素。

第二节　我眼中的 Alibaba

Part 1　"我到底应不应该做一达通"

这个问题我已经被问了几百遍了，其实，你是否想过，当你问出这个问题的时候，答案其实已经出现了，如果一达通真的很好，你肯定不会纠结；或者说，它虽然不好，却是外贸中必须存在的一个步骤，你也会做。

那么多人纠结，是因为它不是真的好，又不是一个必需的步骤，它只是被人为地、别有用心地硬塞到了很多外贸企业的外贸流程里，而很多人只能无奈地被迫接受。

这是怎么了？

我们先看一下，Alibaba 为什么会强推一达通？答案很简单，数据！很多人讲，Alibaba 上数据已经够多了，用得着多此一举吗？如果你有这个疑问，说明你对外贸还不是真的了解。Alibaba 上的数据并不准确，或者可以说，跟真相差得太远，这个并不是 Alibaba 的错，而是外贸模式的错。

从供应端来说，Alibaba 有着强大的地推实力，所以他们可以让供应商获得很充分、很准确的数据，但是，只有这个数据一点用都没有，Alibaba 想要做得更好一点，必须有买方数据，而且是精确的买方数据，更要有成交数据。供应商数据、买方数据、成交数据，这三个数据缺一不可。

Alibaba 平台本身无法获取后两种数据，是否成交，如何成交，成交价格、付款方式如何，Alibaba 平台永远不可能知道，因为供应商跟客户是线下交易。此外，重复性询盘也让 Alibaba 上的买家数据不真实，例如可能你一次性收到了许多贸易公司的询盘，但是，实际上背后都是一家工厂，只看表面数据，你会误以为某个市场很庞大，其实，只有一两家工厂在生产，其他的都是贸易公司而已。

Alibaba 通过一达通拿到后两种数据可以干吗呢？

一、一达通获取数据干什么

（一）重新分配市场

所有人都知道，当你通过一达通操作之后，你的客户信息会被 Alibaba 拿走，Alibaba 会通过一切手段为这个客户推荐所谓优质的供应商，重新分配市场。

（二）海外仓

海外仓是现在 B2B 的趋势，当一达通的数据足够多，足够说明某个市场对某个产品的需求量很大的时候，Alibaba 可以直接去该市场设置仓库，让自己的供应商直接发柜子去仓库，进行本地化销售，这就是精准匹配。

（三）自营

现在 B2B 平台都在玩自营，Alibaba 知道某个产品的数据，会不会自营不得而知。如果它这样做它将成为中国最大的贸易公司，其他的贸易公司将会被淘汰掉，然后由于订单量足够大，它又可以控制工厂，后果不堪设想。

（四）更容易控制工厂

你离开 Alibaba 的生态圈，你的客户、你的成交条件，它都知道，不好意思，它不会让这些客户跟着你离开的，这里别的没有，供应商太多了……

（五）有足够的实力对接船公司，甚至影响船公司的策略定位

这一点很好理解，供需关系决定一切。

二、一达通的优势

（一）国外客户可以获得补贴

一达通对国外客户进行补贴，第一单补贴几百美元，对于客户是个挺大的诱惑。Alibaba 这一招有很大的作用，对于客户，有了第一次，就不怕他不来第二次，因为这对客户是有好处的。

这跟一达通一开始的策略是不同的，刚开始，他们对出口商进行补贴，地推人员奔走相告，但是大部分企业不为所动，因为他们很明白，Alibaba 就补贴几毛钱，就要拿走他的客户资料和成交信息，企业完全无法接受。数据可是企业的命根子。现在，Alibaba 把角度一变，让客户来逼供应商，简单多了。

（二）信保评分影响 Alibaba 上产品的排名

这一招真的是非常狠，你不走一达通，没问题，很多客户不会逼你，但是你的产品在 Alibaba 上的排名会受到影响，进而在 Alibaba 上的询盘数量会受到影响。这样很多企业就慌了，赶紧全面转向一达通，就怕在 Alibaba 上被同行淘汰。

很多人说，这不是欺人太甚嘛，企业就这么顺从？是否顺从，取决于你对 Alibaba 的依赖程度。

如果你除了 Alibaba 外什么宣传渠道都没有做，你只能指望 Alibaba 给你带来所有询盘，你会不顺从？如果你或者你的业务人员除了 Alibaba 什么都不会操作，你会不顺从？如果你或者你的中层管理人员根本不了解 Alibaba 以外的任何宣传方式，认为做外贸就是做 Alibaba，你会不顺从？

无可厚非，Alibaba 是国内甚至全世界最好的 B2B 平台，在 Alibaba 上有大量的采购商，但是很多企业没有做 Alibaba 照样订单不断，为什么？很多外贸人只靠不断地搜索邮箱，精准地发送开发信，不懈地跟踪客户也会不断出单，为什么？

外贸并非只有一条路。多条腿走路才是长久之计，对任何东西或者人产生了依赖，你就会被拴住，做事情束手束脚，甚至会被迫做一些你不愿意做的事情。

说到这里你有答案了吗？

如果你有人身自由，就客观地权衡利弊，做出决策；如果你连人身自由都没有，先遵守规则，活下来再说。当然，要图进取，不可目光短浅，不然人家下手你就只能任人宰割。

Part 2　Alibaba 到底惹了谁

关于 Alibaba 获取客户数据这件事，我举个例子方便大家理解。有一个菜市场，里面入住了大量的菜贩子、菜农，这些菜贩子、菜农每年要缴纳租金，还要购买很多广告位，还要竞争主通道的客户招揽亭。由于商户越来越多，可选择的菜样也越来越多，客户开始络绎不绝。交易量扩大后，菜市场发现菜贩和客户交易得不错，但是自己就赚了点租金和广告费，不行，它也要掺和一下。于是，菜市场规定，它不管场内交易怎么谈，从它这边走账找物流的商户，按照交易额的多少，它给予不同程度的扶持，例如给一些显眼的广告位，允许你到最显眼的入口摆摊吸引客户。

于是，菜市场知道了成交买家的详细信息，例如登记的手机号，还通过服务定期地给这些买家提供一些其他供应商的信息，美其名曰更优质的供应商。

某些菜贩子知道了真相后，不想再从菜市场走账交易，但是又不能没有那些资源，因为他不要，别人拿走了会截断他的生意。因此，他想出了一个办法，让自己的亲戚冒充买家代替真正的买家来交易，买家知道他们是一家人，把钱给了菜贩子的亲戚，然后菜贩子的亲戚送货上门。

于是，菜贩子的交易数据有了，资源也有了，菜市场拿到的却是一些假的客户信息。

可是，并不是所有的菜贩子都知道这一点，也不是所有的菜贩子都有一个可以帮忙的亲戚。

看完这个故事你明白了吗？所有的外贸企业视客户资源为命根子，Alibaba再怎么无理我们都可以忍，动我们的客户，我们必须跟它拼命！

所有的外贸一线人员都知道现在的获客成本有多高，要击败太多的竞争对手才能拿到订单。虽说拿到订单并不意味着永远拥有客户，可是客户刚刚合作就收到了所谓的更优质供应商的推荐，不是等于拆台吗？

历史上所有的进步都是效率的提升，可是明明菜贩子就可以直接收钱交易，却非要通过菜市场，通过菜市场还没完，还要拉一个亲戚进来再多一步，这是效率的提升吗？

一达通为什么会发展这么快？我可以回答。并不是一达通顺应了这个时代的发展，只是因为Alibaba有着庞大的供应商资源，有着雄厚的资金实力可以补贴进口商，还有着强大的地推团队可以一遍遍地给老板洗脑。

我说过，我跟Alibaba没有深仇大恨，但是我发现我的身边有着一群痛恨Alibaba的人，为什么会这样，Alibaba到底犯了什么众怒？

一、Alibaba是一个玩弄规则的平台

如果你是一个老外贸，好好想一下，Alibaba对于供应商的政策到底经历

了哪些变革？

eBay 和 Amazon 这两个平台，从一开始，平台大的规则就是制定好了的，后来就只是细枝末节的修改。就算是有大的规则修改，也是对卖家利好的修改。

相反，Alibaba 利用自己与其他平台的合作，获取商业数据后单干，与这些平台竞争客户。支付宝一开始是提供支付接口给其他的平台，例如，去哪儿网，在这个过程中支付宝留存了大量的用户数据，而且是精确数据，突然，Alibaba 说它要做阿里旅游，直接跟去哪儿网竞争，这种行为能不令人愤慨吗？

二、Alibaba 的地推人员都是走老板路线

Alibaba 地推人员的营销策略是直接给老板洗脑，我记得最厉害的那年是 2014 年，Alibaba 建商会，搞联谊，搞大战，捧起几个明星开始四处讲课，捧起来的那些企业如今怎样呢？青岛的会长跑路了，深圳的几个典型企业现在混得也很差，有的直接转行了。

Alibaba 的地推究竟是如何操作的，我举个例子，某些地推人员跑到济南的某个夫妻店小企业，鼓励其做外贸，开 Alibaba 账号。老板说他不懂外贸，没办法做，这些地推人员言辞凿凿说要给他做培训，给他输送人才，于是老板花了大笔钱做 Alibaba。最后，老板发现自己的 Alibaba 效果不好，问地推人员怎么回事，地推人员说是他的业务员有问题，操作有问题，得让他们听培训。总之，做好了就是他们的功劳，做不好就是业务员的问题，老板不恨 Alibaba 才怪呢。

为什么就不能告诉老板说，Alibaba 其实只是宣传渠道的一种而已，要多种渠道配合使用才能有更好的效果。

三、频繁地以外行人身份参与企业内部管理

这可能是最让人觉得不可思议的地方，互联网公司的销售人员去指导专业的外贸公司做外贸。当然我承认这些销售人员看到了很多企业，尤其是优秀的企业，也学了很多东西，可是自己从来没有实际地做过一天外贸，这不就成了纸上谈兵吗？

四、有心杀贼，无力回天

我跟很多企业老板聊过天，我发现其实很多企业老板都很清楚自己太依赖 Alibaba 会是什么后果，因为他们一直在承受。但是，他们没办法，心有余而力不足，Alibaba 这个生态圈太厉害了，基本费用砸进去后，由于供应商太多，完全没效果，只能砸钱做 P4P（Proactive network Provider Paticipation for P2P，P2P 技术的升级版），拼命刷信保数据，付出这么多怎么能没效果呢？要在 Alibaba 上成交订单必须花大量的时间去研究平台规则，花大量的钱去营销，这就是一个无底洞，把你的精力全部留在了 Alibaba 这个平台，这样你还会有时间琢磨别的选择吗？

Alibaba 是一个好平台，这个谁都不能否认，但是它绝对不是外贸的全部，宣传的方法有很多，多条腿走路才能掌握自己的命运。

Part 3 除了 Alibaba 还有什么宣传方法

发现问题是一种能力，说出问题是一种胆识，解决问题是一种不可替代的本事。巧了，我不仅发现了问题，我还有解决问题的思路和方法，而且，着实不好意思，这些思路和方法还真的就是效果显著。

在进入正题之前，我还是需要说明几点。

（1）我承认 Alibaba 这个平台的效果还不错，至少它是现阶段中国乃至世界上客户存量最大的平台。我诟病的是这个公司的玩法和对规则的不尊重。

（2）很多人说我们是享受免费享受习惯了，人家拿一点回报不是应该的吗？我都不知道这种说法在反驳谁，谁说过它们不应该拿，它们收会员费，我们给，它们设置固定排名，我们买，它们又说固定排名取消了，全部改为 P4P，好，我们投，但是，它不能依仗着大家都在依赖它就频繁地更改规则，尤其是某些规则跟以前完全冲突。就如同我们住酒店，我们花钱住下了，有冰箱、空调，突然酒店服务员冲进来说，不好意思，冰箱他们要搬走，空调他们要搬走，因为酒店新规定，不再提供，我要也可以，再出钱。这不是霸王条款吗？

（3）外贸里面的所有工作都很烦琐，就算是不做 Alibaba 你的工作也不会轻松。我质疑 Alibaba 绝对不是因为它让大家工作忙起来，而是第一，它的投入产出比不佳；第二，如果你只有时间操作 Alibaba，没有时间研究其他的任何渠道，早晚出事。

下面是所有的外贸企业关心的话题，除了 Alibaba 还有哪些宣传途径，首先我要说明两点。

（1）不同的产品适应的宣传途径不同，但是要敢于尝试，不尝试没有人会告诉你哪个好，哪个不好；

（2）下面所有的方法我都亲身用过，操作过，见到了产出。总体来说，外贸途径分为两种，主动出击寻找客户和网络营销守株待兔，下面我们一条条地展开。

一、主动出击寻找客户

很多公司一点宣传都没有，但外贸业务做得很好。可能很多人觉得这很不可思议，其实我一直也觉得这是不可能的，但是后来我一而再再而三地碰到这样的公司里的老板或者业务员。

他们就是不断地搜索客户，Google 上搜，Linkedin 上搜，Facebook 上搜，只要有希望的地方，他们就在不断地搜索。搜到之后给客户发送开发信，实话实说，这种方式效率并不高，但是你想一下，你收到的询盘成交率能有多少？

很多公司就是这样活着，还活得不错。

（一）如何搜索客户

这种文章网上太多了，大众化的东西我就不写了，只提供四条思路。

1. 软件群发

你可以使用软件抓取信息或者群发，这样的软件国内有，国外也有，我就不推荐了，大家去搜索吧。

2. 独辟蹊径找客户

我有一些比较新颖有效的搜索客户的方法，大家可以看我的另一本书《JAC 外贸工具书——JAC 和他的外贸故事》中"辟蹊径找客户，让你订单不断"。

3. 找到企业采购邮箱或决策人

外贸网站上留的很多邮箱都是销售人员的邮箱，因此如何通过销售人员的邮箱找到采购员的邮箱就是关键。很多企业是小企业，可能销售人员的邮箱就是老板的邮箱，所以建议大家还是先发邮件试试。如果你只能找到销售人员的邮箱，大家可以看《JAC 外贸工具书——JAC 和他的外贸工具》"利用销售邮箱找到采购邮箱"。再者，你也可以利用社交软件找客户。

在 Linkedin 中输入你要找的公司的名称，会出现图 3-1 的结果。

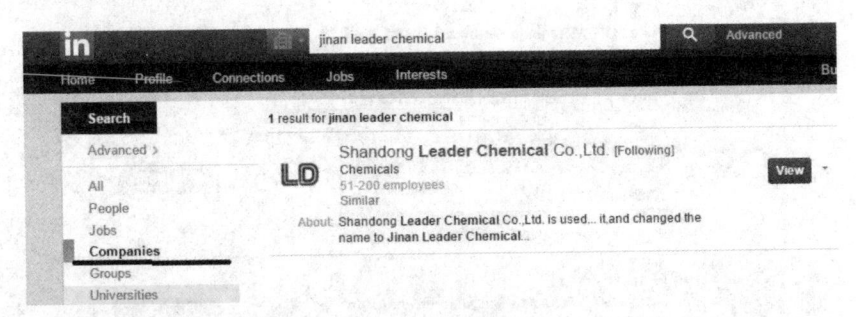

图 3-1

点击图 3-1 中搜索到的条目，会出现如图 3-2 所示的界面。

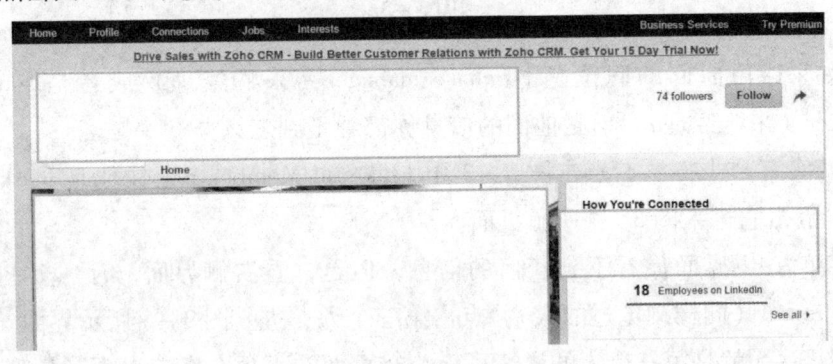

图 3-2

在图 3-2 中，点击"18 Employees on Linkedin"就可以看到这个公司的全部注册人员。当然只有已注册人员的信息，而且有的公司的确没有信息，但是经验告诉我，大公司大部分都有账号，小公司没有也无所谓，因为跟你联系的那个人可能是销售，又是采购员，还是老板，还是保安、厨师……

我们把话题聚焦在 Linkedin 上。打开这 18 个人以后，你会发现，他们大部分是 Linkedin Member（领英会员），如同图 3-3 所示。

图 3-3

如果碰巧他们的职位是 purchase manager（采购经理）或者是 sourcing manager（采购经理），但是他们的信息你都看不到怎么办？

其实有个小方法，点击图 3-3 中 Linkedin Member，记住他是 marketing at……点击它进入图 3-4 所示页面。

暂时在主界面你看不到任何的信息，但是，看右侧界面，有一个 People Also Viewed（同样浏览过的人），点击第三个人，进入图 3-5 所示界面。

图 3-5 就是第三个人的详情页面。在页面右下角，奇迹出现了，第一个人显示也是 marketing（市场部），再点击进去，你就可以看到 contact information（联系信息）和 connect（相关人员）了。当你知道了他的确切名字，就算是没有邮箱，你也可以直接打电话过去说，你要找某某人……

很多人说没法实现这个功能，我想告诉你不是这个功能成功率低，是你的 Linkedin"层次"太低。

"层次"，也就是人脉资源，你可能根本就没有几个联络人。要知道，你

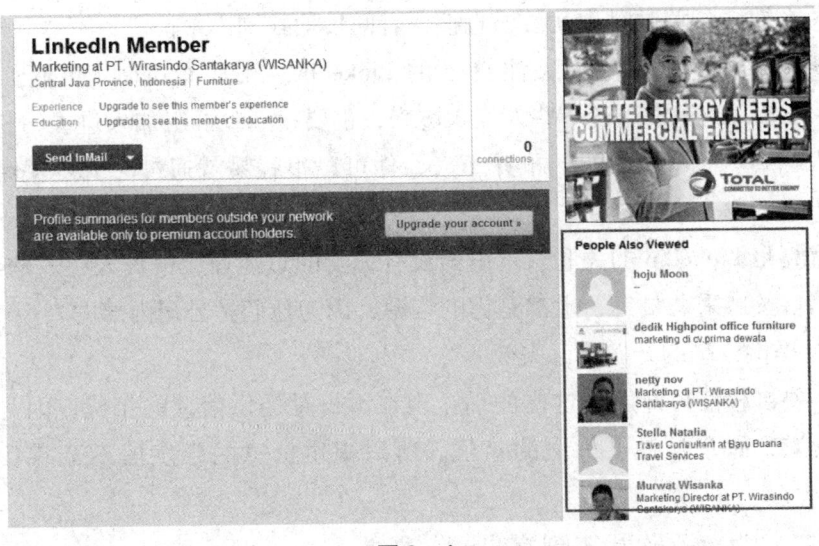

图 3-4

图 3-5

之所以能够看到 People Also Viewed（人们也看过）的那些人的资料，是因为你或多或少和他们有点关系，例如你们在同一个 group（群组），或者他是你好友的好友的好友之类。当你的联络人太少的时候，你就没有跳板了。

Linkedin 就是人脉关系网在网络的最完美体现，日常生活里，只要平时储存的关系够多，关键时刻就可以直接或者间接地找到人帮忙。

所以，平时你要多多关注自己的 Linkedin，经常 update（更新），post（推送）等，经常去邀请一些人加入进来，也要找一些群组加入进去，扩大自己的人脉圈。一个产品的圈子并不大，你可以很轻易就通过三五层关系关联到圈子里的每一个人。

就算是 Linkedin 的关联人员里面没有你要的总经理、负责人、采购经理，那些销售员、采购员等，也都是你的资源，因为他们是公司内部的人……

4. 提供信息的开发信已失效

不要再相信短开发信这样的话，现在不再是提供信息的年代，因为信息已经泛滥，如今是提供价值的年代，所以提供信息的开发信不会有什么好效果。

（二）为什么你找不到客户

大部分时候，你不会的根本不是搜索客户，而是另外三个方面。

1. 不了解自己的产品和市场

你对你的产品根本不了解，你不知道你产品的市场到底在哪，到底是什么人在用你的产品。这完全不是方法和技巧的问题，而是懒惰，不用心。当我知道我的产品可以用在 10 个领域，我就去分别搜索这 10 个领域的客户。例如我的食品加工机械是用在零食加工厂，我就去找零食加工厂；我的木胶粉能够用在家具行业，我就去找家具厂。

搜出来的公司信息里可能没有采购人员的邮箱，但是很多网站上留的电话、邮箱就是老板的，老板既是采购又是销售人员又是技术员，你先去联系，先去推荐自己的产品，不尝试怎么知道这种联系方式有没有用。

2. 不会谈判

很多人总觉得自己的客户数量不够，所以要不断地搜索客户，实际上你不是客户不够，而是根本不会谈客户，你只会碰，碰到了就碰到了，碰不到继续搜索，碰下一批。

你仔细想一下，你的客户成交率有多少？为什么成交率那么低？问题出在哪？为什么别人可以把这个客户争取到手而你不行？

关于如何谈判，我的博客已经有太多太多的内容，也已经结集出版，书名是《JAC 外贸谈判手记——JAC 和他的外贸故事》希望对你们有用。

3. 不会跟踪

其实你搜索了那么多客户，来的询盘也有很多，成交率却很低，那么那些没有成交的客户的资料去哪了？你怎么处理了？

做外贸只有三分钟热度，看心情下菜碟，客户热情你就热情，客户冷淡你就放弃可不行。要知道，客户是否热情取决于你是否对他有价值，这个你不明白吗？

客户可以用沉默不回复表示拒绝，但是销售都是从拒绝开始的。

（三）彼之砒霜吾之蜜糖：展会找客户

关于找客户我总是会出乎大多数人的意料，我常用的一种找客户方法就是大多数人弃如敝屣的展会。

现在的展会已经完全不同于以前了，被动等待毫无效果，你必须主动出击。为什么？供需关系变了。其实并不是绝对的供需关系变了，而是因为信息的透明，供需关系变得更加对称，甚至供远远大于求了。

以前，网络不发达，客户寻找供应商并不容易，所以只能跑到展会，一家家看，一家家谈，参加展会的公司都能满载而归，当然我说的是名片。现在，信息泛滥，客户在网上已经可以找到足够多的供应商，不需要再去展会上一家家看了，他们来到展会更多是要约见老供应商，或者是考察已经取得联系的新供应商。如果你仔细观察，就会发现一个很明显的特点，客户拎着一个包，或者拖着一个箱子，急匆匆地奔向某个展位，路过的展位再豪华他也不会多看一眼。

形势变了，思路也要变，2015年、2016年我们公司参加的两届CPhI（世界制药原料展）都是人声鼎沸，展位里面全都是客户在谈业务，供应商只能站在外围跟同事聊天。

当时，我们遵循一个原则，凡是路过我们展位的人，我们必须上去问一下，"您好，您需要某某产品吗？我们是专业供应商！"客户即使一直拒绝，我们也会跟着走一段，总会有那么几个客户停一下留下一张名片，甚至会有客户找回来，让我们帮忙采购某一个产品。

某个老板笑着跟我说，"你们这是传销啊，我走到哪个展厅都能看到你们的人在发传单！"

是的，我们在拼命。印度展会，我们没有订到展位，于是，我们跑到餐厅，占了三张桌子，在那里布展，在那里跟客户谈判。每当我走到展馆里，看到有展位的中国供应商或者低头玩手机，或者三三两两地一起凑着聊天的时候，我都会想，他们来干吗呢？我们想要展位订不到，他们订到了却毫不珍惜，然后回去告诉老板，展会效果差，这就完成任务了吗？

不要紧，展会效果差了，你们都别来了，只剩下我自己就更好了。

还要多说一句，业务员绝对不能把展会当作收名片的工具，那样没意义，见到了客户就要聊透，就要知道客户的具体情况，具体需求，甚至要当场询问客户对价格的看法，对付款方式的看法。当然，如果参展的是老板你还可以使用缔结成交法去逼单。如果参展的不是决策人，你还要问清楚决策人有几个，并且给客户准备完美的资料供决策人参阅。客户不会完全记住你的优势，你不自己做，谁给你做呢？

二、网络宣传守株待兔

（一）平台

平台分为收费平台和免费平台。

收费平台以 Alibaba 和 Made-in-China 为代表，相信这两个平台是广大外贸企业做宣传利用最为广泛的平台，甚至很多企业也只知道在这些平台宣传的方法。

收费是平台提供服务的前提，当平台上供应商多了，自然也要采用一定的模式让供应商分出一个高低，所以卖固定排名、P4P 也是自然而然的事情，每个平台都如此，不仅仅是 Alibaba，这是市场规则，无可厚非，但是规则变来变去，让供应商无所适从，就有点本末倒置了。

免费平台，很多人瞧不上这个角色，但是我想告诉大家，免费的 B2B 是网络营销的重要组成部分。

当你给客户写邮件推荐自己的时候，客户会凭你的邮件判断你是否可靠吗？并不是的，客户一般都要用 Google 搜索一下你的公司名称，看看你们公司大体的状况，这个时候 2 000 条信息跟十几万条信息的差距就很明显了。

免费 B2B 不是用来拿询盘的，是用来做效应的。某个客户给我打电话要报价，最后说了一句话让我感觉很不好意思，他说："我知道你们是大公司，但是我们公司也很有实力，以后你就会知道，我们的需求量很大，请给我最合适的价格。"我们公司只是两个人的小公司，客户从哪里看出来我们是大公司呢？后来我才知道，原来他看到我们公司的宣传后，顺便搜了一下我的公司名称，发现网上有大量我们公司的信息，他就以为这是一个大公司。要知道我们两个人每个人注册了400多个免费B2B，最多的时候注册到了700多个。

还有一次我参加展会，穿着公司文化衫，拎着公司的手提袋，突然被一个老外抓住，说他知道我们公司，他搜索某产品的时候看到很多我们公司的信息，我们的标志太容易记了，他记得很牢。他还问我他需要的某个产品我们能做吗？由此可见，免费B2B做多了，也是可以产生巨大的效应的，绝对不可小觑。

提醒大家关注一个趋势，大部分人不接触资本市场，但是我接触较多，最近中国的投资热集中在垂直的B2B平台，以后会有越来越多的垂直平台出现，例如中建材集团的易单网，这就是一个重度垂直的建材类平台。建材行业的人可以了解一下，他们有二十多个海外仓，每个海外仓都有地推人员。还有找钢网也在布局国外，相信不久就会有某几个行业的重度垂直的B2B崛起。

（二）Google

Google首页的页面包括左侧和右侧两部分，左侧是SEO，右侧是点击付费。

先说右侧（说明一下，现在Google的广告位置已经进行了调整，调整到了上下两端，方便手机用户浏览），右侧实际上就是我们常说的Adwords广告，它按照点击付费，可以分时段投放，分国家/地区投放。

Adwords我们公司是自己操作，自己开户，自己存钱，不需要缴纳任何的手续费、服务费，当然似乎有税费之类的。但是Adwords里面的门道还是蛮多的，如果不具备自己操作的能力，还是建议找专业的公司代为操作，他们有专业的分析工具，做起来更有针对性。

具体实操过程中三个要点决定Adwords操作的质量。

1. 关键词选择

要选择有一定的流量而且跟自己的产品最为接近的关键词，若你的产品是发泡剂H，你就不能选择发泡剂，那样你花钱花得多，流量也不小，但未必有效果，因为发泡剂型号太多了。提示一下，虽然专业的服务商有专业的工具，但是查出来的关键词却未必跟你的产品相关，你要做好把关，服务商毕竟不懂产品。

2. 广告语

当客户搜到你的信息，是否点击进来取决于广告语怎么写，Adwords 留给你的发挥空间并不大，限制字数太少，所以，要结合你产品的卖点一击致命。

3. Landing Page

Landing Page 就是客户点击链接进入的页面。这个页面关乎转化，客户通过搜索，点击进入了你的 Landing Page，他能否留下，全看 Landing Page 的内容和布局。页面布局要清晰，排版要整齐，图文并茂，如果有视频最好。视频不要上传到网站服务器，要上传到 Youtube，然后转过来即可。

首先，你要使用老外喜欢的字体，要注意段落的长度，以及段落与段落之间的分割，更要注意图片的质量。着重突出产品卖点，吸引客户眼球的东西一定要显眼。其次，还要标准化，也就是每个产品页面格式要一致，每个页面都要留有询盘通道，也就是每个页面都可以让客户直接简单地发送询盘。最后，要有第三方统计工具和即时聊天工具。

只要你做好了这三个点，你的网站询盘量应该还是可以的，成交率也不会很低。

页面左侧，刚刚说过了是 SEO，现在很多外贸人想要自己做 SEO，奉劝大家一句，自己学着做个网站也就罢了，SEO 就免了。SEO 是一个繁杂的工程，需要一个团队来做才会有效果，但是一般公司怎么可能养一个 SEO 团队呢，所以还是建议大家外包。

现在国内外有很多这样的团队，大家可以自行去找，无论是国内还是国外的 SEO 团队，你都要找他们要一些你们行业或者你们相近行业的案例，然后搜索一些关键词看优化后的网页排名状况，验证他们做的网站是不是真的符合要求。

提醒大家注意一下，SEO 团队做优化会根据自己的工具来做，但是工具优化出来的词语很多都是驴唇不对马嘴，不可能直接拿来用，所以你要监控好。

（三）Youtube

当你在 Google 上搜索的时候，你会发现一个很有意思的现象，Youtube 的视频排名非常靠前，因为 Youtube 现在是 Google 的子公司，而且 Google 很人性化，现在大部分人喜欢看视频，所以，他给了 Youtube 非常好的排名。

网络宣传的原则是，客户的目光聚焦在哪里，你的广告就要出现在哪里，这个流量入口你一定要占据。

我做过实验，注册了一个新的手机号，来做 Youtube 宣传。我要求同事每天必须上传一段视频，它可以很短，可以是反映公司实力的任何内容，团队活动、培训、工厂学习、工人劳动、机械运行、机械试机，等等，并且把关键词选好，一定要包含产品名称，然后标题就写某某公司专业某某生产商。

视频放出去之后，我的手机经常接到客户要报价的电话，最多的时候我一天收到三四通。

视频，简单直接，是非常好的宣传方式。

很多人讲，他们是贸易公司，没什么视频。那是因为他不用心，他的产品怎么使用可以拍视频吗？他的产品怎么检测可以拍视频吗？他的产品怎么包装、怎么生产、怎么装箱，可以拍视频吗？公司内部讨论可以拍视频吗？此外，他们难道没有关系好一点的工厂吗？

（四）SNS，也就是 Facebook，Linkedin 等

大家要知道，Facebook 和 Linkedin 都是有企业版的，而且 Google 给予它们的权重还很高，所以，大家在注册了个人版之后要开通企业账户，便于宣传。

Facebook 和 Linkedin 还有一个功能就是圈好友，很多人说不要加客户，万一客户被同行撬走了怎么办？我想说，你多虑了，因为这些平台都有设置，只允许自己浏览好友信息。

这两个平台要讲清楚，需要花大量的时间，我想告诉大家的是，我的 Linkedin 账户经常会收到高质量的询盘，这些客户都是在 Linkedin 看我发了专业的文章对我产生兴趣的。

小语种也有平台，例如俄罗斯的 VK，曾经我让我们公司的小语种业务员去注册小语种平台，取得了非常不错的效果。Facebook 本来就是允许多语种信息发布的，大家一定要花时间去研究。

（五）手机网站

2016 年 5 月 Google 发布的数据显示，Google 的手机端搜索已经超过了 PC

端，预测 2017 年超过 70% 的搜索行为会在手机端进行。Google 为了提高客户的浏览体验，从 2016 年 4 月底改变了算法，没有手机端页面的网站将不会被展示。

你想想不做手机端你丢掉了多少客户？

做手机端不难，BlueHost + WordPress 就很容易实现，你也可以找专业的服务商制作。

（六）论坛、博客

如果你的产品社交性比较强，还要用好论坛或者博客这两个渠道。例如户外运动产品、竞技产品都是此类产品，使用这类产品的人容易形成圈子，也有相关的一些博客或者论坛，聚集了很多这方面的受众。作为商家也会到这里来寻找顾客，所以很容易匹配成功。

这个平台的经营跟 B2C 有点像，所以，可以借助 B2C 的经验。

同样，如果你的产品有自己的品牌，而你又想推广自己的品牌，专业论坛或者博客都是不错的选择。

当然，品牌营销途径还有很多，例如 Facebook 上的品牌专页，例如寻找 Youtube 上面的红人（与你的行业相关，又有大量粉丝受众的人）邀请其拍摄你产品的视频，进行品牌推广，你可以找产品相关的知名人士代言，或者为其提供赞助。

（七）海外仓 + 地推

我曾经说过一达通带来的精准数据有利于 Alibaba 设置海外仓，这个并不是贬低它，而是肯定它。海外仓这种模式将是以后中国企业到国外直接跟其他国家/地区的产品竞争的有力武器。现在的海外仓有很多，例如 Amazon 的 B2B 部分，中国制造网的美国海外仓，大龙网，即将布局的找钢网，等等。

海外仓加上专业的地推，更是如虎添翼，中建材在这一点上跑到了所有人的前面。我们公司也将会在美国跟客户一起建立海外仓，这将是我之后去美国的主要任务。

经常出国做地推，成本虽然高了一点，但是锁定的都是大客户，例如孟加拉国前十名的医药企业，印度第一位的制膜企业，等等，大客户策略是需要坚定不移地走下去的。

关于网络宣传的渠道如果细分还有很多，像是软文、图片推广等。以上介绍的是渠道，但是渠道下面还要做很多事情，例如关键词的选择，描述的排版布局，客户体验的强化等，后续我再慢慢地讲解。

大家首先要做的是，把以上的渠道好好研究一下，看看每一个渠道上面有多少自己的同行在，当然也要好好数一数自己能投入到宣传中的有多少钱。

不要总是听别人讲，这个平台效果不好，那个渠道效果不行，途径有了，还要看每个人怎么去用，就像上面讲的，关键词选错了，宣传怎么可能有效果呢？

第四章

打破外贸企业经营瓶颈

第一节 向精细化管理要效益

人的追求是不一样的,有的人把公司做到 1 000 万元年产值的时候就开始享受生活,你不能说他不思上进,只是说明这已经能够满足他的基本需要了。有的人已经把公司做到年产值 5 000 万元了,却还在孜孜不倦地拼搏进取,每种人都是乐在其中。

诉求越多,烦恼越多,很多时候你会发现,年产值到了一个数值之后,无论老板和员工如何努力,都很难在业绩上有大的进展,就是在那个数值附近徘徊,这是为什么?

这个问题我曾经遇到过,身边的很多朋友也遇到过,我也给很多这样的企业做过策划或者内训,为他们解决了瓶颈问题,其中有帮扶失败的,后面我也会告诉大家失败的原因。

实际操作中,麦肯锡的空雨伞理念确实很进步,为大家解决问题提供了完善的思路。我日常的工作,包括我去帮企业做策划方案、内训方案,就是使用这个方法。

解决问题的第一步是分析问题。分析问题之前你要看明白哪些是问题,哪些是表象,这个很重要。大部分人问问题的时候都是拿着表象来求答案,然后,我再猜到底是什么问题造成了这些现象,让我觉得累,而且效率低。如何分析问题,下面我一一列举。

第一,市场容量方面,你的发展受到了市场容量的限制吗?市场有萎缩吗?自己公司的 5 000 万元收入在行业里面属于什么地位?跟自己差不多规模的企业有多少？最大规模的企业大概有多少的产值？国内生产量总计能有多少，供需关系如何？

第二，询盘量够吗？所收到的询盘能让每一个业务员忙起来吗？询盘的转化率有多少？成单周期有多长？是否属于重复购买的行业？老客户返单率有多高？老客户的丢失率有多少？

市场容量方面，我相信作为企业的领导者你还是会有一个清晰的认识。竞争对手有哪些，情况如何，你也绝对不会存在不了解的情况，否则这个公司也不可能做到5 000万元的年产值。

我接触了这么多企业，几乎没有一个企业是因为市场容量而导致业绩停滞不前，所以第一条就作为参考吧。

第二点里面的这些参数极为重要，大部分的小公司是粗放型经营，只知道自己一年的营业额是多少、利润率是多少、员工拿走了多少钱，却不知道自己一年收到了多少个询盘、询盘的转化率是多少、老客户的返单率是多少、丢失率几何，更不知道员工多久给老客户写一封邮件、多久跟目标客户联系一次。

数据的获取来源于精细化管理，当企业发展到了一定规模，员工到了一定数量的时候，粗放型经营管理的弊端就会显现出来，精细化经营管理会成为必然。

精细化经营管理包括很多方面的精细化，例如公司体制、管理模式、经营模式、员工考核激励，等等。这一切的精细化需要从基础做起，外贸公司都是业务型公司，所以，所有的体系都应该服务于业务发展。

很多的专家或者培训公司会告诉你，你要一步到位，把所有的方案一次性做全，但是，从中小企业的现状来说这非常不现实，所以，我认为应该一步一步地走。第一步先把数据搞清楚，有了数据才知道公司哪个环节比较强，哪个环节比较弱，才能对应地采取措施。

这个时候我们要引入客户管理系统，在讲课的时候我做过很多调查统计，有客户管理系统的公司并不是很多。其实个中原因大家都很清楚，并不是公司不愿意，而是员工反对用。当一个公司经营一段时间之后会有大量的数据，员工不愿意花太多时间把它们重新录入到系统里面。更重要的是录入数据让他们感觉自己被侵犯了，被监视了，企业对自己不信任。

我觉得大家都想多了，这个只是公司为了精细化管理所采用的必需的一个工具而已。

话说回来，当外贸业务员利用公司的资源签下客户的时候，这个客户到底属于谁，法律已经明确地告诉你了：属于公司。当业务员还在公司的时候，公司将该客户交给你进行维护管理，并给予相应的报酬（提成），但是，当你离开公司，这个客户在生意上就再也与你无关。

离职时带走客户合法吗？法律也告诉了你，北京某医疗公司的业务员带走客户被原公司状告并判刑的案例明明白白地摆在那里。

前面说到，我策划和内训过的公司是有失败案例的，其原因主要是外贸业务员的抵制。公司并没有到急需改革的阶段，很多人都没有那么大的勇气。坚持改革的公司现在都有了新的发展，包括当时我自己也是跨过了这道坎，才让业绩有了翻倍的增长。

说白了，改变规则就可能触动原来规则下既得利益者的收益，老板没有一定的勇气、魄力和远见是很难做下去的。

所有的信息录入到软件之后，就要进行数据统计，我不知道现在有没有客户管理系统可以直接把你要的数据计算出来，并且生成数据列表甚至图表，如果没有，你就要自己计算，这关系着你下一步如何做。

例如当你发现询盘量不够的时候，也就是业务员几天都拿不到一个询盘的时候，你就要对现有的平台进行分析，平台是否适合你的公司，员工是否充分利用平台资源，公司是否需要增加宣传投资；例如当询盘转化率不够的时候，你就要想办法提高转化率，这个地方的统计要精细，看看联系邮件是在哪个环节断掉的。

有了统计数据之后，才是制度的制定。制度还要包括培训制度、标准化文件，它一定要在原本业务薄弱的地方加大考核激励。重病需要下猛药。总之，制度要能够对业务员加强指导。

如开头所说的那种满足于年产值1 000万元的公司，公司里外贸业务员的收入想必也是比较可观的，他们很容易不思进取，吃老本，如何重新激活他们将是一个重要课题，所以，老业务员的销售额比例分配也是我们需要的数据。老客户占比，新客户占比，新客户增长的数据，都会成为制定规章制度的基础。

其他的，我们会慢慢探讨，第一步想做好，需要很长的时间。

当然，上面的所有讨论都是以不换产品为前提的，至于说产品更新换代、产业升级，对于中小企业来说很难，如果有机会，慢慢讨论吧。

第二节　通过数据分析提升转化率

上一篇，我提出了一个概念，精细化管理，其基础就是客户管理软件，当然前提是老板带头转变。

一、为什么说客户管理软件是精细化管理的基础

客户管理软件可以提供很多运行数据，而这些数据会成为你调整运营策略的依据。

例如你有几种宣传方式，每种方式花了多少钱你可能很容易知道，但是每一种方式产生了多少询盘，多久一条询盘，可能很多人就不知道了；再例如每种宣传方式产生的询盘成交率如何？是否可以收回成本？每个业务员多久分到一条询盘？有没有自己的询盘来源？每个业务员的询盘成交能力如何？对于新人，第一单成交周期多长？最长多久？最短多久？业务员对老客户的跟踪频率如何？客户的复购率如何？新客户贡献占比如何？客户分类中，哪一部分是意向客户，哪一部分是重点开发客户？……

这些都是极其重要的运行数据，有了这部分数据才能分析出哪个环节可能存在问题，进而去想办法解决问题。

当然，有了数据并不是完结，它只是开始，分析数据得出结论更重要。

二、将数据转化为订单

外贸流程包括三个转化：从看到标题到点击标题的转化；点击标题进入查看到送出询盘的转化；从询盘到客户的转化。只要获取这三个转化中的详细数字，你就能大体知道你的经营环节中是否有问题，问题出在什么地方。

图4-1展示了三个转化的结点及解决方法，比较简陋，大家简单看一下吧。

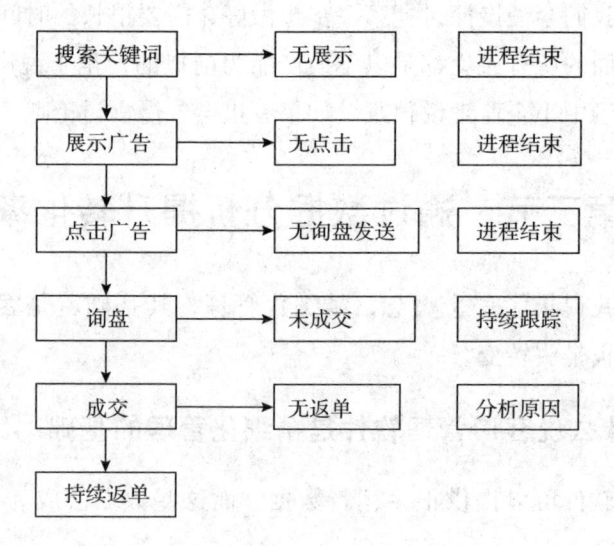

```
搜索关键词 → 无展示 → 进程结束
展示广告 → 无点击 → 进程结束
点击广告 → 无询盘发送 → 进程结束
询盘 → 未成交 → 持续跟踪
成交 → 无返单 → 分析原因
持续返单
```

图 4 – 1

（一）从看到标题到点击标题的转化

第一个转化较为难以监控，但是有些网站会显示广告的展示次数和点击次数，你可以看到自己的广告展示了多少次，展示后被点击了多少次。综合一个数据，得到一段时间的平均值，然后用平均值来衡量阶段成果。

还有一些第三方统计软件，GA，CNZZ（已经被 Alibaba 收购，国外客户加载稍慢，但是数据还算全面），也可以清楚地显示客户的行为。

这次转化很明显取决于广告的标题是否有吸引力，说白了就是你的产品标题写得是否有吸引力。这就要考虑一个问题，你的产品，客户更喜欢什么样的修饰语，不要说低价高质，这种词已经太普遍了，没有吸引力。例如电焊机，客户更喜欢什么样的电焊机，你不仅仅要考虑自己，还要考虑当你的广告位于众多的同行的广告中间的时候，如何让客户看到你，选中你，这就是无处不在的卖点提炼。

（二）从查看信息到发送询盘的转化

第二个转化比较清楚，尤其是按照点击付费的广告，多少次点击换一个询盘，你必须了解，例如 Adwords 广告，点击一次 30 元，如果 10 次点击换一个询盘，那你可以粗略地计算，这个询盘的价格就是 300 元。

要统计出这个数据，需要进行两个方面的监控。第一方面产品标题中的关键词设置是否准确。关于这个问题我进行过大量的数据分析，化工产品客户停留在产品详情页的时间大约是 30 秒，30 秒后客户才会进行下一步动作，如果客户的浏览时间短于这个平均值太多，说明客户需要的不是这个产品，也就是你的关键词不够精确，错误地引导你的客户进了你的网站，浪费了你的钱和客户的时间。当然，还有一种可能性，就是客户扫了一眼产品描述，实在是不想看下去，于是，跳出页面。此时，你就需要对关键词做出相应调整，这个不需要细说。

当然还有很多的因素导致客户查看信息到发送询盘的转化率低。例如你的网站客户发送询盘不方便，例如你明明有聊天软件，就是不搭理客户……这些都要等数据统计出来之后，进行调整，提高访问到询盘的转化率。

第二个转化中不光这组数据，还有一组数据是哪个平台的转化率更高，转化费用最低，这个可以为你下一个阶段资金的投向提供借鉴。

（三）从询盘到客户的转化

第三次转化是最重要的也是最明显的询盘转化，你收到了多少条询盘，谈成了几个客户，再往上推就是多少次点击成交一个客户，进而计算出客户的成交成本。

这个成本要包含公司整体的成本，以及每一个业务员的获客成本，它的目的不是为了奖惩，而是分析每个员工的工作模式和工作方法。如果某个员工数据显示表现突出，可以把他作为典型重点研究，分享其工作方法，提高其他人的成效。

还有一个数据是成单周期，每种产品成单周期不一样，加以统计平均，会得到一个近似值，有助于研究这个行业的规律，更有助于对员工的考核和激励。

新客户贡献率，就是新客户产值除以所有订单产值，统计这个数据有助于分析老员工的工作模式，从而设定对应的考核和激励机制。

老客户返单率，这个与产品相关，有些产品可能就是没有返单。通过返单率数据你可以分析业务员对于老客户的服务和维护能力。服务和维护老客户是很重要的工作，也需要相应的考核和激励机制作为配合。

三、深度开发未成交客户

在粗放型的经营模式下，客户分为两类，成交客户和未成交客户，但是，实际上未成交客户可以分为很多种，有一些值得你重点跟踪，重点分析，更值得你花大量时间去寻求对话机会。做这一切的前提是你要在未成交客户中实行客户分级，分级的标准要明确，例如五星级客户具备如下标准：

- 有确切需求（不论通过什么方式确认）；
- 从中国同行那里进口；
- 你能跟对方正确的人对话；
- 你与客户有过沟通，甚至有过针对交易条件的深入沟通。

然后，慢慢地把下面的星级分出来，这样，下一个阶段的工作可以清晰地浮现出来。

还有一些其他的数据，这里不再一一列举，只有拿到数据才能分析问题，然后针对问题拿出具体的解决方案，最后根据这些方案设定相对应的激励考核措施，确保这些方案可以被推行下去。其实很多人并不是不知道自己有哪些问题，只是没有决心没有动力或者没有压力改变自己，因此必须有激励考核作为新制度推行的保障。

第三节　外贸企业老板的心态与改变

目前的外贸形势下，越来越多的企业主开始重视管理、人力方面知识的学习，也会投入很多精力、财力参与这方面的培训，但是个人拙见，这只利于企业节流，即通过运用科学的管理方法，提高管理效率，降低不必要的成本，运用恰当的人力管理方法，维持企业员工，尤其是人才的稳定，提高员工积极性，降低人才流失。

对于企业而言，尤其是中小外贸企业，还有一个工作生死攸关，那就是开源。

提高了工作效率，提高了员工积极性，对于开源有着重要的作用，但是这只是曲线救国，外贸行业有自己独特的规律和运作模式，要把学到的先进的管理理念、考核激励手段跟规律结合，才能直击要害。

一、改变平台思维，建立营销观

有相当大的一部分老板只知道做外贸就是做平台，尤其是做 Alibaba，不能否认，Alibaba 效果不错，至少超过其他的平台。

可实际上，做外贸不仅仅是做 B2B 平台，外贸的营销手段太多，很多公司根本不做平台，照样赚大钱。

不敢尝试和从众心理很致命。没有人能直接告诉你，哪种方式效果很好，让你去做，所以你要敢于尝试新的营销手段，不然，你就只能从众了。别人做了某个平台有效果，你才慢慢地进入，要知道，当大家都切入一种营销渠道的时候，意味着白热化的竞争开始了，开路者已经拿走了足够多的红利。

曾经我拿着这个观点跟很多老板沟通，他们都觉得自己很冤枉，他们并不是不想多渠道营销，只是根本不懂，他们也知道 Google SEO、SEM、SNS、EDM，但是怎么做才能保证他们的投入有回报呢？

我只能沉默，Alibaba 之所以能够一家独大，是因为他们不断地跟老板灌输这些理念："我们有效果，不信你看你的同行某某；我们有方法，给我钱，你就不需要担心，我们有人教你的员工去操作！"其他的宣传途径呢？没有人告诉你有没有效果，更没有人告诉你该怎么做，你怎么敢投入呢？

情理之中，却是不敢苟同。如果你真的过得很舒坦，也就无所谓了，过得那么煎熬，怎么还能不思改变呢？在自己的团队里找一个信任的人，给他足够多的耐心，拿出一定的预算，开出一条新的营销渠道来，难道不能为自己带来新的机会？

二、改变成本思维，重塑投资观

外贸领域有一个很奇怪的现象，很多老板可以接受在 P4P、Adwords 投入大量资金，却不舍得给客户一个免费样品。

P4P 或者 Adwords，不管点击一次多少钱，绝对不是点击一次就会有一个询盘。若干个点击才能拿到一个询盘，询盘成交率如何还未可知，这种投资老板们乐此不疲，为什么就接受不了其他的小投资呢？

投资这件事，取决于两个方面，第一，资金实力，这是客观现实，短时间很难改变；第二，对于产出的期待或者预计，这个方面老板可以调高或者降低自己的期望值。

我认为很多人的判断都是错误的，业务员的很多行为是为了追逐一个机会，把机会抓住，然后跟客户慢慢接近，非要确定可以一击致命才舍得投资，你真的觉得有那么多这么好的机会吗？

产品不同，市场状况就不同，对于存量市场下的产品，想要做大只能挖墙脚，没有一点点付出，如何让别人相信你，如何让客户转向你呢？

三、改变雇佣观，建立合伙思维

改变雇佣观不是要企业老大把自己的股份分给某一个人，而是要把自己的员工当作自己的合伙人那样信任。

"日防夜防家贼难防"，这句古话真的是害苦了中国人。员工辛辛苦苦，拼死拼活地做工，还要被怀疑，被防着，这种感觉如钝刀凌迟，但凡外面有好的机会他肯定马上离职。

经常听到很多人有上面的抱怨，尤其是外贸经理，做得不好，被怀疑没能力，怕被赶走；做好了，怕被怀疑早晚有一天出去单干，老板架空自己的职权，干涉自己的工作。

企业主也很累，心累，自己是另起炉灶起步发家，就担心下面那帮员工也这样做。其实换个角度，你心里会舒服一点，如果他没有能力，怕他走干什么？如果他有能力，能给公司做出巨大贡献，为什么不想尽办法把他留下，无非是分钱分权分家产，仅此而已。

就算是最终没留下，和和气气地分开，下面的员工能看得见，知道老板心胸宽广。如果把某些员工逼上梁山，可能直接摧毁整个团队，而上梁山的这位能力那么强，一肚子怨气，会让你有舒服日子过吗？

不想当将军的士兵不是好士兵，没有野心的业务员难成大器，但是这个人的野心多大，你天天跟他在一起，看不出来吗？人的野心不是一下子突现的，而是慢慢膨胀的，如果你感觉不到，说明你也做不了一个好老板。

每个人的职业定位不一样，并不是每一个人都有那么大的野心，但是很多时候，人真的是被逼反的。让一个业务高手沉下心思工作的最好方法是让他切实地看到自己的短板，而这个短板会让他自己的创业变得不现实或者困难重重。

我不相信只要自己够强大就不怕别人背叛的那种话，每一个人才的流失都会给原有团队带来或大或小的影响，如果是核心成员离职影响就更为严重。

为什么大部分外贸企业做不大而中小规模企业遍地开花呢？原因很简单，裂变，尤其是核心成员的裂变。

四、改变放养思维，建立精细经营理念

加强对员工的培训和引导，自己做不了，请专业的人做；加强对数据的统计和分析，这个必须老板自己做，有了数据才能看到自己的短板和长处，才能知道下一个阶段如何调整自己的管理策略，考核方案；加强对产品和行业形势的把握，自己做不了，至少让一个很用心的人去做，并且让他把对产品和行业形势的认识写成可读的报告，进行内部分享。

其实以上这些内容，就是下一个阶段破局的重要基石，下面我会慢慢地抽丝剥茧。

老板之所以能够成为老板，都有自己的过人之处，但是，跟一线脱节，对于自己过去成功历史的过度留恋，尤其是精细化经营思维的缺乏，会让整个团队的经营陷入僵局，所以，要破局，从老板自我改变开始。

第四节　你的经验不是万能的

你做决策，定投资，是经验驱动还是数据驱动？

我做过一个小调查，得到的结论是99%的人是靠经验驱动，原因很简单，第一，没有数据；第二，有了数据也不知道怎么分析；第三，经验驱动最容易做出决定。但是，说句实话，很多时候经验并不一定是对的，甚至是大错特错的。

很多人一定会说，我又在胡说八道了，既然99%的人靠经验，人家公司也发展得不错，我如何能够说经验不正确呢？

一般来说，在一个企业起点很低的时候，任何一项举措，只要不是明显地有违常理，都会促进企业的发展，很多人创业之初就积累了自己的客户，一个人也能养活整个团队，问题就会被掩盖。

这就是很多SOHO创业者告别单枪匹马，开始培养团队的时候会觉得非

常累，而发展到一定阶段之后业绩无法再有提升的重要原因。

空口无凭，来看个实际案例。

我曾经去拜访一家工厂，这家工厂的老板也算是外贸行业的老江湖了，对行情、趋势、产品工艺、设计侃侃而谈，一看就是我们一直所说的产品"专家"，瞬间我就把他当成了偶像。其间他说了这个行业的最大特点，5~9月是淡季，因为客户已经在10月到来年的4月做好了采购，存好了货，就等着夏天到了进行销售。

当时我刚刚进入这个行业，听了他的话就有点懊恼，我怎么选择了这个时候进入呢。但是，我还是不死心，于是，我调用了一下 Google Trends 的数据，如图4-2、图4-3、图4-4所示。

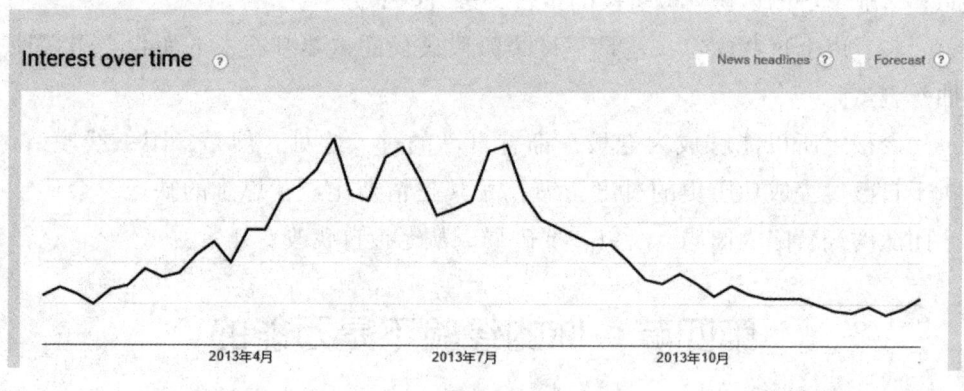

图4-2

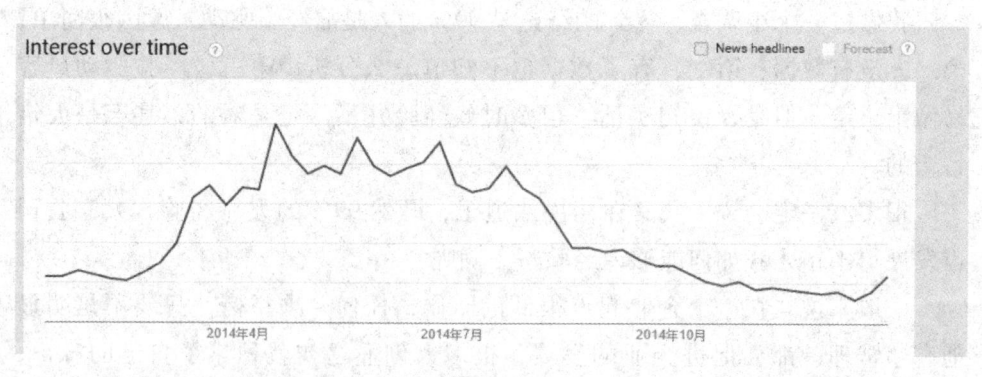

图4-3

图 4-4

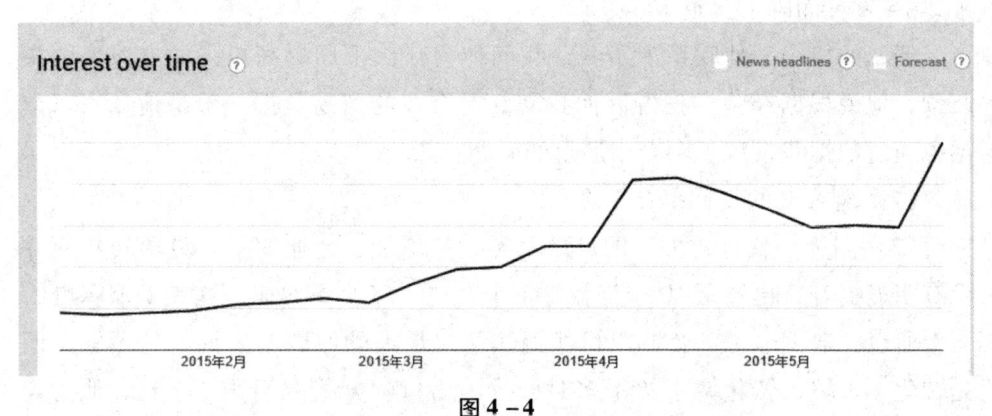

看了这三年的数据，我觉得很奇怪，为什么和前辈说的不一样，会不会关键词不对呢？于是我又换了一个关键词，结果如图 4-5 所示，几乎没差别。

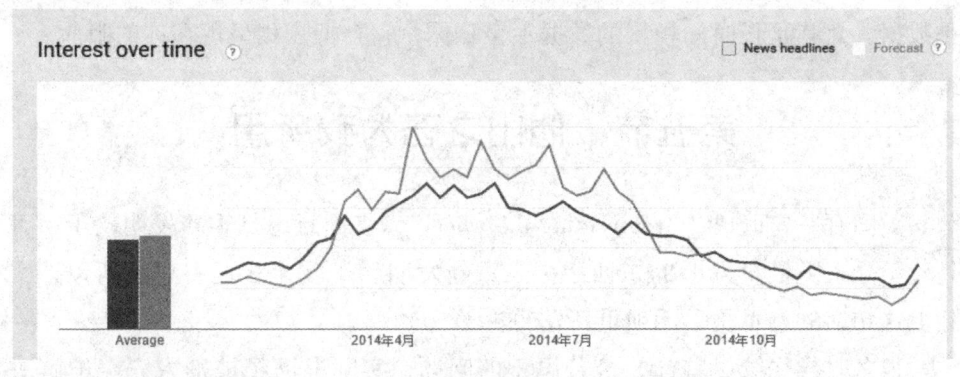

图 4-5

为什么外贸人经验里的淡季，在数据里显示关注量搜索量这么大呢？

于是，我去找老前辈聊，他们也觉得很惊讶。没其他的办法，我只能去验证了，最好的方法就是在 Google 投入 Adwords，获取客户流量，然后通过网站上的第三方聊天工具跟客户聊天，了解客户心理。具体的过程不再阐述，总之，我们找到了一条新路。

还有一个例子，2016 年 3 月，我接触了一家河北的企业，该企业已经从事外贸 11 年，经历过飞速发展的时期，2012 年企业的出口额稳定在 700 万美元以上，老板从 2013 年逐年提高宣传投入，但是销售额却没有多大改善，到了 2015 年反而降了接近 14%。

偶然的机会，他联系上了我，我问他为什么采用提高投入的方法来解决瓶颈，他说根据经验。我告诉他我需要看企业的贸易数据，于是他拿来了数据，通过数据我发现了两个很严重的问题：

（1）老客户的复购率在下降；

（2）因为付款方式丢失的订单每年大量增加，企业的平均订单转化率并没有明显提升，也就是 10 个询盘签 1 个客户，15 个询盘，还是签 1 个客户。

所以，数据显示，企业出口额遇到瓶颈最大的原因不是询盘量不够，而是转化率不够，转化率不够很多时候是因为付款方式有问题，于是，他需要重点关注一下付款方式。对方行动力很强，立马进行了研究，并且调整了考核方案，2016 年国庆节之前我又联系了他，他预计到 10 月中旬就能够达到 2015 年整年的销售额。

这个案例不是要说我有多厉害，而是数据有多厉害，经验可以骗你，但是数据，尤其是长时间积累的数据不会骗你，它会把真相呈现在你的眼前。

第五节　他山之石为我所用

美国有一句谚语，"reinventing the wheel"，表面意思是重新发明轮子，可是轮子是人类最早发明的东西之一，重新发明轮子就是多此一举。所以，实际上这句话的意思是，无须重新发明轮子。

很多时候你绞尽脑汁，苦苦思索的问题，实际上已经被别人完美地解决了。所以，你要学会利用外部资源，也就是找一个向导，带着你走出那片沼泽地。

问题来了，找什么样的向导呢？

第一，招聘一个有能力的人帮你解决问题。这可能是很多老板想到的第一条路，也是我认为能走得最长久的一条路。可是，这个有能力的人并没有那么容易找。而且，很多老板会担心，如果真的找到了，自己能够驾驭得了吗？

第二，找朋友请教。每个人都会有一些人脉资源，或许其中就有能够帮你解决问题的人。可是提建议这种事往往很讨巧，别人可以给你很多建议，但是建议多了未必是好事，因为最终做决策的是你，这些建议到底是带来了好处还是干扰，要看你自己的把控能力。

第三，参与培训，这是现在很多老板们热衷的活动。现在的培训机构层出不穷花样繁多，可是真正有用的培训却并不多。其实，未必是这些培训真的没用，可能是行业不同、年代不同、每个企业的内部情况不同，很多经验根本无法复制。

此外，就如同一个人觉得自己只是感冒发烧，去医院检查诊断结果却是严重的肺炎一样，当你缺乏科学的诊断方法和足够的诊断经验的时候，你自己分析出来的问题不一定就是企业的问题所在。就算是按照前四篇的方法，我相信也有超过一半的企业找不到自己的问题。

这方面我给企业的建议是，不需要找所谓最顶尖的人，找熟悉你行业或者愿意花时间深入到你公司一线，了解你公司实际情况和学习你行业的人来做向导最为有效。

这是一个信息爆炸的年代，想要某一种信息，最大的困难绝对不是找不到信息，而是找到了太多，不知道如何取舍。

对于一个企业来讲，最根本的需求是政策有效且稳定、持久，不能经常变动，所以企业要学会筛选信息，并且有效地屏蔽杂乱的信息，例如我对我服务的企业的要求之一就是一切外贸相关的事情必须以我的意见为主。

"信息是财富，也是战略资源，但是如果过量，会带来负面影响，信息上瘾和信息过剩是专家对信息两个副作用的定义。"（引用自《麦肯锡思维》）很多人都很善于收集信息，但是真正擅长利用信息的人却不多，不能利用，又不舍得清理，越积越多，反而会成为负担。

"路透社的一家下属公司对1 300名欧洲各国的职业经理人的调查表明，超过40%的人表示，信息过剩给他们带来了困扰，他们的分析和处理能力不足以应付如此庞杂的信息，以至影响了决策效率。"

你呢？你确定你可以处理过剩的信息吗？我身边经常有一些经营企业的朋友告诉我，他们要去参加这样那样的会议，我笑着问他们，他们真的需要这些信息吗？他们真的可以处理这些信息吗？他们的态度往往很明确，多接触一些总是好的吧。其实，我真的想告诉他们，如果他们没有能力处理这些信息，不如不接触。信息是财富吗？有了信息就如同有了滚滚而来的财富吗？

想一下，你接触到的信息真的比比你优秀的人少吗？

所以，我想说，这个时代，比拼的不是获取信息的能力，而是处理信息、利用信息的能力。

到底如何处理信息，利用信息呢？

我举一个最简单的例子，看书是获取信息的一个重要渠道，那么如何处理从书上得来的信息并且加以利用呢？

我一般选择书籍都是选经典书目，尤其是豆瓣读书上推荐的那些高分书目，在阅读的过程中，我会不断地跟我的实际生活和外贸经历相联系，例如书里写了某一个谈判方法，我就会立刻回想之前这个方法我有没有用过，在什么场合下用的，取得了什么样的效果，书里写的这些对我改善自己的技能有没有实际的帮助，有哪些帮助。想到之后我会立刻写下来，所以，我看的书都会被写满字。如果某些方法我完全没有用过，我会尝试着写下我对这些方法的分析，它们有什么好处，可能会带来哪些不好的结果，我该如何避免这些结果。

当然，有时间了我会把这些东西都写进我的读书笔记，并且写出使用计划，然后进行模拟强化训练，最后用于实战。如果这个方法被证明效果很好，我就会写进我的博客。所以，每一本书都会给我带来巨大的收获。

第六节　如何预防功勋员工流失给企业业绩带来波动

一个酒店，因为某位大厨做菜特别好，色香味俱全，于是宾客盈门，老板发了大财。某天竞争对手跑来，问大厨现在工资多少，大厨答 10 000 元每月，对手感慨，以他的水平，这个数字简直是侮辱他，他给大厨 20 000 元每月，年底双薪，完成年度销售额再分红，干满两年给大厨股份，让大厨去他那里工作。

大厨果断跳槽，新一天，酒店开门营业，还是那么多人排队，可是再吃饭店的菜，风味全无。于是，酒店回头客越来越少，最终门可罗雀，老板没法继续经营下去，关门大吉。

问题来了，你要如何留住这位大厨呢？

这是绝大部分管理培训和人力资源培训都在关注、探讨的话题。可是，你是否发现，无论你给出什么样的条件，都有人能给出更好的，这个时代，最不缺的就是有钱有势的人。卖产品的时候，你的价格低，他可以比你更低，最后大家都不赚，反正他有钱，可以比你撑得久；抢人才的时候，你的待遇高，他比你更高，他抢不到，也让你多花点钱，他抢到了也不要紧，反正他有钱。

所以，这根本不是治本的方法，反而会让人才把公司绑定。我跟永康的一个老板聊天，他特别有钱，在做天使投资人，聊起自己的企业，他也是一肚子的苦水。他问我，怎么管理功勋员工，我说，大棒加元宝。

他说，哪敢用大棒，稍微严一点就跑了，他跑了，公司的销售额立马下跌30%，企业承担不起啊。绑架，这就是人才绑架。所以，如果一个团队把核心竞争力放在某个个体之上，是非常危险的。

很多外贸企业老板很厉害，创业时一个人创造几千万元的业绩，却总是培养不出好的员工，企业业绩总是徘徊不前；某些外贸企业，有一名员工能力特别强，盯上的客户几乎跑不了，业绩每年都是第一，但是其他的员工就是难以成长，留不住；很多外贸企业的老板，明明知道某位员工懒惰懈怠，负能量满身，背后恨得牙痒痒，见面时还要满脸堆笑；某些外贸企业今年销售额2 000万元，一个员工离职，立马变成了不到1 000万元，引发连锁反应；某些外贸企业老板，明明知道某项政策非常好，可以带动整个公司业绩的提升，却因为某位顶级销售员的强烈反对，完全难以实施；明明是一个团队作战，某些顶级销售员总是特立独行，不理会同事的努力和感受，整个团队规章、运行规则形同虚设。注意，我没有说所有，而是很多，我所列举的情况也绝对不是凭空想象的，而是跟众多老板聊天的时候，经常被提及的尴尬问题。

如何避免这种尴尬局面的出现或者说已经出现了要怎么摆脱呢？

回到文章开头的那个大厨，你是不是可以把他的手艺变成标准化的东西复制传承呢？哪怕不能百分之百复制，总可以复制和传承百分之八十，百分之六十吧。

大厨不会自己买菜，有助手给自己切菜，所以这两个方面不存在问题，问题开始于，开火，开多大火，用什么料，用多少料，用多大的火炒多久，什么情况下出锅……

如果把这些好东西提炼并且标准化会怎样呢？

你觉得这是异想天开？我给大家举一个最实际的例子，我弟弟曾经在青岛的北海舰队当厨师。一开始他就是一个小助手，负责洗菜，后来大厨比较喜欢他，把他变成了帮厨，负责切菜，但是这不是他的梦想，他的梦想是做大厨，可是大厨并不愿意传授他真正的手艺。

他比较机灵，开始仔细观察大厨的各种手法，就是上面我说的各种参数。例如调火的大体位置，每一种火的烹调时间，放多少盐，多少醋，多少料酒，等等，他全部记在心里，然后记在纸上，私下里他不断地尝试、调整，最后，他成功了，成了最年轻的大厨。

现在世界上标准化做得最好的有三家企业，肯德基、麦当劳，还有中国的海底捞。它们采用完全的标准化模式，你到哪个饭店饭菜味道都一样，这就叫标准化的扩张。而中国大部分企业是百年老店，只此一家，一扩张就倒闭。

这种复制方法外贸不可以吗？完全可以。我从2012年就开始在公司内部推行标准化，就是把我的个人经验提炼变成标准化、可执行、可复制、可量化的文件，而后反复地磨合，反复地修改完善，一直到了2014年，标准化文件才完全成熟。

这些文件在整个公司推行，取得了极好的效果，我们能清晰地感觉到员工在高标准化操作文件的指导下，成长得特别快。公司不仅仅是把我的经验提炼成标准化文件传承，我们还有其他的举措。

某些员工产品学习得特别快，特别扎实，我就会要求他把他产品学习的方法写出来，而且一定要可实施、可复制，不能出现模棱两可的词，例如做菜里的温火、文火、少许、少量之类。有些员工在视频制作方面特别厉害，我就会要求他把他使用会声会影软件的方法和技巧图文并茂地写出来，让大家学习。有的员工跟供应商的沟通特别顺畅，我就会要求他把跟供应商沟通的可实施、可模仿的要点写出来，在公司内部传承。

总之，把好的技巧全部标准化、量化、可操作化，并进行传承，哪怕不能百分之百传承，也要最大化地普及给每位员工。

当然，他们做这些工作绝对不是无偿的，我会设定奖励。在这个方面老板要舍得花钱，毕竟人家把自己的心得贡献出来，给公司带来了大量的利益，你怎么能不花点钱呢？

传承很重要，但是传承的不仅仅要包括企业文化，还有企业内部一些优秀的素质和能力，不然，就很容易出现大厨跳槽，酒店关门的惨况。

第七节　是否成功切换了创业模式和守业模式

司马光在资治通鉴里把君主分为五类：开国之君、守成之君、陵夷之君、中兴之君、乱亡之君。

开国之君是创业者，一般出生于乱世，智勇冠一时，召集了一帮兄弟朋友。大家少谈制度，多依人格魅力，三军用命，卧薪尝胆，披荆斩棘，终成大业。司马光总结了这帮人成功的主要原因就是"智勇冠一时"，其他的方面都很草莽。

后面的四种君主都是继承者，四种君主，四种形态，我们需要重点说一下守成之君和中兴之君，司马光总结了守成之君的几个特点：

（1）克服享乐主义，兢兢业业，不敢有一分麻痹大意；

（2）任用贤臣，广开言路，虚心接受建议，甚至是抨击；

（3）重用专业人才，例如经济类、法制类、人事类人才，在各个领域完善制度；

（4）用制度约束人治；

（5）不扰民，与民休息，实施精细化管理。

如果说守成之君还有点谨小慎微的话，中兴之君则大胆很多，锐意进取，重用懂变革之能臣，重塑制度，去除弊病，忍一时之痛砍掉毒瘤，让国家再现活力。

这些东西都可以折射到外贸企业运行中，但是，大部分的外贸企业都还没有传到第二代，所以我们可以把子承父业的这种传承替换为思维模式的转换，开拓思维模式、守成思维模式、陵夷思维模式、中兴思维模式、乱亡思维模式。

很明显，但凡有一点点追求和进取之心的老板就不想有陵夷和乱亡的思维模式，这两种思维是典型的享乐主义。在这两种思维模式下，老板的能力并不差，但是不想再拼命，也没有任何的革新举措，制度之于这两种模式就是摆设,想怎么玩弄就怎么玩弄,只要他开心,朝令夕改你又能奈他何?他甚至为了满足自己的私欲,与民争财,也就是在钱的分配上,极不公平,完全忽视员工利益,众叛亲离。

大部分外贸企业能够创业成功往往是以下两个条件都具备或者二居其一:外贸红利时代加上老板带头猛冲猛打。套路?完全不需要,无招胜有招。管理制度?先放着,员工还没吃饱饭呢,谈什么管理制度。培养人才?几乎不用,老板在前面冲,你给老板打下手,等老板有钱了,才会考虑其他问题。

可是,创业成功了,跟着自己吃饭的人多了,自己也慢慢地有了舒适区域,一来只靠一个人冲在前面已经不现实;二来只靠个人魅力来影响团队也已经不可能。这个时候你就要切换到守成思维模式,心沉下来,慢慢地建立制度、体系,划分职能,培养骨干,重用人才,建立精细化管理体系。

但是,做企业不能仅仅有守成思维,还要具备中兴思维,要不断地锐意进取,不断地革新,善于发现一些人才,利用外部资源。要具备前瞻性,有完善的战略部署,要能利用制度不断地激励员工。

逆水行舟,不进则退,如果守成思维太重,会偏保守,丧失发展机遇;中兴思维则有一些尖锐,但是,如果面对的是乱世、残局,不下猛药难以起死回生。两种思维有机结合或者两种思维的人才精诚配合,怎么可能做不好企业呢?

第五章
外贸整体运营方案

第一节 到底什么是外贸营销

营销和产品之辩似乎从来没有停止过,到底是营销为王还是产品为王这个问题就交给经济学家们去辩论吧。我还是做最实际的事情,探讨一些落地的方法,让我们的外贸做得更加轻松一些。

彼得·德鲁克曾经说过一句话,"营销的目的是让推销变得多余"。大师就是大师,一句话点到了实质。

外贸销售员绝大多数时候面临的是已经定型的产品。质量再差的产品,要不要改进,要不要提升,销售员说了不算。销售员要么尽全力把产品卖出去,做好本职工作,要么换公司甚至换行业。从现在看来,一个行业内的产品严重同质化已经是普遍现象。所以,产品为王,再有道理也是正确的废话。

如果产品的研发和生产是创造价值的话,营销就是敏锐地发现价值,系统地提炼价值,精巧地传递价值,精心地延续价值。

估计有些人会讲,干吗把简单的事情复杂化呢,原来卖产品不需要这么麻烦啊。我想说的是以前的外贸太好做了。为什么这样说,因为我也是老外贸,以前的外贸真的是有货就可以卖得出去,赚得到钱。想一下,80万家供应商和600万家供应商的竞争状况会是一样的吗?

所以,新外贸时代拼的不再是谁能更多地掌握信息,更好地利用信息差,而是综合素质。营销能力是综合素质中非常重要的环节。

当产品的差异不大的时候,营销的差异化可以解决战斗。好产品是好的市场营销的产物,这是我笃信的理念。

一、敏锐地发现价值

就如同前面所讲，产品同质化过于严重，表面看起来产品方面似乎没有什么文章可以做，但是现实非常残酷，没文章可做就没有订单做，它逼着你必须提高自己的敏锐度，去发现价值。我认为价值来源于三个载体：产品、业务员、公司。也就是说你要从这三个方面来发现价值。发现价值具体的方法是这样的：从产品上找卖点；从业务员身上输出专业、职业、商业；从公司找亮点，例如团队、实力、正规性操作、高信誉……

前面两个已经说了太多，估计很多人都烦了，大家可以阅读《JAC外贸工具书——JAC和他的外贸故事》去查看文章。

二、系统地提炼价值

营销中很多差别是从提炼价值开始的，了解产品的人可能有很多，可是真正能够系统地提炼价值的人却不多。这就是产品资料和产品知识的区别，收集资料不算是学习产品知识，把收集好的资料精练、条理化，才算是学习产品知识。

产品资料包括你的公司硬实力和软实力，硬实力是资金、固定资产之类，要提炼出来；软实力是团队协作能力、业务操作水平、人员素质、信誉等各个方面，也要提炼出来。

提炼，就是让原本散乱冗杂的东西变得精练有条理，更直观一点。也就是原本需要读一个小时的文字，你需要用几句话或者图片或者视频概括出来，这样才能让浏览者第一时间知道你要说什么。

我自己给现在的外贸业务员定了一个高级职位，导游式业务员。旅游已经不是高消费的休闲活动，大家经常会接触导游，也知道好导游是什么样的，口齿清楚，表达有条理，还可以调动气氛，随机应变。要做到这一切有一个很重要的前提，就是导游对要讲解的场景非常熟悉，且乐于解说。

我们的大部分业务员都不具备这些素质，几乎是客户不问，就不表达，我看过很多业务员带客户验厂，客户问了才介绍，才回答，客户不问，业务员自己心里可能还在庆幸，幸好他没问啊，万一被问住就惨了。

客户不问不代表没有问题，可能他根本不知道如何问，所以，你要做导游式业务员。从进入工厂开始,你就要进行规范化的讲解,无论你按照什么逻辑顺序,都要主动介绍。

邮件、即时沟通也一样,客户每天收到的骚扰邮件太多,未必有兴趣询问,但是你要通过你的价值传递让他们产生兴趣。

三、精巧地传递价值

这一步真正地体现了业务员是产品的嘴巴这个理念。发现、提炼,然后必须传递出去,传递给业务员想征服的人。

传递价值的渠道有很多,其中全网营销是很重要的一种,此外,EDM(Email Direct Marketing,邮件营销)、SNS、SEO 和 SEM、B2B、视频营销都是传递价值的渠道。线下的展会,邀请客户来访,主动拜访也是传递价值的方式。通过图 5-1 大家可能会看得更加清楚。

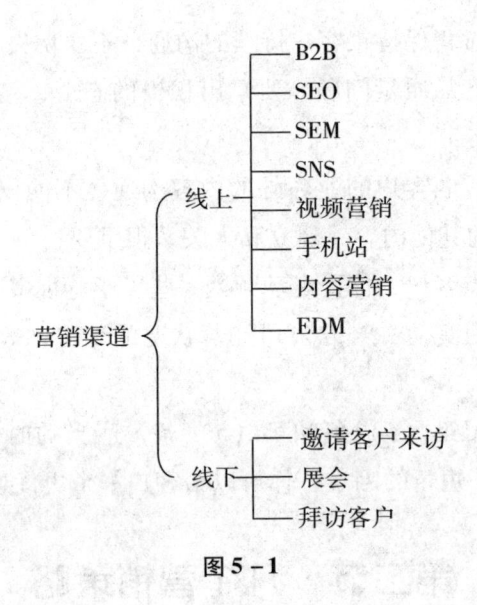

```
                          ┌ B2B
                          ├ SEO
                          ├ SEM
                          ├ SNS
                   ┌ 线上 ┼ 视频营销
                   │      ├ 手机站
                   │      ├ 内容营销
                   │      └ EDM
          营销渠道 ┤
                   │      ┌ 邀请客户来访
                   └ 线下 ┼ 展会
                          └ 拜访客户
```

图 5-1

然后就是传递价值的载体,外贸营销的载体无非就是邮件、即时沟通、面谈时的文字、图片、视频。这个地方我要强调一句,文字必须是精练的、有条理的、数据化的、形象的、说服力强的;图片必须是清晰的、说明问题的;视频也必须是清晰的、直击主题的。

这个环节会涉及很多问题,例如谈判的策略、思路和方法、技巧;沟通的深入、全面和高效。业务员也要学会提问,获知客户的真实需求,最后,业务员要敢于成交。

四、精心地延续价值

外贸圈有一个辩论,就是到底什么是营销,营销是为了什么。有人说营销是为了吸引客户注意力,有人说是为了提高品牌知名度。清华大学有一位知名的学者说过一个理念,我认为最确切,营销就是获取客户和留存客户。

如果创造价值、发现价值、提炼价值、传递价值是获取客户的话,延续价值就是留存客户。

对于老客户的维护,可以分为几个大部分:

(1) 把握好产品质量关,你的产品可以不比其他人的好,但是至少要合格;

(2) 整个交付过程保持跟客户持续的沟通,不要玩失踪;

(3) 如果出现产品质量问题,要拿出积极的态度,沟通解决,企业要有成套的危机公关方案;

(4) 一定要做好老客户的业务外的内容沟通,不能仅仅谈业务,要去了解客户工作和生活的其他内容,建立私人关系很重要;

(5) 如果是重点客户,你要走动频繁一些,毕竟很多人在盯着他,而且,你要了解对方人事的变动,对方公司经营状况的走势,等等,这也是为了你自己的安全;

(6) 如果做好了第(4)条和第(5)条,适当的时候你可以帮客户一把,例如客户出现了短暂的困难,你可以给客户一个更优惠的条件。

第二节 几个营销策略

Part 1 把握最新营销模式,主动出击

我始终坚持一个观点,供求关系决定营销模式。供求关系是大势,我们这些小小的外贸人很难改变大势,所以,只能顺势而为。

实话实说，现在外贸大部分细分行业的目标市场都已经不再是发展迅速的增量市场，而是表面稳定，实际暗流涌动的存量市场。

外贸发展初期，中国的外贸企业少，客户多，大家都有客户拿，都有钱赚，慢慢地大家都开始做外贸，客户被外贸企业瓜分完了，企业想再扩大市场份额只能挖别人的墙脚。

客户不是完全忠诚的，所以才可能被挖走。合作不都是愉快的，也会有客户不断地跳出来寻找新的供应商。但是总体来说，这个市场不如以前那么活跃是事实，所以，主动出击找客户成为更加重要的方法。之所以说更重要，是因为很多企业只会守株待兔。

主动出击和守株待兔是找客户的两条路，企业无论怎么做，都不会跳出这两条路。我知道有一些公司在宣传方面是一分钱都不投入，只靠主动开发客户，也赚得盆满钵满。

一、主动出击包括哪些方法

主动出击有哪些方法？

（1）开发信，业务员要改变传统的传递信息的开发信模式，转为传递价值，改变纯文字的表达模式，多用HTML（Hyper Text Markup Language，超文本标记语言）；

（2）参加展会并且主动邀请客户到展位，或者现场拉客户到展位；

（3）国外拜访客户；

（4）SNS主动联系客户；

（5）电话主动联系客户；

（6）多想办法主动跟踪客户；

（7）找有实力有野心的贸易公司做代理商，深挖当地市场；

（8）利用海外仓，开发一些当地小客户。

主动出击的方法如此之多，你是不是在庆幸之余，也有点胆战心惊。捂好你自己的钱袋，别让别人撬走客户了。

二、守株待兔

守株待兔的方法大家都很清楚，无非包括以下内容：

（1）收费平台宣传，Alibaba、中国制造网之类的平台的宣传；

（2）免费 B2B 的注册与宣传；

（3）Google 的优化，也就是常说的 SEO；

（4）Google 的点击广告，也就是常说的 SEM；

（5）SNS 推广，也就是 Linkedin，Facebook 之类的推广营销；

（6）视频营销；

（7）手机站营销；

（8）小语种营销；

（9）论坛、博客、软文、联盟营销，这些方式更适合 B2C 企业，B2B 企业可以稍作了解。

建议大家重视主动出击的方法，把注意力往这个方面倾斜一点，主动联系客户，拿到订单的机会会更大，当然，被拒绝的次数也就越多，可是做销售，被拒绝算得了什么呢？

Part 2　不容忽视的本土化营销

2015 年我参加展会的时候在微博发过几个状态，然后有几个企业老板评价出国参展、出国拜访客户效率太低，不可取。后来，我讲课的时候也听到了很多同样的声音，我就大体地知道了大部分人对走出去的态度。

可是，我完全没有感觉到本土化营销效率低，反而，一年多走下来，成果显著，现在我们正筹划着如何将本土化营销做得更加深入一点。

其实，每次走出去我都会有额外的收获，因为到了当地我给客户发的邮件的回复率会高很多，而这些客户平常是根本不会回复我的。有时，我出去旅游的时候，随便从 Google 上找几个邮箱，发几封邮件，居然很快也有人回复，而且是很多客户回复，大体内容都是约我们面谈。

有一个年出口额 120 亿元的企业做过统计，线上的订单平均单额在 20 万元左右，但是线下来的订单平均单额在 90 万元左右。这足以说明一个问题，大部分采购量较大的企业是走线下渠道的。

除了走出去参展见客户，还有一些企业会选择派自己的业务员长期驻外。你不要以为这种事只有大企业才会做，有一些小企业也会这样运营。

还有一些企业组成联合体，众筹一个海外办公室，找一个能力很强的业务员长期驻扎。发现客户（收到询盘，搜到客户）他就直接过去拜访，同行还在一封封邮件血拼的时候，客户已经被他拿下。

我们公司之所以把韩国市场做得好，就是使用了这种模式。与客户高效深入地沟通，双方面对面交谈建立的信任感和售后服务的保障让很多难题迎刃而解。

驻扎当地市场的业务员我们称之为地推，而海外仓加地推的模式是企业突出重围的重要砝码。这个不是我臆想的，我曾经有过在韩国和泰国市场建立海外仓、开展地推的经验。

说得这么热闹，本土化营销到底要怎么开展呢？

（1）懂产品懂行业，这是老话重提了，但是，凡是销售人员就无法避开这个话题；

（2）能踏踏实实地钻到目标市场，了解其市场容量、产品主要用途、主要买家、主要货源，不要道听途说，不要任何的二手数据，自己亲自去做；

（3）做好本土化宣传，增加产品曝光率，本土化宣传渠道有哪些？当地知名的 B2B 网站、平台、社交平台，甚至是线下媒体；

（4）最好会说当地语言，那你就可以把触角直接伸向其他供应商从未涉及的角落；

（5）未必一定要注册分公司，你们可以把办公室和宿舍放在一起，甚至可以几家公司众筹一个办公室，降低成本，互相照应；

（6）如果公司的样品适合长期存放，就要放大量的样品在目标市场，有些时候直接上门送样效果非常好；

（7）每一次上门拜访客户的时候，资料一定要准备充分，凡是能够证明你们公司实力、产品质量、企业服务的材料都要带着，然后在谈判中一一展示给客户，你可以用 PPT 来展示；

（8）沟通要高效深入，要会使用各种谈判技巧；

（9）要尝试着融入客户的私人生活，记得在韩国那会儿，我每天都会尝试着去邀请目标客户吃饭、喝酒，被拒绝不要紧，多请几次，客户也觉得拒绝太多不怎么好意思了，就和我吃个简餐，慢慢地也就开始跟我说一些业务方面的内部消息，这样，我的下一步工作就有着落了。

Part 3　社交思维，让你的 SNS 变成核武器

　　SNS 培训这段时间真的非常火热，很多高手似乎把 SNS 玩到了极致。但是，所谓的操作哪怕是那些所谓的高手的操作大部分也还是停留在传播思维的层次。

　　现在，几乎所有的人都拿着 SNS 做两件事：第一，发广告，借助其高权重获取排名和流量；第二，找客户，能找到邮箱就发邮件，找不到就"就地解决"。这就是典型的外贸传统传播思维影响下的行为。无论什么渠道，只要你肯花时间研究，总会有收获，这个所有人都要相信。

　　回到 SNS 营销，实际上大家并没有真正地区别对待这些有着特殊属性的 SNS，而是把它们当成了又一个 Alibaba 或者 Made – in – China 这种信息平台，简直暴殄天物。想象一下，你找到一个客户，给他发送开发信，成功率多么的低。因为，大部分的买家已经收到了信得过的、聊得来的合作得很顺畅的卖家的报价。一个客户的邮箱就放在你面前，你也会很为难，因为你几乎对他一无所知，他是什么性格、什么脾气、什么决策效率，甚至，这个人是什么身份你可能都不知道。当然，他对你也一无所知，只知道你自诩很专业、很职业、很商业、很诚信，值得信赖，可是哪个销售员不是这样说的，根本没有辨识度。我不了解你，你不信任我，这种沟通成本太高了。

　　SNS 很大程度上为你解决了这个问题，客户会在社交平台发布一些信息，例如客户会在 Facebook 上发布一些生活状态、工作状态等，通过这些内容你可以去了解其性格、习惯，了解后你基本上就知道要选择和他聊什么话题。你也会在社交平台发布一些信息，如果你在社交平台把你自己包装得很专业，客户对你的第一印象就会比较好。第一印象很重要，可能会决定成败。如何包装得专业呢？无非就是搞一些专业的美化过的图片，写或者抄一些专业的文章，拍上几段专业的视频。

　　大家看到不同了吗？

　　我不是让大家把 SNS 当作查资料、了解客户的阵地那么简单，而是把 SNS 当作一个社交的场所，与客户彼此了解，深入沟通。

一、社交思维下的 SNS 如何操作

（一）包装

传播思维下的 SNS 信息是用来做排名的，而社交思维下的 SNS 信息是拿来给自己背书的。

当你去联系一个目标客户，对方会不会接受你很大程度上取决于你的包装，尤其是 Linkedin 里你展示的信息。对方绝对不会喜欢一个整天发垃圾广告的人，当对方看到你的专业包装的时候会产生很好的第一印象，这是良好的开端。

我在这方面受益极多，Linkedin 中很多的客户接受了我的添加请求之后主动跑到我的更新状态或者文章中点赞、留言，这一切都只是因为我的专业性可以让客户直观地看见。

（二）交流

传统思维的运营是聊业务、聊订单，但是没有人喜欢无处不在的推销，一旦对方发现你露面就推销，可能根本不会有和你交流下去的欲望。前面说过了，他们不缺供应商。

这时你就可以聊一下他的某条更新状态，聊一下你的某一篇文章，聊一下行业状况、经济形势，就如同朋友一般。

总之，交流是社交思维的核心点。

很多人说，客户有那么多时间跟你闲聊吗？当然没有。可是你不是在闲聊啊，你是在探讨客户关心的话题，那些话题在他的更新状态里写着呢。

你想一下，大家是真的忙到一点点碎片化时间都没有吗？绝对不是，只是看你是否觉得有必要在某件事情上花时间罢了。

绝大部分你自己搜索来的客户都没有谈订单、谈业务的需求，即便搭理你也可能是借你了解一下行情而已，但是他们的社交需求是永远存在的，不然他为什么要发新状态呢？

从某种意义上来讲，EDM 是在碰客户，而 SNS 是在养客户，一长一短，长短结合。

二、社交思维的特点

（一）找跳板

外贸里面经常碰到找不到采购经理或者老板的邮箱，或者找到了他们的SNS账号申请加好友却无论如何不被通过的情况，此时，你可以寻找他们公司的其他员工下手，例如技术部经理之类，这种人往往容易添加你，因为他们受到的骚扰少。加为好友后，你要好好研究他的信息，争取能和他对上话，慢慢地熟悉后，请他们介绍、关联一下他平级的采购经理问题还是不大的。

这个方法让我非常受益，我的很多大客户都是这样切入的。

（二）找外部资源对接者

外部资源对接者有很多，例如渠道商、某些权威人士等。我做食品加工机械的时候重点找了三类人，第一，食品厂的工作人员，这是我的客户资源；第二，零食配方研究机构的人员，因为他们会对接很多家工厂；第三，食品厂的原材料供应商，因为我们的目标客户基本一致，可以资源共享。

这些资源在线下已经存在，但是我没法从线下与他们对接，而SNS的出现让我们有了低成本对接的可能性。

2012年，我成交了一个黏合剂客户，他是Linkedin上一个家具制造商推荐给我的，因为当时我有意地关联了家具制造商，并且尽量去和他们保持沟通。这个家具制造商制作的是低端家具，用不了我们公司生产的这么好的黏合剂，所以我给他从中国找了一些低端黏合剂的供应商，他给我介绍了一些可能用得着我的产品的黏合剂批发商和家具制造商。

2013年我从Linkedin上找到了一名教中文的巴基斯坦人，他在台湾留学过，我们聊了大约四个月，他通过跟我聊天练中文。后来他们同学聚会时某一个同学无意间提起现在需要采购产品，而这个产品正好是我们公司的主打产品，就这样我们公司把巴基斯坦市场打开了。

（三）找行业专家

找行业专家有点像是找网红，我们公司做韩国市场的时候联系了首尔大学一个橡胶方向的教授，他的背后有很多高端实验室的资源和一些工厂的资源，虽然最后他并没有给我介绍客户，但是，却给了我很多关于橡塑助剂方面的检验标准。我们公司一开始的产品只有4项检验参数，后来在他的指导下，检验参数增加到了 17 项，迎合了很多大客户的需求。

这么多例子都是特例吗？都是幸运吗？绝对不是！

这就是社交思维的威力，当你并不用功利的态度去认真了解客户并且真诚沟通的时候，还是很容易获得客户好感的。

三、社交思维下的 SNS，打法是这样的

（一）包装自己，以获得良好的第一印象

在 SNS 中按照规则去关联人，关联的人越多越好。这个地方需要说明一句，我们需要关联的人绝对不仅仅是直接客户，还包括与客户相关的所有人，例如，上下游厂家、客户的关系网相关人员，等等。

（二）研究对方，了解对方感兴趣的话题

研究自己，找出自己能够给客户提供的最大价值点所在，从对方的兴趣话题切入，继而有耐心地与客户进行沟通，源源不断地把自己的价值表现出来。

玩社交最要不得的就是急功近利。你不要导出 Linkedin 的联络人进行群发，也不要在上面疯狂地骚扰客户，发垃圾广告。举一个并不恰当的例子，就如同吃饭，地摊有地摊的吃法，高档酒店有高档酒店的吃法。千万不要认为我说发邮件就是吃地摊，我只是想说明，不同的场合要不同对待。

有一点大家必须承认，SNS 营销不能雪中送炭只能锦上添花。对于一个刚刚成立的急需客户的小公司而言，花精力去研究 SNS 并不是一个好的选择。因为，B2B 平台上的客户数量更大而且更可能有直接的采购需求，当然，随之而来的是竞争更加激烈。但是，你认为 SNS 平台上的竞争不激烈吗？我可以这样讲，凡是能找到客户的地方都已经被中国外贸人占领了。

当然，作为一个商人，功利并没有什么不对，但是，为了一点点便宜，丢了大的商机你觉得合适吗？所以，你要明确地知道你的目的是什么，你想通过这些社交平台获取什么，经商的行为大多没有对错之分只有效果好坏之分。

有一点，大家还要注意，B 端的玩法跟 C 端的玩法完全不一样。针对 C 端客户你要表达得更加直接一些，只要你产品的价格够优惠，而且利用了广告速推，你每天收到几十个甚至上百个询盘还是有可能的。做 B 端的业务员，

如果有人说每个月收到几十条询盘，请告诉我，多少钱我都学他开发客户的技巧。

就如同前面所讲，我相信发广告找客户一定会有效果，因为我也尝到了其中的甜头。但是，我认为用社交思维去运营这些社交平台，它们会变成核武器，爆发出更大的威力。

第三节　网络营销

Part 1　网络诚信度包装方案

很多所谓的"专家"一说起整体方案，就是投资，投资办工厂，建厂房，或者花大价钱租一个大办公室。很多外贸公司里就五六个人，租那么大的办公室干吗呢？其实大部分的中小企业请某些专家做规划，是想以现有的条件为基础，得出一个解决方案，例如在网上让万里之外的客户信任的方案，哪怕稍微投入一点也不要紧。但是专家意见一出，就如同上述所说，让这些小企业顿时感觉这是骗子，企业有那么多钱，老板还会愁吗？老板要的是少花钱，甚至不花钱的解决方案，好不好？

我们公司也是中小企业，我的原则是少花钱或者不花钱多做事，一直以来的发展，也证明我是对的。如何增强网络诚信度我在《JAC外贸谈判手记——JAC和他的外贸故事》中有写到，但除了已经写过的三点标准化之外，还有一些小细节需要大家注意，我提几种方法供大家参考。

一、企业邮箱

即便是小企业，也应该有企业网站，有企业网站、有域名，企业就可以轻松地申请收费或者免费的企业邮箱。

现在还有很多企业的业务员在用免费的个人邮箱联系客户，与其他公司的企业邮箱一比较，高下立判。

二、中文网站

这个是我听国外客户说的，不止一个客户这样说过。一个中国企业怎么可能没有中文网站？除非他不敢做或者他是纯贸易公司。的确是，大部分的贸易公司都只有英语或者其他语种的网站。

我建议外贸公司都做一个中文网站，它花不了多少钱，把它搭建起来，将内容放进去，以防客户怀疑。

三、网络上足够多的曝光量

我一开始做采购员的时候，搜到一家供应商就觉得是如获珍宝，找一家或者两家供应商联系后，就下订单。后来再做采购工作，在网络上一个关键词输入进去，成千上万的供应商信息就出来了。

当我的选择开始变多的时候，我也就变得挑剔起来，会通过各种手段验证供应商的实力、诚信度，搜索公司名称，看看其网络信息量。

要知道一个新公司，新成立或者刚开始做宣传，短时间内很难将自己的信息覆盖到网络上，而稍微有点经验的同行，估计会有50万条甚至更多信息在网上，你如何能不落后？

四、网站中要出现一定数量的产品细节图

这个似乎不需要多做解释，网络宣传中，细节图是增强冲击力，加深客户信任感的武器。

五、真实形象图

SNS平台上的一切资料要是真实的，Linkedin的头像，Skype的头像都要是真人的照片，可以和整个公司的集体照对应找出你，这是增强信任的好方法，因为骗子是很少露脸的。

这应该是SNS营销的重要作用，客户通过搜索公司名称搜索到了你的SNS，例如Facebook，Linkedin，Google Plus，等等。他能通过SNS很透彻地了解你和你的公司，因为那上面有大量的关于你自己、你们公司的信息、状态、活动的图片和视频。通过这些客户能够更加深入地了解你们商业网站之外的信息，增强客户对你和你们公司的信心。

六、公司合照要统一着装，形象墙必不可少

这些其实花不了多少钱，文化衫一件 30~50 元。形象墙，就是做一块牌子，也只要几百元，但是挂到网上，给客户的感觉会有极大的不同。

公司没人？简单，你不是会参加各种聚会吗？做上几件质量好的文化衫，送给大家，让大家帮忙一起拍个照就可以了。

七、随处可见的公司标志

很多公司不珍惜自己的公司标志，不让它多露脸，这是错的。

公司标志是神圣的，一定要让客户感觉到你很在乎，在各个场合、各种图片上，只要与你们公司相关，标志一定要存在。这给客户的感觉是这个公司很重视自己的品牌形象，不会是骗子，或者是不专业的杂货铺。哪怕这个公司是外贸公司，客户也会觉得这家公司工作态度是严肃认真的。

Part 2　网络营销方案

一、网络营销的误区

关于企业端的 B2B 实操及出路我先说几个误区。

（一）B2B ≠ Alibaba

我现在在做类似于外贸企业的串联工作，希望外贸行业的企业能够抱团打天下，所以我了解很多企业。从广州走到深圳，走到宁波，走到青岛，我们一直在交流。我跟众多的老板讨论过，我一说我是做外贸、做宣传的，他们就认为我是做 B2B 网站的。他们只知道做外贸要用 B2B 网站，但是他们所了解的 B2B 平台是一个狭义的 B2B 平台，就是所谓的 Alibaba、慧聪网这种平台。SEO、Adwords 等他们都不知道怎么用，并且认为这些方法完全没有效果。他们认为他们所理解的 B2B 是最直接、有效的，这是第一个误区。

（二）网络营销 ≠ 官网建设

第二个误区，很多企业已经开始有这个理念，要做自己的官网。但是，在他们的意识里面，以为做了官网就是做网络营销了。针对这种认识我想说

一句话，产品是不会说话的，无论是内销还是外贸，你的产品是不会跟你说话的。谁来说话呢？是业务员说话。业务员是产品的嘴巴，这个产品到底性能如何，优势在哪儿是由业务员表达的。网站不具备自我推销功能，做完网站放在那儿，它自己不会出去推销。建立之后把网站推出去，这才是我说的真正的网络营销或者是外贸电商。这是第二个典型误区。

就我个人的经验来说，我认为B2B平台是整个外贸宣传中见效最快的渠道，为什么这么说呢？B2B就像菜市场，大家都知道菜市场里面有廉价的蔬菜，有大量的供应商，于是，我们就去了。我们转一圈，可以拿到很多东西，也可以得到很多信息，于是，总有一批买家是盯着某个B2B平台的。而Alibaba就是有大量买家盯着的平台，一旦你开始做外贸，B2B是最快捷的宣传方式，只要你们网站的排名一上去，买家就会发现你。

所以，企业可以利用B2B平台上固有的客户进行扩展宣传，得到谈判机会。但是，我认为这个平台让买家得到了最大的实惠，平台本身沦为比价的机器。

在B2B平台上，供应商太多，他一个询盘发出去可以拿到20~30个报价，买家非常方便就可以比较产品价格。

B2B平台只有照顾到买家的体验，买家才会用，买家体验很差的话，是不会用的。所以为了提高买家使用体验，平台就根据买家所搜的关键词推荐同类搜索结果。你搜索A产品，得到想要的A结果，但是平台同时推荐了B、C、D、E、F，告诉你，还有这些企业生产同类产品，你可以问一下，比比价格。这样的话，很多企业在比价中被淘汰掉了，成了炮灰。

现在我不知道有多少人在用Alibaba，或者其他的B2B平台做外贸，据我的了解，B2B平台询盘的质量，包括利润率等一直在下降。

我总结一下，大家对B2B平台要保持一个理念，叫利用。利用其价值为你服务，B2B平台只是一个工具，不是一个生态圈，你离开它还有别的工具可以用，你不需要靠它的生态圈生活。

我有一个朋友做制冷设备的，我们聊天的时候，他说现在每天就在研究B2B平台。他的业务员也在研究B2B平台，所有其他的宣传一方面没有钱做，另一方面没有精力做。所以，企业被绑在B2B平台上面。企业投了那么多钱在平台上一定要出效益，于是，业务员花大量的时间在上面，相应的其他方面投入的精力就会被削弱。长久一来，当你失去了其他机能的时候，你就会用它了，其他技能你慢慢地忘掉了，你完全依赖这个平台。此时，你就会任人宰割。

我们的外贸企业必须有这个概念，宣传要多种方法相结合，比如 B2B、SEO，以及 Google 的收费广告。

二、如何利用 B2B 平台营销

（一）收费平台的使用和选择

每个中小外贸企业都会接到很多电话，让你用他们公司的产品做宣传。如何选择呢？做营销我们有很多工具，比如说 Alexa 电话，这个工具是世界上最权威的工具，它可以分析出网站流量来自哪里。我们公司是主做国际贸易的，公司网站的流量应该是国外居多，但是，有些平台我搜索的时候发现，平台内中国的流量占到了 80%，这个数据还有一点保守，实际上是 87%。你如果用这类平台做营销，那你怎么带动公司的国际贸易？所以，你在选择营销工具之前一定要去分析一下网站的流量。

（二）二级域名

一般你注册 B2B 平台，平台会给你一个二级域名，你选的域名就是在这个地方体现出来，所以，你一定要用产品名称作为二级域名，为什么？因为域名上面有产品名称，相当于在做 SEO。当你注册 B2B 平台的时候，如果找不到好的一级域名，你可以大量注册一些二级域名实现 SEO 这个目的。

（三）最大限度利用收费的 B2B 平台

单一产品如何重复发？答案是长尾词。我在 2007 年开始创业的时候，单一产品重复发这个方式就出现了，当时，我看了所有的同行，只有我在用，不知道为什么，收费平台一般不限制产品数量，就算是限制，上限也是几千个，这样一个数量对企业来说是足够多了。很多人说，他一个公司就两个产品，怎么发啊？如果是我，我就会用长尾词。

长尾词的组成原则包括用途类、参数类、型号类、卖点类、材料类、产地类、经营者类型类。比如我公司的产品是化妆品，那么 99 含量的化妆品、清洁用的某化妆品，还有高纯度、产地，这些都是长尾词，可以重复地用，进行排列组合，就会出现很多关键词。我们已经在整个平台上发了7 000多个产品，现在还在发。因为关键词根本就发不完。

我们分析一下，为什么发布产品要用长尾词，客户搜索的越专业、越细致就会对产品越有印象。比如搜索鞋，客户搜女鞋，或者搜带有什么什么的儿童鞋，相比之下后者说明客户对这个产品很了解，要么是客户需要一些专业的信息，要么是他真的要购买这个产品，所以我认为客户搜索的越专业、越细致就越可靠。

第二，大词的竞争太激烈了，比如某些关键词要在百度上或者是Google上排名靠前些，可能要花大钱，一年10万元、20万元都不一定拿得下来，但是加上一些其他的关键词，排名就会稍微靠前点。

（四）描述产品特点，增强客户信心，吸引他打开网页浏览

我们做宣传的主要目的就是吸引客户打开网页进去浏览，这是我们宣传的第一步。可能很多人想，在平台上宣传了这么多却不成单，没有效果。其实是你想错了，平台不会让你成单，只是把客户吸引到你的网站上，你们网站内容如何、业务员的素质如何，才是与你成单与否息息相关的，跟这个平台完全无关。

此外，产品的关键词一定要包含产品的特点。比如济南的雕刻基地，如果它的第一组关键词是雕刻机，有厂家认证、CE认证的雕刻机；第二组是木工设备，操作方便、省电、安全的木工设备；第三组是全自动化不锈钢。比较一下三组关键词，肯定第二组更具有吸引力，因为第二组描述了产品的特点。

还有一点需要大家注意，当客户看到关键词或者搜索到关键词的时候，他一定要点击进去浏览，他到底会浏览什么内容？浏览你的产品描述和图片。所以，当你这个产品描述跟图片做得很差的时候，这次点击就是无效点击。你不要怪平台没效果，只是平台给你引了流量，你没有抓住。B2B平台也是这样，平台把客户领过来了，你怎么写产品描述呢？着重表现功能性，就要讲述商品的价值所在，要着重表现产品美观，就用模特来展示产品。

淘宝都是这么做的，但是，很少有外贸企业这么做，为什么你不可以借鉴淘宝这种做法呢？如果你要做俄罗斯语的网站你可以花钱找个留学生，让他帮你做。我们公司现在做饰品，主攻俄罗斯市场，我就会找俄罗斯留学生拍照，贴近当地的消费者。比如黏合剂，客户一般都要求黏合强度大，固化速度快。这很简单，你录一个视频，先把损坏的饰品用黏合剂粘好，五分钟后，用锤子砸这个饰品，最后，饰品黏合的地方没有再次损坏，而是其他地方破了。看了这个视频，客户就会觉得这款黏合剂质量很好，然后，你再拿出实验室检验结果，证明其甲醛含量比较低，客户自然口服心服。

图文并茂能够表现产品功能性。就说服力而言，文字小于图片，图片小于视频，编辑过的图片，精美、整齐、彰显专业。我们公司要求上传的图片必须加工、处理过，加工不是要改变图片美观度，而是要加边框、标志、水印。所有人，不论有多少网站，只要出现图片一定要这样做，必须统一。一张张带有公司标志的照片，可以加深客户的印象，让他记住你。

（五）把产品的亮点放在最前面

Google 网站抓取信息的时候一般会抓取企业描述的第一句话。因为 Google 抓取是有长度限制的，不会抓全文，如果客户 Google 搜索产品的时候，发现产品下面简短的描述让他很感兴趣，他会点进去看。相反，如果描述极其平淡，没有重点，客户肯定不会浪费时间看。所以这个地方要着重表现出他要采购产品的特性，给客户一个好的理由打开网页。

在写作最上方关键词的时候，你要对开头描述的关键词进行必要的重复，增加关键词密度，这种搜索结果是 Google 最喜欢的。为什么会有 SEO 优化，原理很简单，因为 Google 有一套固定的算法放在这儿，我们就要按照它的算法进行设置，它既然喜欢这样，我们就投其所好。

我在所有包括 Alibaba 平台在内的 B2B 平台上的操作都一样，我一上来就会重复我的产品关键词，防止后台抓的时候抓不到有用的信息。某些平台不会这样抓取，它会抓固定格式的内容。大家要研究它的抓取规律，对症下药。刚才说的所有原理，在网站建设中都是可以使用的。

B2B 平台分成免费和收费两种，很多公司不舍得投钱去做 B2B 宣传，这个没有办法，你只能自己做免费 B2B 平台。2007 年我自己创业的时候没有钱，就我和一个小姑娘两个人做业务，前三个月我们什么都没有做，就注册免费 B2B。到第六个月，再在网上搜索我们产品的关键字词，结果页前十页几乎全是我们的信息。现在搜索我们公司的名称，我们公司的信息还有 40 万条。你可以搜一下你们的公司名称，我搜过所有同行的网站，不会有超过 5 000 条信息。这就是我的客户告诉我他为什么和我们合作的原因。

大家要记住再差的 B2B 平台的权重也高于企业网站，有利于企业提升排名，增加曝光量。

再有就是外部链接。我们要把企业网站的链接加到其他的网站上。加外部链接，就是说你注册 B2B 网站时，把企业网站链接留下。外部链接到底什么意思？外部链接其实就是平台对你网站的投票。

比如网站是 B 平台，我在 B 平台做外部链接，就等于 B 平台为我的网站做了投票。因为，我在这个平台注册之后，搜索引擎会认为，这个网站是信任我的，喜欢我的，所以能在 B 平台做外部链接相当于 B 平台给我投了一票，如果是权重高的平台给我投了一票，那我的产品在客户心中的形象会骤然提升。

（六）增加企业知名度

这个我刚才说了，因为我也在做展会，我会跟客户聊天，我问他们现在的采购模式。他们说，他们在展会上很多时候不分辨对方公司的大小，他也没法分辨，他都是收了资料之后让员工上网搜，很多企业刚开始做，或者是骗子，这种企业到网上一搜没有几条信息，还有的企业一搜，几十万条信息，客户对这两类企业的信任感是不一样的，而这一切可以通过免费 B2B 实现。

三、免费注册 B2B

拿关键词去 Google 搜索，我发现很多人注册 B2B 喜欢用站群，就是利用消费者的向导，我们公司不这样，我们拿着关键词去 Google 搜索，然后在结果页从排到前面的到排到后面的平台依次去注册。为什么？因为我认为，排在前面的平台在这个关键词上有优势，我做了之后也会展现在前面，这就是我的一个理念。

注册之后要有外部链接和产品，很多人注册了 200 个 B2B 平台发现没有效果，为什么？因为只注册一个公司名称是没有效果的，Google 会根据你的网址和网站是否有产品来决定是否抓取，只有放了产品之后，Google 才会认为网页与关键词有相关度，这个外部链接的质量才是比较高的。

Google 在三年以前，说外部链接为王，内链为皇，就是说，只要你的内链多，网站多，你的网站就火。现在不是，现在 Google 评比的是你网站的质量，什么叫质量？就是相关度。自主网站是营销的根本，企业首先要有官网，把这个官网推出去，再慢慢完善。除了 B2B，做网络营销必不可少的还有自主网站。

建自己的官网要谨记，这个官网优化度要好，框架要好，要找专业公司帮你做。不要说自己可以做网站，编一个代码写进去就行，你的网站框架差的话，后期优化会遇到很多问题。你找专业公司做一个模板，建一个网站，后期优化和推广都会很便捷。

为什么要把 B2B 平台作为辅助，把自主网站做根本？因为 B2B 平台是交了钱就可以用，不交钱就不可以用的，哪怕你做了 10 年，在这个平台上影响力非常大，第 11 年不交钱了，你就什么也没有了。但是，你建一个自己的网站"养" 10 年，你在 10 年之后再看这个网站，绝对不可同日而语。

很多人说刚才我提到的建个网站是不是就是网络营销？现在的网站分为两类，一个叫展示型网站，另一个叫营销型网站。

什么叫展示型网站？就是展示产品的网站。大型公司可以用这样的网站，像海尔，他们不需要做宣传，做一个展示型网站放在那儿，等你想看它的时候让你看它的产品就可以。网站建完之后，所有的 SEO 工作都要你自己做，或者进行二次外包。我这个网站包给一个服务商做完了，我再把它包给另一个运营商运营，这叫二次外包。

很多公司的网站很简单，错误也很低级。我曾经分析过一个同行的网站，他们网站是英文站，结果三个标签都是中文的，标题、网址、描述、关键词也全是中文的，你做外贸网站还做中文标签，Google 是不可能搜到你的网站的。为什么会出现这种问题？因为现在有 99% 的老板并不懂网站，他们会把网站交给一个网络公司，最后做出来的网站看起来很漂亮，很美观，就放在那儿了。

另一种是营销型网站，就是专门请人替你做的用于营销的网站，运营工作交给第三方负责，你公司的内部链接、外部链接、软文推广、ISN 平台、免费 B2B 营销公司第三方都会替你做。

四、SNS 营销

中国没有成熟的社交平台，但是国外有 Facebook、Linkedin、Twitter。Linkedin 是什么？是全球最大的商业群体集中平台，就是说在这个平台上集中的都是商人。现在 Linkedin 中文版领英在国内的份额慢慢加大，这个平台上企业可以建公司网页，还可以建 10 个陈列橱，你有 10 个系列的产品的话，可以把这个陈列橱建到公司名录下面。

SNS 推广跟我们的微博有点类似，你要邀请你的目标客户群体去关注你。比如我是做食品机械的，我就要找食品厂，搜到食品厂之后邀请他们关注我，他们关注我之后，我再不断地发产品相关的东西。

Linkedin 不光是销售圈，还是人脉圈，但是它也有一个不好的地方，只能加 3 000 个好友，不是说加 3 000 个好友，而是只能让你发 3 000 次申请。Linkedin 无论做外贸还是做营销都可以用。我们现在做外贸有一个最大的难题就是难以辨别客户的身份，难以找到关键的人，我们经常会搜 Email 发邮件，可是这样目标不明确，邮件回复率极低，而用 Linkedin 你可以直接找到目标客户公司的采购员或者推销员，甚至是该公司的高层，提高前期开发客户的效率。

我有一个第三方统计软件，把这个软件嵌到网站上，我能分析客户是从哪个渠道进来看这个网站的。甚至我可以很清楚地看到客户搜索哪个词进来的，先进的什么页面，停留多长时间，跳出率是多少，等等。

我统计了四个月，发现移动端的流量呈现上升趋势。因为大家碎片化的时间太多了，中午吃饭的时候，堵车的时候，都会掏手机了解各种信息。所以我就用 4 万元做了一个全面的手机端信息平台，包括 APP、手机网站，并将网址生成二维码，把它放到展台上，客户只要一扫描二维码，就会跳出手机网站，这就是新营销模式。如果你的同行都没有手机网站，但是你有了，客户能不信任你吗？

当然，移动营销并非适用所有的产品，无论你处于传统行业还是新兴行业，都要看看你的关键词搜索量有多少，再来决定你的产品是否能做网络营销。

JAC/旧文新看

> 这篇文章成文较早，当时免费的 B2B 效果极佳，后来免费 B2B 效果下降，但是，根据 2016 年年底我们统计的数据可以看出，免费 B2B 依然有效。
>
> 此外，本文写作时，Google 中的三个标签 TDK（Title，Description，Keyword）还在优化中，对于产品排名起着重要作用，但现在 Google 已可以直接阅读网站内容，无须借助标签，所以，网站内容成为最关键的因素。还有移动站已经成为新的亮点，外贸人必须尽快建设移动站。

Part 3　如何做一个可以收到询盘的网站

前面我讲到了外贸整个流程中有三个转化，第一，从看到排名到点击的转化；第二，从点击进入浏览到询盘的转化；第三，从询盘到订单的转化。网络宣传能帮你解决前两个问题，对于第三个转化也有一定的影响，但是如果把第三个转化效果不好的责任全都推到网络营销身上，是绝对不公平的。

我调研了一些第三方外贸服务公司，其中就包括很多家网络服务公司，他们有着一致的苦恼。很多客户在收到询盘之后，谈不成订单拿不下客户，也会把问题归罪于他们，直接影响了客户对公司服务的满意度和续单率。

这样的评价体系并不合理，网络宣传的最大功能是获取流量和询盘，注意我说的是网络宣传而不是网站，单纯做一个网站不叫网络宣传，它只是网络宣传的基础组成而已。

要想做一个可以收到询盘的网站，你首先必须搞明白网站的作用到底是什么。

展示型网站的根本作用就是展示产品，如果没有后续的推广投入，它基本上不会产生任何转化，因为你的网站没有任何的排名，客户根本看不到你。

营销型网站，兼具营销和展示的功能，建设这种网站的公司不仅仅让你的网站建成，还要让其获得排名。所以营销型网站的使命就是完成前两个转化。

要让你的网站有询盘，有三个要素缺一不可：

（1）让你的网站有排名；

（2）要让网站的排名信息吸引客户点击；

（3）当客户进入之后，要对你的产品描述感兴趣。

第一点的实现比较容易，拿钱砸就可以了，或者直接花钱找一个可靠的网络服务公司，做一个营销型网站，或者做一个展示型网站，然后后期推广。

有了排名之后，客户未必会点击你的广告，因为这个要取决于你写的标题是否有吸引力。最近我做了几个内训，就明显地发现了这个问题，许多人标题写得平淡乏味毫无特色，被湮没于产品列表里。

一般来说，标题要包含关键词，而关键词按照功能分，可以分为三类：

（1）主关键词，就是你的产品词；

（2）搜索长尾词，也就是这个词跟主关键词一起组合成一个客户经常搜的词，当然，搜索量肯定不如主关键词那么高，但是更加精准；

（3）卖点关键词，这是我自创的称呼，也就是说这个词可能根本没有搜索，但是却可以吸引客户点击、继续浏览。

有这三类词，标题才算是完整。

为了再讲清楚一点，我举个例子。方便面生产机械，这是主关键词，全自动的方便面生产机械，这是含有搜索长尾词的关键词，一年免费维修的全自动方便面生产机械，这是齐全的关键词。很长对吗？不要有顾虑，只要关键词长度在 Google 规定的显示字数范围内就完全没有问题。

还有，Google 会截取详情描述里的一部分作为图 5-2 中 Detail 的内容，供客户迅速掌握这个产品的特性，进而判断这个产品值不值得继续深入看下去。

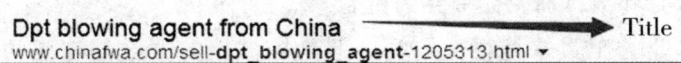

图 5-2

什么内容能够吸引客户呢？答案是卖点。卖点提取的文章我写过很多了，大家可以找我其他的书来看。

以上的方法带来的转化可以称为点击转化，衡量的参数叫作点击转化率。

客户点击进入网站之后，会出现第二个转化，也就是询盘转化。会有多少的浏览转化为询盘呢？这个取决于你的图片。某些产品的主图作用不大，因为辨识度不高，更重要的是相关的图片，例如生产设备、厂房、团队、检验设备等，此外，详情描述也至关重要。

详情描述要专业，要突出卖点，图文并茂，有视频最佳。其实这也是 Google 现在对于网站收录的要求。

说实话，描述写作并不是网络服务公司的工作，而是企业的工作，因为网络服务公司的员工是互联网人，不可能懂你的产品，如何能够做到专业呢？

在文章的开头我就提到，询盘到订单的转化跟网络宣传有一定关系是因为足够专业的产品描述能够吸引更多的专业客户或者大客户，因为这种客户更喜欢专业的供应商。而你是否专业，是从你的整个网站体现出来的，尤其是标题、图片、详情。除此之外，能否拿下订单靠的就是业务人员的谈判能力和企业能够提供的成交条件了。

当客户心动的时候，能在网站上马上找到一个地方发询盘是最好的，所以，现在大部分的网站在产品的下面直接放了留言框，可以留言。

原则上，能让客户少操作一步就少操作一步，因为每多一步都有可能导致客户跳出。

其实熟悉我文章的人都很清楚，上面这些东西我已经讲过很多很多遍，但是，当我进入企业给企业制作外贸整体运营方案的时候我发现还是有企业存在这种基础薄弱的问题。很多人讲，"我们根本没有必要知道这么多"，我想说，不对，完全不对。网络服务公司，无论给你制作的是展示型还是营销型网站，除了能给你搭建完善的框架，写好明确的规则，设置好 Google 友好的代码之外，其他的所有环节都需要企业全力配合。

没错，他们是有专业的工具来挖掘关键词，但是挖掘出的关键词与你的产品到底有多大的关联性是由你来判断的。很多朋友都吃过这个亏，网络服务公司设定了关键词之后企业没有仔细辨别，结果过了很久才发现大部分的关键词跟自己的产品相差甚远，这个不能完全怪网络服务商，因为他们会要求企业配合，但是大部分企业并不配合。

Part 4　提高访问转化率

做整体网络营销是为了引流到你的网站，做网络诚信度包装是为了让客户对你产生信任，在此基础上，你要把引来的客户留下来，转化为询盘。

网络宣传，目的无非两个方面：开源、节流。

开源就是把宣传的量做出来，让客户轻而易举地就能找到你，但是找到你绝对不是目的，让访问转化为询盘才是目的。转化询盘的第一步是产品对路，这就是关键词要选对，第二步是让客户对你产生基本的信任，不能让客户一看就觉得你是骗子，或者是不正规的公司。同时呢，你还要让客户喜欢上你的公司，喜欢上你的产品，愿意多花时间停留在网页，进而产生购买的欲望，给你发询盘。

从第二步开始就是节流的工作，你不可能阻止客户跳出你的网站，但是你有办法增强你网站的黏性，让客户愿意留在你的网站，这是我今天要帮你们解决的问题。

开源很枯燥，因为要想尽一切办法去增加信息覆盖面，发布各类信息，但是只要用心，做出来不难。第二步节流不是努力就可以解决的问题了，要学会方法、技巧。

一、提高访问转化率第一要义，提炼产品卖点

你永远要记住一点，客户需要的是你的产品，你的产品的价值是客户最关注的。什么是产品的价值？就是产品的功用性，什么是产品的功用性？就是产品的使用价值。例如你的产品是饰品，它的使用价值应该是美观、大方，或者简洁、高贵，还有就是不易损坏，不会伤到佩戴的人，佩戴方便等。客户在浏览你的产品的时候，自然会按照这个产品的使用价值来衡量产品是不是他所需要的，如果你什么都不写，客户可能就直接跳出网站了。

再例如你的产品是黏合剂，它的使用价值应该是黏合速度快、强度大，而且黏合剂有甲醛，甲醛含量还要符合标准。

很多人有一种很奇怪的观点，认为这个产品别人已经写了这些卖点了，

自己再写就不是卖点。我想说的是，你写了代表你和同行档次一致，还有竞争的可能性；如果你不写，代表你没有，直接被淘汰……

二、卖点提炼后，表达方式要创新

同样的卖点，表达方式不同会带来效果上很大的不同，一般来说，说服作用，文字小于图片小于视频。这就可以解释很多人的一些疑问了，同样的产品，同样的卖点，如何脱颖而出？创新表达方式。

大家擅长用文字，习惯用文字，可以，你改用图片；对方改用图片，你改用视频；对手用视频，我下面还有办法。

例如上面我提到的饰品，你可以用模特来表现饰品的特性，而且如果你要卖到俄罗斯市场，一定要用俄罗斯姑娘，难吗？那么多大学，那么多留学生，找一个俄罗斯姑娘真的太简单了。你甚至可以各种发型、各种脸型都找一个……

例如某些化工品实在是没法在实际运用中看效果，因为运用流程是大型流程，展示不了。好，你可以做实验，把实验过程录下来，向客户直观地展示需要界定的重要参数到底是多少，一目了然……

具体的提炼方法我不再多说，这些东西在于大家去领悟，去想办法提炼。方法我已经给了，能做到什么程度完全在个人了。

三、将提炼出的卖点跟买家体验相结合，与买家利益相关化

就如同之前我一直举的例子，客户用我们的机器可以为他节省多少人力，降低多少电力消耗，降低多少物料损耗，而且客户只管用就行，一年之内人为损坏以外的任何问题，我们上门维修，不让客户有后顾之忧……

介绍的这些内容实际上都是让客户的利益得到最大限度的保障，客户能不心动？

四、把数据或者证据权威化

例如某些证书，某些认证，某些报告，等等；例如客户的使用反馈。例如你说你的产品采用无缝拼接技术，抗压强度大，拿出相关部门的证据；你说你的产品甲醛含量达到国家 E1 标准，拿出证据；你说你的能耗可以达到节

省 30% 的效果，拿出证据……

五、深入研究同行特点，找不同

这个方法比较实际，想办法拿到所有同行的样册，找到所有同行的网站，花上几个月的时间去研究同行。这是一个同质化的时代，同行之间的产品都大同小异，无非是表达不同或者表达能力不同而已。

学一些同行比较有力度的表述，找一些同行没有做到的小细节，这些就是卖点。

最后再说一句，产品的卖点，并不是你有别人没有的，只要你的产品是合格品，就必定具备一些价值，这些价值就是卖点。例如价格、付款方式、交货期、售后服务等都是卖点。

同质化时代，让自己的表达方式、表达途径创新多样，提高说服能力，也是卖点。

很多人还记得，我那个绳网的例子，当同行还在用文字和图片表达他们的绳网多么结实、多么安全的时候，我已经跑到了三米高的高台，跳到了绳网上，一个录像放出来，客户惊呆了。同行似乎到现在还没发现问题在哪，很多事情要做出来，而不是说出来。

高深的说完了，再说一些基础的。

（1）网站的打开速度要快，客户打开你的网站，等半天还没刷新出来，于是放弃，你引流来了，结果门怎么也打不开，客户门都没进，直接跑了，浪费资源；

（2）网站的排版布局要简洁、清晰，否则客户在网站上转来转去就是找不到或者没有办法找到自己想要的东西，于是放弃，可惜；

（3）网站看起来极其不专业，什么产品都有，就像是杂货铺；

（4）网站联系方式不好找，找到后居然是图片格式，我见过很多人的网站，客户想复制邮箱都复制不了，电话也无法保存；

（5）产品描述排版混乱，主次不分，一眼望去一大堆，客户顿时失去兴趣。

Part 5　企业或者 SOHO 创业者如何验收建站和网络优化

诚然，我写了很多关于 BlueHost 注册购买，利用 BlueHost 加 WordPress 建站的文章，在 2014 年年初的两个月里，我也曾亲身建了 10 个 WordPress 站，不得不说，BlueHost 加 WordPress 是外贸建站的绝配，简单易上手，插件丰富，扩展性强，模板多，SEO 极为友好。

但是，所谓简单易上手绝对不代表没有难度，更不代表人人都可以亲自动手。三年间兴冲冲动手注册交钱的外贸公司不在少数，但是绝大部分都中途放弃了。

毕竟，外贸业务和建站还是存在着一道鸿沟，对于大部分人来说它是难以逾越的。

很多企业老板和 SOHO 创业者都希望我能出一套建站的视频培训课程，我思索很久，还是觉得不能引导大家走上弯路，我始终还是觉得对于企业或者 SOHO 创业者来说，外包是最佳选择。

作为网站和网络优化的需求方，做好两件事情就好了：

（1）提供你的具体需求给承包方；

（2）做好建站和网络优化的测评验收体系。

在我看来，大部分的企业或者 SOHO 创业者想要自己建站和网络营销大多是因为不懂行，对服务商不放心，无法测评，但是实际上搭上一个人，并花大量的时间去研究，挤压了大量的从事外贸业务本身的时间，成本更高。

就算你招聘一个懂的人，你如何去考核他的工作呢？

所以，这篇文章对于你更加实用。

一、如何提供需求

需求，就是你打算要一个什么样的网站或者网络营销方式，你想要得到什么结果，然后把结果拆分为需求，告诉外包方。

（1）既然是做外贸，网站一定要有国外空间，而且空间的所有权必须在你手里；

（2）域名注册一定是行业相关，而且域名所有权必须属于你；

（3）管理要方便，产品、新闻、联系方式等可以轻松地利用后台更改；

（4）首页要简洁明快，你可以把你看到的比较好的网站设计给承包方，让其参考；

（5）列明你所要求的栏目，例如公司简介、产品发布、新闻发布、产品的分级，并且要求后期可以根据你的要求修改或者增删相关栏目；

（6）要预留接口，主要是每个页面文档的所有元素之间的接口，要求后期可以加入跟踪代码（例如 GA）或者加入即时在线沟通；

（7）要使用 Google 字体，这虽然会造成国内打开网页速度变慢，但是有利于国外客户浏览；

（8）每一个产品的底部都要有发询盘的按钮和简单表格；

（9）如果你不会使用第三方统计软件，让承包方给你注册 GA 账号并且把代码植入到网站，你只用监控就好；

（10）你的产品用多大尺寸的图片展示效果最佳，你自己要有想法，你可以多找几家同行的网站来看一下，什么样的展示能让客户的体验更好，然后告诉建站方，要求其照做；

（11）要求网站的后台编辑器使用英文编辑器，英文字体，英文排版，要有图文排版的简单功能，要能导入 Excel 表格，要能上传附件，尤其是 PDF 文件；

（12）网站要能自适应不同的浏览器、不同的电脑屏幕、手机端，满足所有浏览方式的需求；

（13）告诉对方你主要是想推广哪个或者哪几个关键词；

（14）你需要几种语言；

（15）允许在网站播放视频；

（16）必须根据 Google 的最新算法和原则来编写代码设置框架，这个很难提具体的要求，但是一定要说一下试试，反正对方也不知道你的深浅；

（17）要求加入一键分享到 Facebook、Twitter、Google Plus、Linkedin 等 SNS 网站的功能。

你提出的需求越具体，网站就越会按照你的预想发展，很多人找了网络公司做网站，发现做出来之后，这里不对，那里也不合适，改来改去又浪费时间，这很多时候都是因为前期需求没有表达清楚。

网络优化的需求很容易提出，就是提几个关键词，要求获取什么样的

Google 排名。这里说的排名是左侧的 SEO 排名，右侧的 Adwords、PPC 需要开通 Adwords 账户，充钱进去才可以使用。

二、如何验收网站和网络优化

（一）查询服务器属于哪个国家

询问服务商用的是哪个空间服务商提供的空间，然后去了解这个空间的水平如何。

（二）域名持有人查询

查询域名持有人可以看到这个域名的注册人是不是你，管理邮箱是不是属于你。当然，你要知道域名是从哪个服务商处注册的，注册的管理用户名和密码是多少要拿到手。

（三）Google 手机适应性查询

需求里提及要把网页做成手机自适应，做成后你要用工具检测验收一下。

登录你的 Google 账号，也就是提示的 search console 账号，可以查到所有的支持或者不支持手机浏览的网页，如图 5-3 所示，然后进行修改。这里需要验证你的网站权限，按照它要求的做就好了。

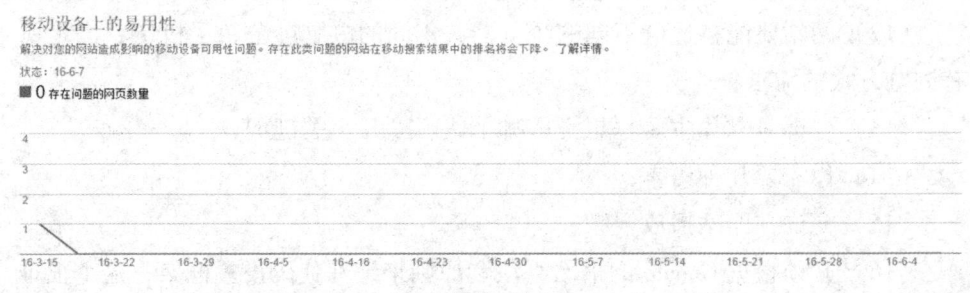

移动设备上的易用性
解决对您的网站造成影响的移动设备可用性问题。存在此类问题的网站在移动搜索结果中的排名将会下降。 了解详情。
状态：16-6-7
■ 0 存在问题的网页数量

图 5-3

（四）网站速度问题查询

网站的速度查询包括电脑版和移动版网站的速度查询，如图 5-4 所示，能够让你清楚地看到网站上存在哪些问题，然后找网站建设方去更改相关问题即可。

```
Google
Developers

产品 > PageSpeed Insights

PageSpeed Insights  G+1

http://jacindustry.org/                              分析

移动设备          桌面设备
```

图 5-4

（五）SEO 检测

图 5-5 中给大家提供了一些强大的 SEO 检查工具，便于你进行检测。

给大家提供图中这几个软件的重要原因是这些软件所能检测的问题不能靠肉眼看到，感觉到，它们必须用软件验收才能检测效果。其他的问题，就要根据你提出的需求，一项项地进行核对。例如能否上传表格，能否上传视频，栏目增减是否方便，等等。

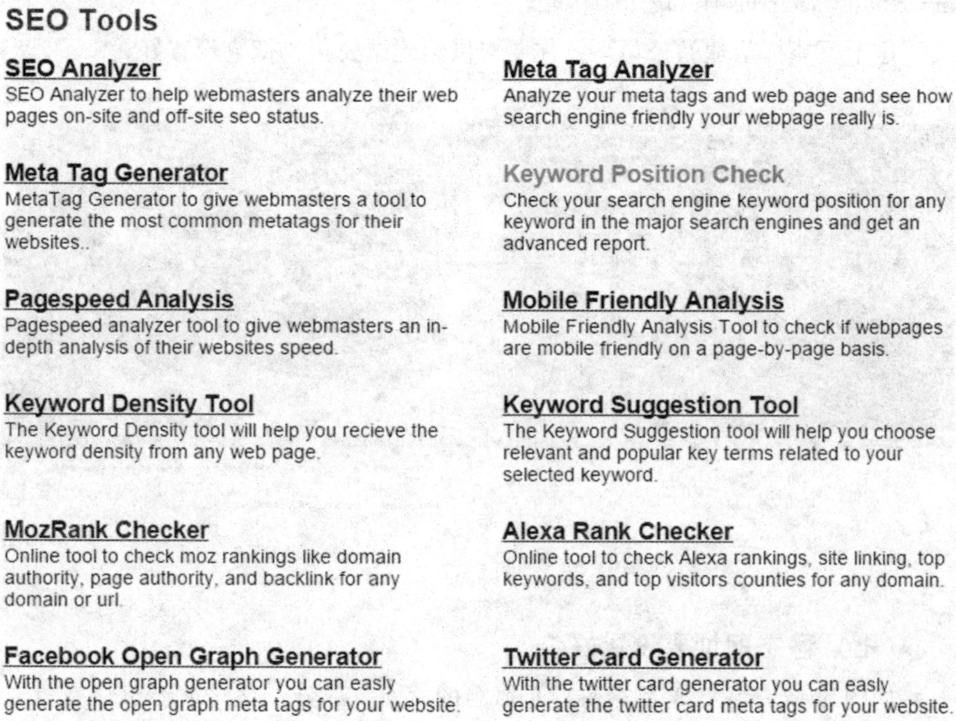

SEO Tools

SEO Analyzer
SEO Analyzer to help webmasters analyze their web pages on-site and off-site seo status.

Meta Tag Analyzer
Analyze your meta tags and web page and see how search engine friendly your webpage really is.

Meta Tag Generator
MetaTag Generator to give webmasters a tool to generate the most common metatags for their websites..

Keyword Position Check
Check your search engine keyword position for any keyword in the major search engines and get an advanced report.

Pagespeed Analysis
Pagespeed analyzer tool to give webmasters an in-depth analysis of their websites speed.

Mobile Friendly Analysis
Mobile Friendly Analysis Tool to check if webpages are mobile friendly on a page-by-page basis.

Keyword Density Tool
The Keyword Density tool will help you recieve the keyword density from any web page.

Keyword Suggestion Tool
The Keyword Suggestion tool will help you choose relevant and popular key terms related to your selected keyword.

MozRank Checker
Online tool to check moz rankings like domain authority, page authority, and backlink for any domain or url.

Alexa Rank Checker
Online tool to check Alexa rankings, site linking, top keywords, and top visitors counties for any domain.

Facebook Open Graph Generator
With the open graph generator you can easly generate the open graph meta tags for your website.

Twitter Card Generator
With the twitter card generator you can easly generate the twitter card meta tags for your website.

图 5-5

检测过程中若发现问题，记录下来，等所有问题都总结出来之后，一次性反馈给网站建设方，进行整改。

（六）标签设置

虽然现在 Google 首页的三个标签已经作用不大，但是在搜索结果中，对于客户确认你的确切信息还是有很大的作用。

Good Quality Snack Making Machine & Corn Flakes Making Machine ...
www.snackmakingmachine.com/ ▼ 翻译此页
Jinan leader machinery co.,ltd is a supplier and exporter of Snack Making Machine, ... extruded snacks Instant Noodle Production Line / Extruder Food Machine ...

图 5-6

图 5-6 所示，当客户搜索"snack making machine"的时候，会得到很多结果，客户会在结果中浏览，这三个标签是否让客户动心就是一个关键了。企业可以在标签这里体现一下卖点、工厂的特性、质保的要点等。因此，这个地方是否有效地编写，你也要去检测，检测工具，在"http://seo.chinaz.com/?m=&host=jacindustry.org"中获取。

这个不能指望建站公司写，你要提供给建站公司，把它设置好。

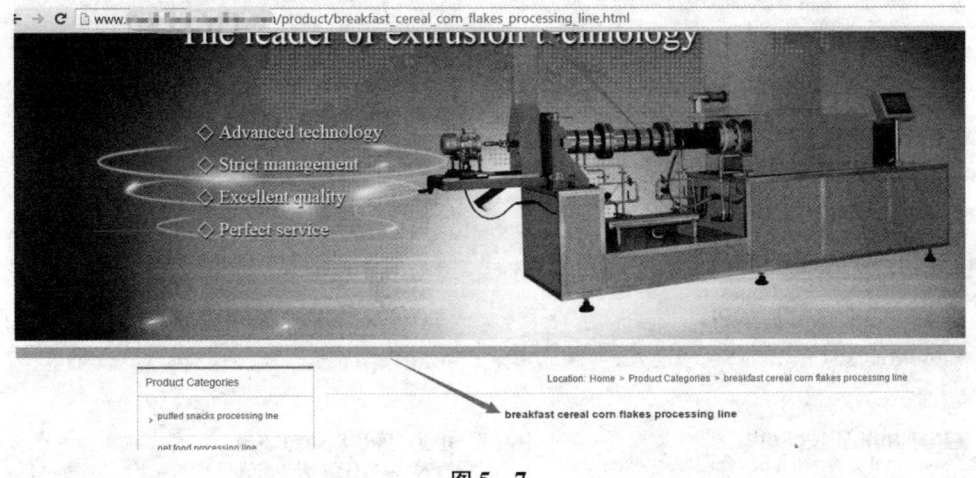

图 5-7

（七）静态网址要设置好

如图 5-7 所示，产品名称就是域名的后面一部分，这样对于 SEO 有重要的作用，因为这一部分会被搜索引擎收录而且可以被搜索到。它很容易设置，要求建站商做好就行了。

（八）内页三个标签查询

现在 Google 给了内页更高的权重，内页三个标签的作用已经比首页三个标签更加重要了。

所以，你要把你的产品内页放到查询框里查询一下。网页标题一般都是产品名称，然后下面一个问题很重要，描述要截取的那一部分需要单独填入，必须让建站商设置好。

建议让建站商将描述部分设置成截取产品描述的第一段。这样你只要在写产品描述的时候注意下就好了，不需要单独设置，一步到位。

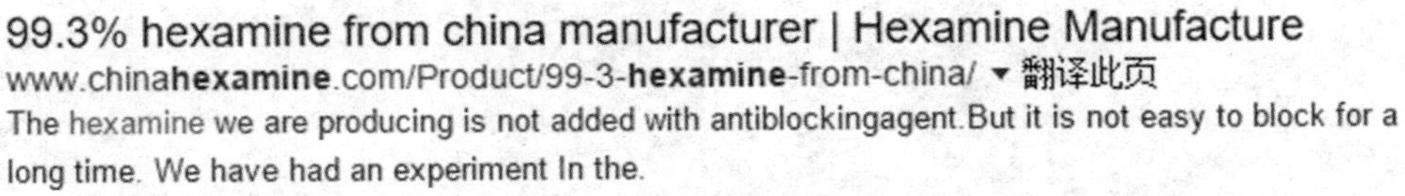

99.3% hexamine from china manufacturer | Hexamine Manufacture
www.china**hexamine**.com/Product/99-3-**hexamine**-from-china/ ▼ 翻译此页
The hexamine we are producing is not added with antiblockingagent.But it is not easy to block for a long time. We have had an experiment In the.

图 5-8

图 5-8 是内页的三个标签，图 5-9 是描述的第一段，对照一下你就明白了。

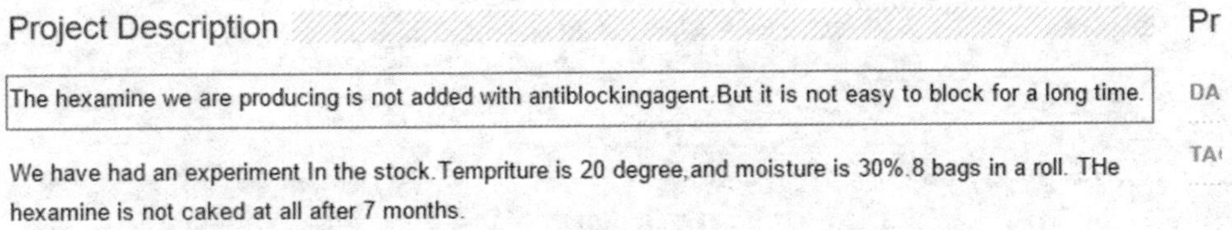

Project Description
The hexamine we are producing is not added with antiblockingagent.But it is not easy to block for a long time.
We have had an experiment In the stock.Tempriture is 20 degree,and moisture is 30%.8 bags in a roll. THe hexamine is not caked at all after 7 months.

图 5-9

至于关键词哪里来，经常来我博客看东西的同学会看到，在首页右侧有一个热门标签，如图5-10 所示。

这是哪里来的？是我为每一篇文章设置的标签，也就是标签集中而来的，例如我为一篇文章设置了图 5-11 的标签。

图中所示的这些就是三个标签里的关键词，所以，你要要求你的建站方给你设定这个功能。让网页自动固定一些你想重点推广的关键词，必要的时候也可以让你自己来填写关键词。

热门标签

jac外贸实战 [322]　jac外贸工具书 [187]
谈判技巧 [109]　外贸沟通 [75]
外贸谈判 [68]　跟踪客户 [65]
外贸企业整体运营方案 [32]
jacb2c实战 [28]　b2c [21]
　　　　　　　外贸邮件 [19]
企业管理 [19]　JAC外贸FAQ [18]
信用证 [15]　jac版外贸FAQ [12]
员工管理 [12]　亚马逊操作 [9]
外贸宣传 [9]　免费分享联盟 [9]
网络营销 [8]　wordpress [8]

图 5 – 10

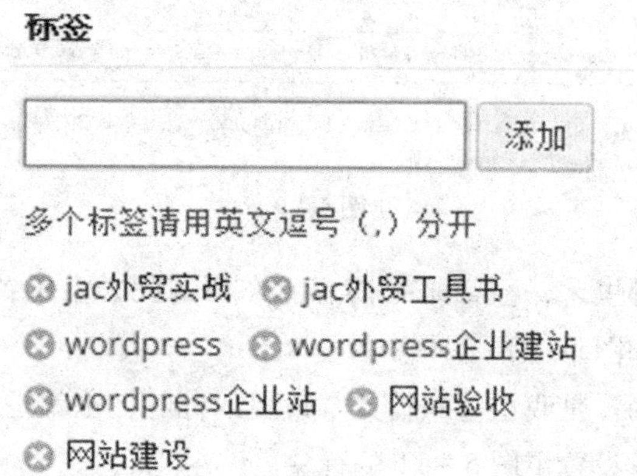

标签

[　　　　　　　　　] [添加]

多个标签请用英文逗号（,）分开

⊗ jac外贸实战　⊗ jac外贸工具书
⊗ wordpress　⊗ wordpress企业建站
⊗ wordpress企业站　⊗ 网站验收
⊗ 网站建设

图 5 – 11

（九）图片在网站上的 Alt 值的提取问题

网站上的图片会被网站赋予一定的值，这个值就是 Alt 值。Alt 值可以从两个途径提取：第一，图片的名称；第二，产品的标题。

Alt 值提取这个地方一定要让建站方设置好,因为图片的 Alt 值是图片被搜索到的最重要的因素。

我们现在看到的 Baidu 图片、Google 图片都是通过 Alt 值检索的,这是一个优化因素,要设置好。

Alt 值的检测非常简单,鼠标放在图片上,屏幕上就会出现图片的 Alt 值。

(十) 网站录入的规则要交代清楚

网站建好后,企业要录入内容,录入的内容可能涉及图片、文字、表格、视频,这些素材都有什么要求,例如大小、格式,企业必须让建站方交代清楚,不然会浪费很多时间。最好让建站方给一个操作使用说明。

(十一) 第三方统计软件必须安装

提交需求的时候我就已经说明需要第三方统计软件,例如 GA、国内的 CNZZ。

有了第三方统计软件可以让你更清楚地看到网站的流量有多少,来自于哪里,哪些有效,哪些无效,为什么没有转化,这也是测评网络优化效果的重要工具。

关于网络优化的验收其实很简单,关注排名和流量。很多人说,转化如何验收呢?我想说的是,如果上面的所有验收建站方都已经通过,没有转化就不再是建站方或者是优化方的问题,而是你们自己的问题。

优化方会告诉你多久网站达到什么效果,那么你监控就好了。如果对方承诺了排名,关注排名也是必需的。

提升排名和优化流量是优化方的责任。第三方统计软件的存在让你可以看到流量来自于哪里,也可以让你清楚地辨别它是否为有效流量,如果是有效流量却没有带来询盘,那你就要分析自己哪里存在问题了。

当有效流量进入网站,却没有转化为询盘,往往是因为三个原因。

(1) 关键词选错。这个是你的问题,你要严格要求优化方按照你所提供的关键词进行优化。因为虽然他们有很多工具,很懂网络,但是却不懂你的产品,他们会通过工具找到很多莫名其妙的跟你的产品没有关系的词。

(2) 你的图片、描述是否存在问题,是否有明确的卖点能让客户感兴趣?如果没有卖点,客户发现产品平淡无奇,可能就会跳出。

(3) 客户感兴趣,却没有找到很方便的地方发送邮件,这种情况很少,但是不是不存在。所以，你提交需求的时候要要求建站方在每一个产品的底部都设置发送询盘的简单按钮。

企业方后期要招聘人员负责网站的管理，尤其是数据的分析。注意是数据的分析，有些公司找一个所谓的专家，只会罗列数据，把流量、跳出等数据罗列在那，做不出任何有效的分析，这样的人不能用。因为这种数据是绝对的宝贝，对于你日后的营销推广有着极其重要的指导意义。

（十二）询盘系统、留言系统必须验证

很多公司空有留言系统，或者询盘发送系统，结果客户发送询盘总是失败，所以企业一定要验证系统能否顺畅地发送、接收信息。

（十三）新闻系统必须用起来

新闻系统不是要验收，是要使用。我也顺带说一句，如何使用呢？

（1）新闻最好是原创；

（2）要持续更新新闻，它不是你放上一篇就可以了；

（3）一些热门的关键词、文章要重复做，反复做；

（4）如果是原创文章，你可以尝试着去行业网站发。不要加链接，只写明白某某站供稿就好；

（5）在写文章的过程中，要注意关键词的有效重复。这一点需要特别说明，中国人受语文老师的影响，写文章往往用代词代替重复出现的词，但是 SEO 恰恰相反，因为有效的重复有利于这些词的优化。

（十四）网站的 FTP 权限必须拿到

这个要在需求里说明白，你必须拿到 FTP（File Transfer Protocol，文件传输协议）的用户名和密码，这样才能说明这个网站是属于你的。你要知道很多网络公司以各种理由不给客户 FTP 权限。

（十五）栏目之间功能切换一定要方便

很多网站都给我一个感觉，进去了就找不到出口出去。你不要以为这是好事，当我进入一个网页发现没办法跳转到站内其他网页的时候我就会直接跳出。所以，导航栏一定要设置方便，当客户进入了产品中心，就要能够很轻松地进入联系方式页面。网站不能给客户带来任何的浏览障碍。

（十六）死链查询

理论上来说，新站不会有死链，但是还是检测一下吧。

（十七）数据库稳定性

数据库稳定性不是一时半会儿能看明白的，需要你长期观察。

（十八）Google 关键词排名监控工具

Google 关键词排名工具的网址是"https://www.rankscanner.com/"。你可以利用这个工具监控关键词在 Google 上的排名。只选定一个关键词，这个网站就可以帮你监控你的网站的排名。

在网站中，你可以选择语言，可以选择分站，相当厉害。这个网站不是免费的，但是，它还是值得公司做点投资的。

第四节 展会营销，你真的做好了吗

很多人说，线下开发客户无非就是利用展会渠道，现在展会效果这么差，有什么好说的？

首先，我想说，展会是线下的模式，但是不是唯一的线下模式。至于展会效果为什么会差，是不是真的变差，我也有不同的看法，下面我将逐层分解。

线下体系分为三个方面，展会、邀请客户来访、主动拜访客户。

一、展会

回到前面的问题，展会效果真的在下降吗？

不得不说，是的。很多公司参加展会，员工坐在那里不动，一天都没有几个客人上来问一句。只有那些寻找产品的国内贸易公司不停地咨询，让工厂不胜其烦。

大家要想明白一个现实，在以前，客户没有更好的方法寻找供应商的时候，他只能到展会一家一家地看是否有自己需要的产品。如果有，他就去谈一下，看看供应商提供的产品是否符合自己的采购条件。总之，展会是供需不平衡，供需信息不对称的产物。

而现在呢，Alibaba 的存在，企业对互联网宣传的重视，对开发信工作的重视，让客户随时随地都可以找到若干家供应商，客户根本不再需要跑到展会上来搜寻供应商。这个时候，客户参加展会往往是冲着某一家或者某几家特定的供应商而来，双方约好时间，客户直奔目标展位。

所以，现在的展会中你会发现客户根本不会留意经过的展台是否有自己需要的产品，而是目标明确地直奔自己约好的若干家公司的展位。这一点我是亲眼所见，亲身经历。客户总是匆匆地略过一个又一个展位，看都不看一眼。

所以，展会思路要变。坐在那里等着客户来找你的时代终结了，你要把匆匆而过的这帮客户"截流"，主动介绍你的产品，看客户是否有需求。他有约不要紧，你可以等他约会结束后再来谈。你一定要留下客户手机号码，告诉客户你会提供让他满意的产品和服务。这是营销思路的大调整，适时而变可以让你少走很多弯路。

二、邀请客户来访

线下营销体系的第二种是邀请客户来访。

很多公司，尤其是贸易公司对于客户的来访有着深深的恐慌，而我的思路恰好相反，我们不仅不害怕客户来访，还会经常地、频繁地、真诚地邀请客户来访。

看过我跟踪客户文章的人都知道，我会把邀请客户来访当成跟踪客户，打破僵局的一种手段。很多僵局的产生都是因为客户对我们不信任，所以，我才主动邀请客户来我们这里参观。邀请客户来访一方面透露出一个强烈的信号，我们不是骗子，我们经得起他们的实地考察；另一方面，我们不怕他们比较，我相信他们比较完之后还是选择我。

客户一旦同意来访，那么我们的工作就来了。从准备接待客户一直到送客户走，我们都是有一整套体系的。

首先我们要尽量获取客户的一些重要信息，然后，建立客户信息采集表，对于客户的重要信息全面锁定。一切准备好之后，我们将进入接待客户的流程。接待客户来访要注意以下三个要点。

（1）要敢于，而且善于反复地约请客户来参观。也就是说，今天客户参观完走了，可能安排时间考察其他的同行，但是并没有离开本市，那么你要对客户进行第二次邀请。因为第一次参观双方没有合作就一定有一些问题没有谈清楚，是很有必要第二次见面，第二次深谈的。如果客户同意再次见面，说明客户与你们合作的意向挺大的。

（2）要善于利用解决问题的思路谈订单。

（3）如果想尽方法都无法拿下客户，就要想办法跟踪客户。

以上三种方式的具体操作方法大家可以参看我的其他两本书。总结一下，邀请客户绝对不是目的，只是手段。你要有更多的手段将客户最大限度地留在你这里，然后拿下。

三、主动拜访客户

线下体系的第三种就是主动拜访客户。

这是整个体系里面最有难度的，其难度来自于它对企业资金实力要求高，对个人综合能力的要求也更高。企业总不能花那么多钱让业务员跑去了，却毫无结果吧。

我们公司去拜访的客户必须具备以下特征：

（1）在当地有非常大的影响力，足以作为一个形象工程或者样板工程；

（2）跟客户谈判到了重要的阶段，有一些关键的问题需要谈，客户又没法来访；

（3）跟客户沟通后，客户对我们的拜访表现出了极大的热情，愿意协助我们办一些手续；

（4）跟客户沟通后，客户公司可以做决定的领导能够出席我们的谈判。

确定了要动身去拜访客户之后，我们需要做极其细致的准备：

（1）签证；

（2）是否需要电源转换插头；

（3）要换多少现金；

（4）当地气温如何，要带什么样的服饰；

（5）手机卡、手机网络业务要办好，移动有国际数据漫游服务，我们可以咨询；

（6）跟客户确定好见面的具体时间，具体到几点几分才可以；

（7）跟客户确认地址，并且征求客户意见，定哪个酒店较为方便，询问客户如何从机场到达酒店，当地司机是否可以说英语，客户能否用当地语言写一下酒店地址给我们；

（8）如果有多家客户需要拜访，要订一个方便的酒店；

（9）给自己准备一些正式的衣服，男同志最好是西装，女同志最好是套装，毕竟是去商务拜访；

（10）最好准备一点小礼品，它不需要贵重，有特色就好，例如我们会准备山东的高粱饴等；

（11）足够多的名片和产品介绍资料，以及样本，或者样品；

（12）合同、PO、PI要做好，盖好章，重要内容留白，待与客户沟通后填写；

（13）要知道当地必要的风俗习惯、宗教，尽量不要犯忌；

（14）如果涉及商务谈判，需要当场做最终决定，那么我们要事先确定好自己的立场，也就是价格、付款方式的底线，并以此为依据去展开谈判，之所以这样做，是为了能够在拜访期间与客户达成一些共识，免得让费用白花，精力浪费；

（15）就如同接待客户一样，出访也需要信息采集表，把客户的重要信息采集进来；

（16）抵达酒店之后，要跟约好的所有客户取得联系，重复确认见面的时间和地点，这一步很重要，因为计划不如变化快，如果我们需要客户的重要角色出面，要确认对方什么时候有时间；

（17）要在客户的办公室、大门口拍照，一定要拍单人照，当然也要跟客户合影；

（18）一定要守时，要跟酒店人员、客户确认行程需要花费的时间，然后提前一个小时到半个小时出发，哪怕去门口等一下，也不能迟到。

第五节　外贸人才的培养

Part 1　让每个员工都做明星

每个人都有自己的专长，也都有自己的短处，一个企业不可能把每一个员工都培养成全才。

木桶原理大家早已耳熟能详，一个由若干木板构成的木桶，其容量取决于最短的那块木板。对于团队而言，一旦出现短板会限制整个团队的发展，所以需要不断地提升自己的短板。但是对于个人而言，精力有限，不应把一生的重点放在不断改进缺点、完善自己上，而应经常分析发现自己的优点，不断将优点发扬光大，形成自己的独特优势，成为某方面的专家。因此，我认为成功的捷径在于发现自己的长板，也就是反木桶理论。

团队是由个体组成，我们想要的是每个人都成为木桶上的板，而且每块板的高度是由个体的特长来决定。每个人只要发挥了自己的特长，这个团队绝对就差不了。企业需要做的就是为他们创造一切的机会让他们表现出特长，帮他们进一步发挥特长，用每一个人的长处去弥补团队的短板。

现在很多老板很奇怪，他们希望自己的员工是万能的，什么都要会。这样老板有好处，就是可以少招聘几个人，但是坏处更多，一旦这个员工离职，会给企业带来灾难性的打击，而且，企业也很难再找到这样一个全能的人才。所以，让员工做链条上的一个环节就足够了，这样企业才不至于因为一个员工的离职而导致整个链条断裂。此外，一个环节缺失补充起来要容易太多。

做管理的人要学会找到员工身上对团队有帮助的点，它可能是某种素质，也可能是某项技能，找到后企业要帮他们去强化。

强化某些技能有两种方式：

（1）培训；

（2）讲授。

第一种方法不需要多讲。第二种方法比较有意思。例如某员工擅长Photoshop，让她去给其他的所有人讲Photoshop的使用技巧，是非常好的学习方式。因为她要讲一个知识点，可能需要准备十个知识点，而且她还要面对其他员工的提问，所以她要准备好很多方案、资料、知识点。

这种讲授的方式，真的是一举数得：

（1）员工养成分享的习惯，大家是一个团体，每个人都不吝啬自己的长处，分享出来，互相交换，大家都受益；

（2）讲授者巩固了特长，又学到了新的东西；

（3）公司人比较多，讲授的时候是在大会议室，大约有二十人参加，分享人需要用PPT讲解，这样一来，分享经验会锻炼分享人制作PPT的能力、语言组织能力、表达能力、调动气氛的能力，这些都是谈业务必需的素质；

（4）解放管理者，让管理者有更多的时间去考虑大局的事情。

Part 2　人才培养策略，团队养成策略

一、招聘原则

（一）应届生为主

提出这个原则有三个原因。

（1）我有明确的外贸发展思路，而且这些思路在之前被充分证明是高效的（充分证明是指在一大段时间内，在各个行业内验证过），我不需要加入公司的新同事有自己明确的思路，他跟着我的思路走就好。

（2）我更喜欢白纸一张的业务员，我记得之前招聘的时候，我说过一句话，引起了很多人的不满。我说参加过 Alibaba 外贸培训的人请勿投递简历。现在我老实了很多，不再写出来，但是如果真的看到了这样的应聘者，我还是不要。为什么？因为我们思路不同，我没有办法让接受了 Alibaba 逻辑的人转回我的轨道上，所以干脆不用。白纸一张的业务员，我可以完全按照自己的思路来培养。

（3）结合（1）（2）点，我有思路，新同事没有思路，他们就要完全按照我的思路走。按照我的思路走，不是扼杀他们的积极性和创造性，我只会告诉他们要做的工作，例如图片要制作，描述要美化，具体的工作就要他们去做了。一群新人同时进行某项工作，每个人水平高低、积极性高低、创造性高低，很容易就能比较出来，为我储备人才也提供了许多便利。

JAC/旧文新看

　　这个策略在我现在看来是错的，公司一次性招聘太多的应届毕业生会给管理工作带来巨大的压力。不是应届生能力有问题，而是心态。相比应届生有过工作经验的员工更容易接受各种变化。

（二）外贸业务能力并不是主要衡量标准

我面试员工主要考察几个方面的能力，第一，语言能力。这个必须有，不论是说英语还是小语种，员工一定要有较好的说写能力。第二，是否孝顺父母。这个原则乍听很不合常理，但是在我的认知中，孝顺父母的人一般不是坏人，不孝顺父母的人怎么可能对公司忠诚？第三，能否合群，是否阳光。负能量者一个不能要，他们会影响其他同事的工作热情。这一点如何测评？你让应聘者进入工作区，随便找个地方坐下等一会儿，基本上你就可以看出他是否合群。

我的面试以闲聊为主，我会设定一些问题，但是我并不关心应聘者的实际答案，而是观察他们的表情、动作，这样比听到的答案更加真实。

说句实话，应届生也好，有经验的老人也罢，能否留得下，还是要看公司的用人政策、培养政策和团队政策，不能抛开这些去谈应届生如何，有经验的人如何，所以用人政策和团队政策很关键。

二、用人原则

（一）用人原则之基础："我"是一切之根源

不管你是老板，还是管理人员，你是一切的根源。

对员工高标准，一定要从对自己高标准开始。你开会下发标准，回来后就要严格执行，管理人员对自己要更加严格，为员工做表率，这样标准或规则才能落地。

无论任何方面出现问题，你都要先检讨自己。你是否事先提醒过员工，是否交代清楚。检讨不是心里检讨，是在大家面前检讨。管理人员咬着牙不认错并不是维护自己的权威，恰好相反，是损害自己的权威。

工作中我的责任我的工作我要承担。在我的公司几乎听不到有人说，"有本事你去做"之类的话。之前我们公司做阿拉伯语网站，由于我跟阿拉伯语人员沟通不畅，造成了一些重大的错误，致使他们之前做的工作都成了无用功。遇到这个问题我首先是道歉，告诉工作人员我没有意识到这一点，加大了他们的工作量，但是没有办法，这些就是他们的工作，让他们辛苦一下把工作完成，同时我表示我有足够的耐心，也希望他们有耐心。员工也道歉，说是他们工作不够细致，没有提醒我，毕竟我不懂阿拉伯语，他们会尽快弥补……这种氛围你喜欢吗？

JAC/旧文新看

> 现在我认为"我"是一切的根源已经不是用人最重要的指导思想，"原本思维"才是重点，详情可参见第六章第一节 Part 4 "老板要具备'原本思维'"。

（二）用人原则之根本：找到对的人然后对他/她好

根据我的原则招聘到的人，我认为是对的人，我会当他们是自己的兄弟姐妹，给他们的福利待遇也绝对高于他们的同学。一方面，让他们和同学比较时有优越感；另一方面，希望能够吸引他们身边的其他人才加入我们公司，大家一起做点事情。

对他/她好，不一定是对他/她本人好，还要让他们的父母放心、骄傲。放心是让老人们知道，他们的儿女进了一个正规的公司，领导对孩子们不错。骄傲是让他们知道自己的孩子会经常跟老外打交道，可以赚到很多钱，可以有很好的发展前途。让他们支持孩子的工作，解除员工的后顾之忧。

想达到以上目的绝对不是说说就可以的，需要一些影像资料来证明，例如照片。员工接待客户，跟客户的合影，隔段时间我们是一定会冲洗出来，寄回员工家的。对于农村的人来说，自己的孩子可以接待老外而产生的那种荣耀感是无与伦比的。

员工的生日我们也是一定会给他/她过的。员工父母的生日，我们会采取两个措施，或者给员工一天带薪假让他/她回家陪父母，或者给父母买小礼品寄回去。公司入职三年以上的员工，我们还会直接给他们的父母发工资。一个月 200 元，直接打到老人的卡里。如果我们公司的任何一个人出差到了员工老家所在的城市，必须到员工家中代表公司看望老人……

接送员工，关注员工的每一个细节也是我们公司必须做的。对他们好，他们会感觉得到，会真心回报。

加强培训也是对员工好的一种形式。有很大一部分员工离职，不是因为待遇不好，而是因为迷茫，不知道自己的未来在哪里，而这些事情是需要公司告诉他们的。

JAC/旧文新看

> 管理人性化是企业发展必需的，但是，当时我们忽视了机制和制度。人性化的种种做法对于维持团队稳定作用重大，但是，团队只有稳定性，没有能动性还是不够。

三、就地取材原则

就地取材说白了就是公司的管理人员都是从普通员工中选拔。员工进来的时候都是同样的岗位，但是一段时间之后，差别就会开始产生，企业要根据个人的能力、特点和个人意愿进行调岗。

下面，我说一下培养管理层的方法，一个人能成为管理人员，需要两方面的条件。

（1）自身的素质。员工自身要学习能力强，动手能力强，进步快，组织协调能力强，细致耐心。这一条老板可以从日常工作中看出来。员工起点一样，工作内容一样，平台一样，有人就是能脱颖而出，成为佼佼者，这样的人自然而然会成为管理人员。

（2）公司的支持。公司需要支持这个员工去做一些决定，赋予他一定的职权。在他的职权范围内，完全让他说了算，老板绝对不干涉。在员工面前，老板要培养他的权威，明确地表示，几万元之下他可以自由支配，不需要重复审批之类。与此同时，老板要为自己的放权负责，也就是说，放权过程中会出现一些错漏，老板不要去苛责，告诉其他的员工做不好是你的责任。然后私底下告诉他哪里错了，需要他进行自我检讨……

一个外贸公司需要很多岗位，可能会细分出业务员、内勤员、单证员、网络宣传员，这些岗位尽量不要单独去招聘，老板可以从原有的团队中，根据每个人的能力特点和喜好来调配，人尽其用最好。

四、善用闲人原则

什么是闲人，在自己的工作岗位上，没有做出相应贡献的就是闲人。

我的原则是闲人不可辞退，他可能会成为公司重要的一个链条。例如大家忙碌时他可以负责配合工作，打杂工作。他还可以兼任内勤工作，以及客户来访时候的陪同接待工作。这些工作原本由内勤人员完成，但是内勤人员很有可能英语很差，不懂产品，而这个闲人虽然没有业绩，但是英语还凑合，对产品也了解，做些配合工作还是非常不错的。

闲人是一块砖，哪里需要哪里搬。很多时候，闲人之所以是闲人，或许是时机未到。更何况，公司一旦有意外情况，有员工离职，公司不可能马上找到人接替、交接这些工作，这个闲人，又会派上用场。

五、员工参与原则

公司大的发展战略以外的政策制定，我都希望员工能够参与进来，提一些好的建议或者意见。当然有征求就有反馈，有奖励。其实这种方式在外贸公司并不少见，但是大部分公司都是征求完毕之后就没有了动静。我们公司征求意见之后，会给出反馈，奖励大家。

这种参与让所有人都把自己当公司的主人，把自己跟公司更紧密地联系到一起。此时，还需要你逼着他们去做某些事情吗？

六、多管闲事原则

员工的事，就是你的事。你要告诉他们，任何问题都可以找你，能解决你一定帮忙解决，不能解决你找人帮他们解决。

培训里面，我会加入很多社交关系、理财、为人处世的培训，免得员工跟社会脱节。我还会分析外贸大的趋势，尤其是当他们接触一些负面言论的时候，我需要客观地有引导性地为他们梳理，以免影响他们的自信心。

七、平等原则

在我们公司里，没有员工和领导之分，文章里写员工只是为了区分身份而已。他们叫我经理的很少，直接就是叫李哥、胖子、老大之类。我在公司甚至都没有自己的办公桌，更不用说单独的办公室了。

让员工感觉平等其实很简单，就是走在他们中间，跟他们一起前行，这样你才知道路到底是怎么样的，才会想到一些实际性的方法，这又是一个原则，叫作一线原则。脱离了一线的管理，最后只能把整个团队带偏。

平等原则有利于公司气氛的活跃，没人喜欢一个死气沉沉的工作环境，尤其是现在的年轻人。

可是平等并不意味着没有规矩，你要把圈子划定好，员工必须在这个圈子里活动。他们怎么玩都行，可一旦触及底限，一定会被处罚，这是原则。

八、团队协作原则

例如收到了阿拉伯语的询盘，分配的时候我不会说具体分给谁，我会说分给某个小组，小组几个人负责研究、跟进。因为公司每个人都不具备单兵作战的能力，必须团队协作。

一段时间之后，各个语种内部就形成了互相配合的默契。有了团队协作的概念，成单比率自然会提高。

九、日久生情法则

这里说的日久生情，主要是说企业要经常组织集体活动，增加放松环境中的对话和交流，让员工之间互相了解，这个不必多说。

十、多用企业文化，再配以临时性激励

有句话叫作小企业无文化，它说得也对也不对。小企业的老板文化，便是企业文化，这种文化更加简单、直接、有效。所谓的企业文化，说白了，就是让大家认为企业是自己的。想让大家以为企业是自己的，就要让他们从企业发展中受益。很多老板也会喊企业是大家的，但是这些话只有在企业有困难的时候才喊，企业发展好了，就不再喊了。创业初期，员工一年收入三五万元，辛苦打拼，等企业发展到了大规模，员工收入还是三五万元，如何让大家认为企业是自己的呢？

JAC/旧文新看

企业文化就是企业习惯，也就是让大家对某些事情习以为常。形成企业文化的过程很漫长，而且是潜移默化的，而机制和制度则是保障企业文化落地的好武器。

十一、不同岗位，激励有别法则

大部分公司的晋升机制都基本一致，做得好的员工会有机会转做管理，但是这里会产生几个问题。

（1）如果转做管理之后，公司不再允许其做业务，或者由于他花在管理上面的时间偏多，而影响了业绩，进而直接影响收入（提成），如果公司管理方面的激励跟不上的话，很容易造成他不满，降低这个高产员工的积极性。

（2）如果转做管理之后，这类员工继续做业务保证收入会引起基层员工的不满。因为，中层管理者掌握了更多的资源，难免让基层员工觉得不公平。对于管理人员来说，过多的精力投入到业务中，也会忽略团队建设，对团队发展不利。

企业要掌握平衡比较难，一方面要加大管理方面的激励，中层管理者的绩效中个人业绩比重要降低，团队业绩比重要加大。此外，也可以加入新人成长激励等，总之就是让这个人从业务员转为管理者之后，收入不至于下降太多。另一方面，管理绝对不能完全脱离一线销售。所以中层管理者要尽量接触基层员工的每一个客户。尤其是客户接待工作，中层管理者一定要出面，掌握一线信息，一方面可以让老板对大局有所把握，另一方面员工有问题时可以及时得到解答。

Part 3 培训体系的建立

培训是让员工快速找到工作状态和感觉的重要方法，同时也是杜绝员工产生迷茫、无助的重要手段。很大一部分员工进入一个新公司之后，感觉到没人管，被放养，慢慢地就对未来失去了信心。新员工看到每个人都在忙碌，自己却不知道做什么，很容易游离于这个团队之外，最终离开。

很多公司都感觉应届毕业生不好带，容易离职。我想说的是，应届毕业生对于工作，对于社会有美好的憧憬，这种憧憬未必是高薪，也可能是公司的前景，自己的发展。

那么进入一个公司之后，他们会用原有的思路去对公司的一切做出判断，要知道这个思路未必是正确的，它带来的判断也可能是错误的。如果因为错误的判断丢掉一个人才，对于企业来说，绝对是巨大的损失，所以，培训是必需的。

培训的内容应该包括：

（1）职场认知方面的培训；

（2）产品层面的培训；

（3）外贸层面的培训。

培训内容确定了，培训流程呢？我们公司的培训流程如下。

一、职场认知的培训

（一）转变思维

向员全面讲解职场和学校的不同，思路的不同，处事方法的不同，让他们快速转变，不要把思维停留在单纯的学校阶段。

（二）外贸人员的岗位说明

告知员工他们每天的工作内容，在公司里他们可以享受的权利，如提成、奖金等。

（三）压力来源和释放

我在面试的时候一直向应聘人员传输一个理念，外贸工作枯燥，压力很大，每天重复同样的工作，三个月，半年，一年不出单都很正常，他可能就只有基本工资，还要看着别人享受出单的喜悦。这些压力老板都要告诉新员工，让他们有心理准备。同时，老板也要教他们如何缓解、释放这些压力，并把压力转化为动力。

（四）公司的配置

向员工说明公司的各项基础配置，包括宣传投入、硬件情况、客户概况、公司发展前景或者目标，让他们对公司充满信心。

（五）现有人员的基本状况

向新员工介绍公司老员工的基本情况，一方面，便于他们快速融入这个团队；另一方面，业绩优秀的老员工也会成为他们的榜样，鼓舞他们前行。

（六）产品简介

简单介绍公司产品的市场前景、现有市场状况、竞争状况，让他们对公司产品有个大致的认识，后期开展产品培训的时候会比较方便。同时，这也避免了新员工到公司几个月连自己要卖什么都不知道的尴尬局面。

二、产品的培训

产品培训遵循两个原则：逐步深入和查漏补缺。

产品培训要由浅入深，一开始你需要从基础概况来对员工进行培训，例如每一个产品的大概情况、市场状况、竞争状况、前景。

随着工作慢慢的深入，再对每一个产品有规律、有步骤地进行系统培训，例如可以三天培训一个产品，或者产品的一种。培训过程中要文字、图片、视频、PPT结合，直观地展现产品。

理论培训完之后，你要马上联系合作的工厂，带着新员工去进行实地考察，让他们加深对产品印象。

培训的方法和流程要以规则或者制度的形式确立下来，不论谁来培训，必须采用这种标准化操作模式。

当然，产品的培训，可以由内部熟悉产品的人员进行，也可以邀请工厂技术人员进行。总之，让员工有规律、有安排地详细了解每一种产品或者每一类产品。

同时，日常工作中你需要及时发现员工的问题，当员工出现共性问题，你要马上培训解决。

三、外贸相关的培训

外贸相关的培训也要遵循两个原则：逐步深入和查漏补缺。

逐步深入就是要按照外贸的流程一步一步地往前推，不要一股脑地全部讲给他们，他们消化不了。每一个流程之间留下充足的时间让他们实际操作、体会。随着他们工作开展的步骤去加深培训。

查漏补缺是因为培训的时候不可能面面俱到，解决每一个问题。员工在实际操作中可能会遇到各种各样的细节问题，这些问题可能在一开始的培训中没有提到，但是很普遍，需要马上解决，培训就需要立马跟上了。

下面我们根据外贸流程列出培训内容。

（一）宣传培训

做外贸，宣传永远是第一步，宣传的好坏直接决定询盘和订单的数量。对于任何一个公司，不论是新公司还是有多年经验的公司，宣传永远是第一位的。

对于没有专门的网络部的企业来说，员工一进公司首先要学习网络宣传。原有员工肯定比较忙碌，所以必须由公司相关人员进行统一的培训。宣传培训一方面可以让新员工迅速上手工作，另一方面可以通过宣传来了解产品。

这个培训进行完之后，也要留下充足的时间给他们实际操作、体会。同时，你要根据查漏补缺的原则随时加入其他的，或者是全员的或者是小组性质的培训。

新员工的培训是一致的，起跑线也是一致的，但是进度会产生差别。只要员工用心，可能差别都不会很大。当某些员工收到第一封询盘的时候，你就需要根据逐步深入的原则进行第二步培训了。

（二）邮件回复培训

邮件回复培训包含的内容就比较丰富了，例如邮件的书写，签名的设置，价格的计算，报价单的制作，等等。

培训的时候你一定要及时恭喜获得第一个询盘的员工，甚至给予一定的奖励，让大家看到差距，同时也看到希望。根据我的经验这样做会坚定员工的信心。

根据我们的经验，新员工慢慢地都会有询盘，或者公司根据资源配置的原则分发询盘。让大家都有机会练习邮件的回复和报价的计算等。

（三）邮件 FAQ 问题的整理

虽然把步骤写到了这里，但是培训流程是贯彻始终的。新员工一旦有了询盘，开始回复邮件，就会面临着客户不同的问题，对于新人来说，每一个问题都是新的。产品方面，业务员可以通过询问供应商或者内部老员工、技术人员得到答案。如果公司发现新员工有共性的产品问题，产品培训也需要及时跟上。

如果是外贸方面的问题，例如客户说价格高该怎么办？如何跟客户讨价还价？客户问他所在公司是工厂还是贸易公司怎么办？客户说正在和其他的供应商谈判他该怎么说？等等。公司把这些问题制作成FAQ，不断地补充，完善，分发给新员工，达到新员工只要有问题，就能在FAQ中查找到答案的目的。

（四）跟踪客户的培训

当客户越来越多，但是成单并不多的时候，原有的客户资源不能浪费，需要进行客户的跟踪。那么你就需要对新员工进行客户跟踪的培训。

（五）拿单逼单的培训

这部分内容可能在FAQ里面会出现。拿单逼单的培训是要进行一些销售技巧、方法的传授，例如我们经常说的置之死地而后生法、缔结成交法，等等。总之，可能新员工有很多客户跟踪得不错，谈得挺深入，但是临门一脚他们欠缺，那么，培训必须马上跟上。

（六）成单之后操作的培训

有人成单了，好，马上组织开会在全公司范围内表扬这个员工。同时你要对新员工进行成单之后的操作流程培训。例如如何跟工厂对接，如何跟船公司对接，如何在产品生产的过程中跟客户进行及时的沟通，提高其忠诚度。

此外，你还要教会他们如何制作各种单据，例如箱单、发票等。如果涉及信用证，你就要讲解信用证的运行规则。如果公司有单独的操作部，你可以对操作部的员工进行单独的培训。

（七）客户收到货物之后的维护

客户收到货物之后，一次销售过程完结，但是真正的销售才刚刚开始。如何主动了解客户对产品的使用情况，如何为客户解决问题，如何深挖客户需求，争取让其成为公司的忠诚客户，拿到返单，等等，都需要业务员学习。

逐步深入加查漏补缺的方法好处很多，一股脑把所有技巧全教给他们，不利于员工消化吸收，因为员工不经历永远没有深入的体会，即便你给他们培训了，一直不实操他们也会忘掉，还会耽误手头上的工作。

此外，逐步深入加查漏补缺还有一个好处是同样的工作进程中，你可以明确地看出员工之间的差别，便于进行人才的储备，管理层的培养。

以上是针对正式员工的培训，还有针对试用期员工的培训。试用期一般是三个月，在此期间要设置三个时间节点，每一个节点让员工学会一个方面的知识。例如设置三个方面的知识，产品、宣传、外贸邮件，当然培训的这三个方面的知识只是皮毛，不系统。产品方面，让员工知道公司有多少种产品，每一种产品的大概情况，介绍即可；宣传方面，掌握如何制作图片，如何发布产品、管理产品，如何设置内链、外链就行；外贸邮件方面，学会如何写一封回信，如何制作报价单，以及一些FAQ的内容学习。

根据逐步深入的原则进行系统的培训，根据查漏补缺的原则进行效果测评、补充，可以让员工进步迅速。

第六节　高端不是说说就行

经常看到有人说，他们公司是做高端市场的；他们公司是定位高端的，低价不做；他们老板说他们的产品是高端产品……

高端产品，谁不想做，高端意味着价格高，利润高，但是高端不是说说就行了，你说你的产品高端就高端了吗？高端产品的潜在条件你知道吗？

一、产品质量好

这个自然不必说，这是高端产品的直接决定因素。有一个问题你要永远记住，没有一个销售员会说自己的产品不好。产品到底好不好，永远只有客户使用过才知道，所以，产品好只是一个看似很好的借口，你如何证明你的产品好才是更重要的。

很多人说，这个话题我讲了太多了，不就是描述吗？产品描述要描述功能性，要图文并茂，最好有视频，估计还要讲我跳绳网的例子，说得够多够多了……

可是这里真的不是说这个，我要说一下大格局。

定位高端，绝对不只是通过证明你的产品质量好就可以实现的。做高端市场，是一个系统工程，需要一整套体系，这个要归根于企业的发展战略，然后落实到每一次业务操作，而不是让一个业务员挖空了心思证明他的产品质量好，然后证明自己的产品高端。

首先，我要说明，没有做高端的条件，公司可以活得很好，很滋润，因为我们公司是这样过来的。但是，你千万不要逼着你的业务员，逼着自己盲目地相信自己在做高端品牌、高端产品。害死你自己也就罢了，还有一帮人跟着你吃饭呢。

二、厂区要正规

企业如果有工厂，厂区一定要正规。厂子可以小，不能乱，可以老，不能烂，要干净、整洁、功能区划分规范，这是一个正规工厂的必要条件。它不仅仅能给客户信心，也会给销售员信心。一个烂工厂，脏乱差，生活区、生产区、办公区，没有任何划分，闲杂人等四处乱逛，它如何让自己的销售员相信自己做的是高端产品？

三、办公室要大气整洁

这个没什么好说的，一个声称自己做高端产品的工厂，办公室必须大气，会议室最少也要有背投、投影仪和一个能够围坐20人的大会议桌，有好茶、好咖啡。会议室里面的桌椅可以旧，但是一定要看起来是整洁的，天天有人打扫的。

打个比方说，我们的会议室面积60平方米，各类设施一应俱全，客户想喝什么都有，客户目光所到之处都是我们公司的标志；另外一个公司，十多平方米的会客室，咖啡没有或者是速溶的咖啡，用一次性纸杯泡茶，所有桌椅一层灰……

这两个公司出来声称他们的产品是高档货，客户会倾向于相信谁？

四、接待客户规格要高

既然你声称定位高端市场，你要么别接客户，接待了规格自然应该高一些，派辆破面包车去接客户，这是高端的表现吗？就算你的产品真的高端，也会给客户一种店大欺客的感觉。

五、样册要高端

连个样册都没有，你如何说明你们公司高端？样册是几年前做的，从来没有更新，你如何展现你们的高端？

客户要带样品和样本走的时候，你随便找个袋子，连印刷自己 logo 的袋子都没有，你如何证明你们高端？

别人都会送给客户一些小礼品，而且带有公司标志，你却没有任何表示，这是高端的表现吗？

六、宣传要高端

想做高端市场，宣传上至少也要高端，没有一个像模像样的官方网站，如何做高端市场？Google 上没有多少公司的信息，算得上高端吗？网上一搜，你们公司一个收费的宣传都没找到，算得上高端吗？

要体现高端还有很多很多的方面要做，高端不只是要产品质量好，还要有一整套的体系来配合。说出来的高端并不高端，做出来的才是。

那些打着高端旗帜欺骗客户的供应商，其实不仅仅是欺骗客户，还是欺骗员工。老老实实脚踏实地地做好中低端市场也可以发大财。等公司有钱了，企业舍得在整体方面投钱了，你再考虑高端市场吧。如果你一开始就有钱，就舍得投资，也可以直接从高起点开始。

此外，伪装高端也可以，如果你有一批极其有能力的业务员，可以伪装出高端的样子实现公司层次的提升，但是你有这样的软实力吗？

软实力包括一套让客户极其认可的思路；有三寸不烂之舌，能把黑的说成白的的业务员；有执行力，答应客户的能做到。

如果以上实力你都有或者你有一个以上拥有这些能力的人，恭喜你，你发达了。

第七节　建立标准化流程

Part 1　标准化、量化、傻瓜化

很多公司老板都会觉得公司的成绩喜人，但是员工们的潜力还没有完全发挥出来，怎么办？要发挥他们的潜力，需要很多种方法、技巧、激励、引导。

我认为所有的方法、技巧、激励、引导都要做到三化，标准化、量化、傻瓜化。

标准化是量化的前提，否则就成了单纯追求数量；傻瓜化是标准化的结果，一切按照标准来做，傻瓜式操作，才简单易上手。

一、什么是标准化

标准化就是制度化，就是要给所有的东西制定出完整的、可执行的、可考核的标准。例如公司培训体系要标准化，无论谁进行培训，必须按照标准执行，保质保量，否则宁愿不做。接待客户，公司要制定严格的标准化流程，无论是谁的客户，哪里的客户，必须严格按照标准化操作，接站标准化，介绍标准化，公司员工制服标准化，引领路线标准化，等等。在标准化的基础上，再让员工发挥个性。宣传的标准化，要有标准化的图片，标准化的描述，标准化的操作。再细化一点，如长尾关键词的寻找、组合的标准化，Linkedin的更新、加好友都要标准化，等等。

二、什么是量化

以标准化为基础，量化就变成了考核和激励的标准。我们公司的量化包括三方面的内容，第一，平时的工作数量；第二，本职工作之外的事务数量；第三，业绩。把这三个方面的工作内容量化，例如每天按照标准化，发布多少个产品，更新多少个产品，制作多少张图片，寻找多少个邮箱，回复多少封邮件，制作多少个报价单，逐一记录，作为对员工日常工作考核的依据，

同时，作为年底奖金分配的参考标准，业绩高的会有业绩奖励。如果有一个业务员，平时工作勤勤恳恳，但是由于种种原因没能完成任务，你也要对他进行奖励，因为他用心做了，成功只是时间问题，这是对员工积极性的保护。

业绩的量化不必多说，业绩永远是企业生存的根本，也是业务员的收入来源。业务的考核是必需的，但是单独考核业务，又是不完善的，所以才要量化平时的工作数量。

我们公司结构简单，没有专门的设计人员，公司相关广告的设计都要找Photoshop操作比较熟练的业务员来完成。这些工作算是他们本职工作之外的业务，如果他们做这些额外的工作耽误了时间，影响了平时的工作数量，考核时就会造成不公平，那么这些工作也要量化。

这些量化的工作需要制定标准化的评分机制，按照分数进行考核激励，当然公司以哪方面为主要业务，就要在积分上对哪一方面的工作进行倾斜。

三、什么是傻瓜化

大家都知道傻瓜相机采用傻瓜式操作，简单易上手。外贸业务的傻瓜化是同样的道理。

我们公司制定了接待客户傻瓜式操作手册，把接待客户该准备的东西一一罗列，员工接待客户前直接参考准备即可。例如雨伞、打火机、姓名牌、名片，准备好的立马打上钩，逐项进行核对。我们甚至还制定了路线图，员工引领客户参观时，直接按照我们规定的路线图走就好。

此外，我们设定了接待客户的基本流程，业务员接待客户的时候，直接照搬流程就行。这个流程是根据公司的实际情况，结合我十几年接待客户的经验写出来的，员工直接套用，省去了很多思索带来的时间浪费。例如带客户去工厂的时候，需要做很多准备，业务员对照检查即可核对是否有遗漏。

傻瓜化并不是把员工变成傻瓜，而是利用以往的经验，让员工站在巨人的肩膀上，节省不必要的试错时间，多花点精力去分析客户，积累客户资料，想办法拿订单。

量化是用来考核、激励、引导员工们提高自己的工作效率，为公司提高业绩的。具体实践时，老板还要照顾到员工的积极性。

标准化是量化和傻瓜化的基础，需要花大量的时间去构思。标准化文件不是凭空想出来的，必须是可操作的，真实有效的，否则所有的员工按照一些无效的东西去做，只会害了整个公司。

傻瓜化是标准化的必然结果，傻瓜化会直接带来公司效率的提高，也会避免员工产生迷茫，尤其是新员工。新员工有太多的东西不会做，公司的培训又不能事无巨细，那么傻瓜化的操作手册就成了武功宝典……

Part 2　标准化的提炼

一、标准化的几个误区

（一）标准化不是把员工傻瓜化

标准化绝对不是把员工变成傻瓜，恰好相反，我们是把公司最好的经验提炼出来变成最简单的操作手册，如果你认为你的水平更高，就可以不遵循标准化，如果你认为自己不行，就闭上嘴，迈开腿。图5-12很好地表现出了标准化在企业中的作用，它是防止企业倒退的楔子，也是员工发挥个人能动性，提高业务操作水平的基础。

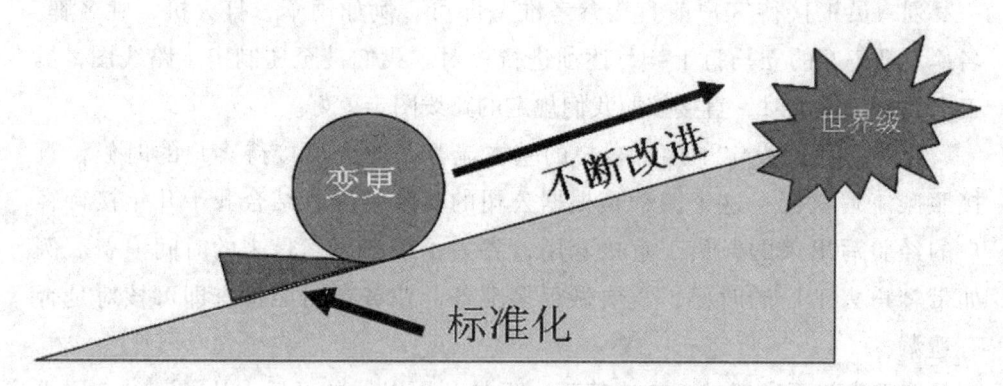

图 5-12　（图片来源于网络）

（二）外贸没有捷径可走

学习外贸技巧不要总想着走捷径，只要看别人有，就想拿来用。那是别人花几年时间辛苦总结出来的内部文件，不可能到处传阅。更重要的是，标准化文件必须符合几个标准才能在公司内部发挥效用。

（1）能成为公司的最高标准；

（2）拿来就能用，不用再修改、完善；

（3）来自于公司内部，按照自己的产品，自己的市场定位，自己的价格水平，自己的公司特点提炼而出。

（三）标准不是一成不变的

标准化文件绝对不是一成不变的，它是在执行过程中不断地补充、修正、完善的。我们公司的标准化文件执行了两年才算是彻底成熟，成熟后也还是在不断完善，因为外贸形势在变，员工能力在变，公司情况也在变。

（四）标准化不扼杀个性

标准化并不是要扼杀员工的个性，而是先统一，后发展。当员工的能力低于我们的标准时，就不要谈个性。等员工的能力提升，有了资本之后，个性我们绝对欢迎。

（五）标准是共同制定的

标准化文件并不是来自于某一位同事，而是集中了几乎所有同事的长处而成。其实，这就是我以前最常喊的，内部分享，快乐成长。

二、标准的提炼

下面提炼我们的标准。还记得大厨的那篇文章吗？要想跟大厨学炒菜，达到甚至超过大厨的水平，首先你要知道他所进行的那些动作该如何标准化。放多少油，油烧热到多少摄氏度，放多少调味料，每一次下锅的菜量是多少，然后开多大火，烧多久，是否放酱油、醋、料酒，放多少酱油、醋、料酒，是否需要盖锅盖，盖多久……

同样道理，你要对你们公司里面业绩最好，或者是某些方面表现最好的那个同事进行剖析，把他的所有动作全部提炼出来。这个方法绝对可行，我们已经成功地协助上百家客户进行了这个标准化提炼。

那么落实到外贸中具体都是从哪些方面提炼呢？

（一）资料收集和整理

（二）邮件剖析

他回复邮件的时间，邮件的字体、大小、颜色、用语、语气，客户问一个问题他回答的详细程度等。我发现,绝大部分业绩好的业务员回答客户问题时候都极其有耐心,而且细心、热心,不厌其烦地为客户解决疑难。

(三) 即时聊天工具的使用和分析

他是否使用 WhatsApp 等即时沟通工具,使用的时候有哪些特点,例如表达的逻辑性等。

(四) 电话跟踪分析

他是否会经常打电话给客户,如果有,他打电话都是如何准备,如何进行,如何跟踪的?

(五) 老客户资料的分析

他跟踪老客户的时候,是否会经常分析资料,跟踪频率如何?都会用哪些话题,这些话题有没有普遍性,是否可以通用?

(六) SNS 营销分析

他会经常使用 SNS 吗?如果有使用,都是如何使用?如何寻找客户,如何了解客户,如何跟客户沟通的?

(七) 客户谈判技巧分析

如何面对客户的疑问甚至质疑?他的回答是不是真的非常棒,如果是,做一份 FAQ 文件,并配上高质量的答案就成为公司最重要的事项。

(八) 报价或制作报价单的特点或者优势

(九) B2B 平台宣传分析

Alibaba 或者 Made–in–China 或者其他有子账号的宣传询盘如果他能拿到很多,质量也比较好,你就要分析他的网页中的关键词、图片、描述,然后建立统一标准。如果某些同事的 SNS 效果很好,你就要从内容、形式、频率等各个方面分析原因,然后提炼。SNS 中个人特色要保留,但是闪光的地方要继承。

即使是优秀的同事也不可能做到面面俱到,但是在整个分析过程中,你一定可以明显地发现其过人之处,这是我这么多年在标准化提炼过程中发现的特点。有些新同事,并没有多强的能力,看似只靠运气,就做出了很好的业绩,这个时候你也要从头到尾分析一遍,分析他的客户的特点。因为很多时候,掌握了这些特点,你也可以把看似是运气的东西变成常态。

在整个标准化过程中，分析客户的特点是非常重要的内容，例如客户的性质，是中间商还是终端客户；客户的采购特点，是看重价格还是其他；客户的渠道特点，是分销还是直营，是批发还是零售，他是否保留库存，等等。分析客户的特点一定会给大家带来极大的帮助。

Part 3　鼓励员工推行标准化

一、标准化的优势

（一）让你的成功方法更加条理化、系统化、可复制化

很多人做了很多年外贸，最大的收获是感觉，问他具体是什么感觉，他又说不清，道不明。已经不止有一个老外贸跟我说，他好羡慕我的文字能力，他也做了十多年外贸了，我说的那些方法他也懂也在做，就是表达不出来。我再说一句得罪人的话，这或许与业务员的文笔关联不大，最大的问题还在于内心。他根本就没有进行系统化的总结，所以道理他都懂，但是看到系统化的文字之前他还是跟着感觉走。所以，标准化有利于将外贸人的感觉落实到文字，对他的方法进行梳理，使其更加条理化、系统化、可复制化。

（二）交换心得

分享经验的这些年其实我才是最大的受益者。我只是把我会用的写出来罢了，没有付出额外成本，但是，我却学到了让我自己摸索一辈子都不可能摸索到的很多知识。在公司内部也是如此，同事的分享让我学到了很多我想去研究却没有时间研究的东西。

（三）进一步提升自我

这个我不想多说，就讲一个小故事。美国有一个名叫葛里斯曼的商人，当初在做销售安全玻璃的业务员时，他的业绩一直都维持在北美整个区域的第一名。在一次顶尖业务员的颁奖大会上，主持人说："葛里斯曼先生，你有什么独特的方法让你的业绩维持顶尖呢？"

葛里斯曼说："每当我去拜访客户的时候，我的皮箱里面总是放许多截成15厘米见方的安全玻璃和一把铁锤子。每当我到客户那里后，我会问他：'你

相不相信安全玻璃?'当客户说不相信的时候,我就把玻璃放在他们面前,拿锤子往桌上一敲。每当这时候,客户都会因此吓一跳。同时他们会发现玻璃真的没有碎裂开来。然后客户就会说:'天啊,真不敢相信。'这时候我问他们:'您想买多少?'直接进行缔结成交的步骤,而整个过程花费的时间还不到1分钟。"

当葛里斯曼讲完这个故事不久,几乎所有销售安全玻璃的业务员出去拜访客户的时候,都会随身携带安全玻璃样品以及一个小锤子。但经过一段时间后,他们发现葛里斯曼的业绩仍然维持第一名,他们觉得很奇怪。而在另一个颁奖大会上,主持人又问:"我们现在已经做了同你一样的事情,可是为什么你的业绩仍然维持第一呢?"

葛里斯曼笑一笑说:"我的秘诀很简单,我早就知道上次说完这个点子之后,你们会很快地模仿,所以自那以后我到客户那里,唯一做的事情是当他们说不相信的时候,我把玻璃放到他们的面前,把锤子交给他们,让他们自己来砸这块玻璃。"

还有一个问题需要你思考,每个人的学习能力和执行力都一样吗?我之所以敢倾我所有全部分享,就是因为看清楚了这个现状。如果你的同事学到你的东西就超过了你,说明这个同事实在太厉害了,他超过你是早晚的事。同时这也说明你根本没有任何进步。

作为公司,想真正地推进标准化,必须有足够的制度保障。还是那句话,不要相信任何人的主观能动性,执行力是意愿加环境加能力的结果,这三项与企业的制度和文化息息相关。

如果你的团队中出现了一个自觉性特别强,不需要制度驾驭就能主动承担很多责任,而且还有一定能力的人,你一定要把握好了,这绝对会成为你团队的主力,你要给他"吃小灶"。

二、用制度保障标准化

制度保障标准化要解决两个问题,第一,解决那些有能力的人为什么会协助公司标准化的问题;第二,解决提升执行力的问题。

要让员工把赖以吃饭的技能分享出来是需要给他奖励的。无论从任何一个角度来讲,这都是一种贡献,既然是可以让公司发展更快、更好、更久的方法,贡献者就应该有所得。

据说有些老板跟强盗一样，要求员工贡献所有，自己却不舍得拿出一分钱。可惜的是，如果没有一定的激励让对方心甘情愿地贡献自己赖以生存的技能是不可能实现标准化的。

有人找我要我的标准化文件和模板，我只能抱歉地说一声，不好意思，我的标准化文件概不外传。话说回来了，产品不一样，标准化文件也会有所区别。还是建议大家从自己的公司内部挖潜，那才是真正适合你的公司，可以直接拿来用的东西。

如同上面所讲，制度保障要解决的第二个问题就是保障你提取出来的东西可以被完善地实施下去，也就是执行力的保障。还是那句话，千万不要奢望员工所谓自觉的主观能动性，制度是关键。我之所以一直在强调这句话，是因为之前我在这个方面吃了太大的亏。

标准化之路并没有那么顺畅，可能要面对员工的不理解和抵制，你要保证辛辛苦苦提炼出来的东西能够得到确切的实施，任重而道远。

Part 4　标准化的意外纰漏

到现在为止，我们公司发展很重要的一条规划就是通过标准化来规范、引导员工的行为和工作方法。

凡是大家会接触的所有外贸流程和细节，我们都设定了标准化。标准化文件里面写明白了每一个步骤如何做，每一个细节如何处理，甚至每一句话怎么说。有了这些文件即便是新员工，也可以照葫芦画瓢。

标准化让整个公司的发展和员工的进步提速，我们公司的经历就完全可以证明这一点。但是，任何制度都会有纰漏，最关键的是如何解决这些问题，封堵这些纰漏。

一、标准化出现纰漏的原因

制度出现纰漏的主要原因很简单，员工执行力不够。

我们公司客户接待工作的安排一直是我在做，因为我经验稍微丰富一些，能够做得比较完善，可是作为一个企业的管理者，我不可能所有的事情都为员工们代劳，那样一方面我会疲于奔命，另一方面他们永远难以成长，更别提成为骨干、中坚了。

所以，思考之后，我做出了一个决定，就算最终会丢掉客户，也要让他们去锻炼、成长。

于是，我从台前走到了幕后，看着他们安排、规划，我来按照他们的规划走，让他们来领导我。

其实这个过程非常煎熬，因为我不能多问，甚至尽量不要过问，不然他们立马会产生依赖感和压力。等到客户来了，我让他们跟我说他们的安排的时候，我才发现出现了那么多漏洞，而且都是一些低级失误。这些失误点在标准化文件中都已经提到，他们只需要照着标准化去做就可以避免，但是，很明显，他们没有。

我们立马采取措施，在客户到来之前尽可能多地去纠正、解决一些问题，但是有些问题是不可能短时间内解决的，我只能接受，然后尽自己最大的努力在谈判过程中弥补。

之前，我在和大家分享这个故事的时候，有一个分享联盟的成员提出质疑，大意是既然我都了如指掌，为什么不及时纠正，要眼看着问题出现，就是为了事后总结吗？

针对这个问题，我想说就如同小孩子会对火感兴趣，想去碰一下一样，无论你怎么劝说，他还是会想尝试，你不如让他在不遭受很大伤害的前提下尝试一下，感受一下后果，他就再也不会感兴趣了。

丢掉一个甚至几个客户去换取员工的成长，换取公司以后的发展我认为是完全值得的。一个人的力量毕竟有限，不培养出能打硬仗的团队，我们公司永远只能小打小闹。

标准化思路肯定是对的，内容也很好，指导性也很强，如果每一个员工都能够切实地落实下去，可以想见会带来非常好的效果。但是，思路再好，也需要人去执行，执行起来就会出现各种问题，例如上面所说的，执行不力的问题。那么为了保证标准化被执行，你需要做两个方面的工作。

二、保障标准化被执行需要做的工作

（一）让员工看到标准化带来的效果

告诉员工，或者让员工切实地看到标准化执行起来会有明显的效果。这个我认为我做到了，可是，我忽略了一个问题，许多员工都是从学校直接进入我们公司的，没有其他的工作经历，没有办法和别的公司比较，他们不知道这个进步是不是标准化带来的。他们可能认为，这个进步和成绩在每个公司都会有。

解决这个问题的方法很简单，你的公司总有几个员工是有过其他贸易公司工作经历的，他们会看得特别清楚，会格外珍惜，你让他们实事求是地去说，去为大家做一个前后比较，大家会信服很多。

（二）让员工明确标准化执行不力带来的问题

告诉员工，或者让员工切实地看到，标准化执行不力会带来什么问题。

之前接待客户就是活生生的例子。在这个问题出现之后，我们开了整整一上午会，总结这个案例。我并不是故意等这个案例出现，除非我不在乎公司的收益。只是，既然问题出现了，员工看到了后果，就要对问题加以利用。最后，我做了处罚，我和当事人每人跑 20 000 米。当事人的责任很大，执行不力，而我，责任更大，监督不力。

你要对标准化的执行建立一个分数体系，100 分为满分，少做一个项目扣除一定的分数，扣分超过一个限度，就给予该员工一定的处罚，当然处罚绝对不是罚钱。如果有一些员工做得很好，我们项目里又没有写，你可以给予额外加分，就如同考卷中的附加题，给大家一个得高分的机会。

第八节　借题发挥，小题大做

有些公司会买高端的检验设备，两台设备的价格据说可以买一台轿车。买了设备之后公司可以检测产品品质，进而提高产品品质，让企业在竞争中占据优势地位。此时，作为一名销售员你要有敏锐度，公司最近买进的某些东西是否可以用来宣传一番。很多公司会经常引进一些东西，抛弃一些东西，你都要让自己敏感起来，利用起来。

当你公司买进了两台高端的检验设备之后，你的工作如何开展呢？

一、拍照，录像

设备的包装，拆包时工作人员兴奋与激动的表情，搬上实验台时员工小心翼翼的动作，第一次设置设备、第一次检验产品、第一次出检测结果的场景，能拍照就拍照，能录像一定要录像。

二、在社交平台上做文章

有了图片和录像，文章还不好做吗？

最简单的例子就是："公司舍弃了一辆轿车，买了一套检验设备，某国进口，可以检验某某某指标，之前国内此指标一直无法检验（或者很少有人检验），但是这个指标对于产品的质量控制有着至关重要的作用（给同行挖坑），'核武器'一到，实验人员立马使用，配置检测，得出了第一个检测结果——合格！"

Linkedin 上直接把这些内容翻译成英文贴上去，放上照片，或者录像，录像一定要处理，加水印，上传到 Youtube。

就算不是什么"核武器"，只是引进了一些新式机器，你同样可以写，可以发。这是一个展示公司实力和做优质产品决心的很好机会，你还不利用？

三、软文

写软文需要写文章的人对产品精通，对检验设备精通。设备检验了哪些指标；这些指标对于产品有什么影响；指标不合格会带来什么样的后果；这个指标在国内或者国外处于什么样的地位？要点有了，再开始写。

例如长期以来，某产品的某个指标处于"约莫"的状态，因为绝大部分的厂家没有检验设备，但是这几个指标非常重要。下面写一下为什么重要，万一不合格会如何如何。你最好能够编一个故事，深圳有家公司叫作什么，他们有一个客户，买了不合格产品，造成了严重的损失。于是，老板仔细考量之后，放弃了购买轿车的计划，大手笔地购买了什么设备，改变了这一现状。后面再写上几句，老板为什么要买这种类型的设备……这样文章就完成了。

最后，把文章翻译成英文，找些博客、空间、论坛、Linkedin 的群组发一下，等待效果的到来。

四、跟踪客户，维护客户

没理由跟踪客户？公司买新设备不就是理由吗？

写个邮件，告诉客户，你们公司新购买了什么设备，可以检测某些参数。目前，很多工厂都不检测这些参数，所以容易出现不合格品，你们有了这个设备就不会出现类似问题。

你们公司是真心想在这个行业做精、做专，希望能有机会和他们合作。

老客户，也联络一下聊几句，告诉他你们老板买了两台设备，很贵的，据说可以检测某些参数，以后产品更有保障了。老板是真的想把工作做大做精做专业，多谢客户这些年的支持，选择你们，一定没错的。

五、网站新闻系统更新

在网站上放中英文新闻，告知大家你们公司刚刚斥巨资引进了某某设备，并把图片放上，视频放上，介绍一下该设备如何，检验效果如何……

软文也可以贴到公司网站，做个内链到首页，这样就万事大吉啦。

六、谈判新砝码

检验单上列明，你能检验这个参数，同行可以吗？

有检验设备，你可以保证产品出厂的时候100%合格，同行可以吗？

客户知道这几个标准不合格会带来什么吗？

为了省几个钱，去承担这么大的风险，客户值得吗？

很多很多……

我会让每个业务员都去想谈判中可以利用哪一些点。这其实就是让公司的优势形象化、数字化，跟客户的利益相关化。

一样样的武器加起来，可能就是摧毁一切的"核武器"啦。

这是真正的"小题大做"和"借题发挥"。

以上只是举了一个例子，我们身边有很多可以"小题大做"的事情或者变化，就看你是否能敏锐地察觉到了。

从公司角度来说，引导甚至指导业务员培养敏锐度，自动自觉地去利用一些话题开展工作是基础培训之一。

第九节　激励，一个中心，两个基本点

激励，对企业来说一直是一个非常重要的命题。

人，都有欲望，但是人同样有惰性，有迷茫，有分神，有小富即安的短视，而激励则是通过行之有效的措施，使被激励者克服惰性，走出迷茫，全神贯注，摆脱小富即安的心态，不断追求更高更好。这个过程中，团队的活力会被激发，企业的发展也在一定程度上有了持续性，是一个多赢的局面。

我们公司的激励，大的原则是一个中心，两个基本点。以业务为中心，兼顾员工的日常工作表现，兼顾企业文化的发展。

为什么以业务为中心？以业务为中心，就是说整个公司以外贸业务部为中心，其他的部门都是为业务服务，业绩的考核是主要的考核因素。作为一个公司来说，要存活必须有收入，要发展必须有利润，老板再有钱，也不可能只有投入而不要产出。有销售才会有收入，而销售来自于业务员的努力和所有部门的配合。

兼顾员工的日常表现是为了照顾员工的积极性。做外贸这件事儿，有些时候需要一定的积累和运气，有些业务员可能一年下来都没有多少订单，但是他的日常工作、管理网站、B2B 注册、SNS 营销管理、产品发布等都非常用心和到位，就是没有出单。这种时候你也要照顾到他的积极性，以便激励他继续努力，在来年或者下一个阶段能够爆发。

兼顾企业文化的发展，例如团队考核（团队文化激励）、制度遵守情况考核、员工的精神风貌考核、公司外在风貌考核，等等。企业文化，是一个公司能够长期发展，一个团队能够持续保持战斗力的内在因素，但是说句最实际的话，企业文化是比较虚无的东西，它需要建立在公司正常赢利，每个人都赚到钱的基础上。员工一个个都饿着肚子，还谈何企业文化，三个月可以，半年可以，一年了，员工还是拿着基本工资，没有业绩，或者业绩惨淡，他如何推行企业文化？创业一开始，不如把企业文化定位为大家都有业绩，都有提成来得实际。

公司的激励导向代表着公司的发展方向，代表着员工前进的方向，人都是趋利的，肯定要做对自己最有利的事情。哪里奖励最丰厚，就会走向哪里；

哪里奖励容易拿，就会走向哪里。

前面我说到，人都是有欲望的，而员工进入一个公司，不用说，最基本的欲望就是赚钱，基本工资他固然要拿到，提成肯定也是越多越好。有这么强烈的欲望是不是就不需要激励业务员了，恰好相反，更需要激励。

你要为业务员创造最好的条件，给予最好的配合，充分利用他们的欲望，发挥他们的潜能，创造业绩，创造利润。

其次，以业务为中心，要求全公司其他所有部门配合业务部。例如报价部门要在业务员提交需求之后，立马进行核算；技术部门在收到需求后，立马开始进行机器的配置；客户要求试机视频，生产部门要立刻安排。这些事情是最紧急的，不管他们手头上有任何事都要放下。这些是要写入激励机制的，例如要求他们在收到业务员的要求后，多久内做出反馈并且完成该做的工作，等等。

举个真实的例子吧，我曾经工作的水处理公司，老板不知道从哪里学来的企业文化建设方法，当我兴冲冲地跑到相关部门要协助的时候，那些部门说，他们当天要进行团队文化建设，要开会，不能处理，让我等等。后来我才知道因为激励的导向，那些部门认为，协助我的工作不如做其他的事给他们带来的利益更大，或者说不如做其他的事情给他们带来的好处更快。因为，单子未必能成，但是做其他的事情肯定能拿到好处，于是，一个单子就被拖黄了。一次，两次，一个月，两个月，一年，我的野心虽大，也受到了致命的打击。我拿不到提成，只有基本工资根本不够花，业务员要养家糊口，企业文化建得再好，也是表面功夫，也不能当饭吃，买不了房，买不了车，最后，员工只能走人。

比以上情况更严重的是有的公司的企业文化不仅使其他的部门不怎么配合，还打击业务员工作的积极性。例如我之前去青岛举行见面会，参会的某人告诉大家，他们公司实行积分制，干什么都有分，谈客户，回邮件，谈下客户都有分。每个月公司规定有最低分数限制，达不到员工考核就不及格，要受处罚。但是谈客户，回邮件，甚至谈下客户分数都很低。你要知道，当业务员尽心尽力去谈几个客户时，会花费大量时间，没精力拿到其他的积分，此时，他就会不及格，客户要是没有谈下来，就几乎没提成……久而久之，他们开始为分而奋斗。

这些都是过犹不及的表现。我始终认为，业务部门应该是一个公司的中心，当然这并不否定技术创新在一个公司的作用。但是，一种创新的技术，必须经过市场的检验，还是要靠业务员将其推向市场，拿到来自市场的反馈。业务员的野心和欲望，你要利用，而不是压制。

上面提到的积分制，其实用好了很有益处，例如深圳某家公司实行积分制，这个公司运转有序，员工努力进取，我觉得他们应该是给予了销售团队更高的激励，例如，谈客户，成单都可以得到很高的积分之类的激励。

其实我也一直在学习，一直在改进，例如我们公司就设置了谈成一个客户，可以顶掉五天工作的积分。也就是说，只要你谈成一个客户，再稍微做点其他的事情就可以让自己的积分迅速增长……这样既保护了业务员谈单的积极性，还让他们在积分制的评比中占到便宜。告诉员工一个概念，客户越多分越高，一个客户顶五天工作量，三个客户，半个月工作量就出来了，其他的工作玩着做，业务员就可以轻松完成任务，甚至拿到第一，不至于因为顾此失彼，非要放弃其中一个而纠结。

其实我也不是短视，以业务为中心是为了生存和经济基础，让员工拿到应得的报酬，进而更相信公司的未来。而照顾员工积极性是为了留住有潜力却短时间内没有爆发的人，留住公司未来的发展动力，这部分人流失，就等于我们给竞争对手培养了一个人才。兼顾企业文化则是为了建设团队，一切正规化、标准化，形成向心力，在物质之外让员工看到公司的愿景、前途。

第十节　管理

Part 1　管理员工的几个基本点

一、做管理，不能暴力执法

管理人员不能总是告诉员工不该做什么，应该告诉他们该做什么，他这样做会得到什么，尤其是针对新员工。很多企业制定了许多的制度、规定，告诉员工，不应该做、禁止做什么，例如不应该上班聊天、听音乐、看视频，不应该马上给客户报价，不应该接受信用证……但是，却很少告诉员工该干什么。

其实，这种警示性的文件确实要有，但是，指导性的东西更要有。公司要告诉员工每天应该干什么，如何干，干多少，干这些会让他们获得什么，公司会给他们什么样的激励，等等。这样他们就会有明确的目标，不再迷茫，不用自己去摸索。同时，指导性文件对企业也是好处多多，可以避免很多因为新员工摸索、调整带来的时间浪费，一举两得。

对于任何群体的管理都是如此，包括微信群。都说微信群里不能闲聊，在大家闲聊的时候，你喊一嗓子，"大家不要闲聊了"，群成员会立马停止聊天安静下来。这种静寂无声的群未必是好事，你不如看到大家闲聊比较多的时候，抛一个问题出来，引导大家去讨论，这样才更好。

二、量化是考核的基础，标准化是量化的基础

这一点前面已经细讲过，我就不再多说。

三、员工快速成长对公司才是最有利的

员工工作不是学生学习，老师教学生大部分只是给出思路，给学生一个大纲，让他自己去领会，自己去思考，自己去学习。现在很多公司居然也这样教员工，给思路给大纲，让员工自己去琢磨，自己去摸索。

我想说的是这种模式纯属浪费时间，一般来说，如果原有的管理人员或者老板有这个产品的市场经验的话，让员工复制其经验是最好的方法。复制，成效快，准确率高，新人能够快速找到方法，不再迷茫。这样新人会快速进入业务状态，甚至可能很快出单，这个才是公司的目的不是吗？何必要浪费时间让新人去摸索、折腾，何必让他们接受不必要的迷茫。说句实话，一个新人进入公司，最怕的是不知道到岗之后该做什么，该如何做。时间稍微一长，他就会觉得自己在这个公司没有什么前途，萌生退意。

四、没有员工会为一家企业干一辈子，要接受人来人往

很多老板相当有意思，从员工入职第一天就开始担心，他会不会走，会

不会学到了所有的东西走了，他会不会带着客户走了，他会不会带着公司的经营经验走了？

于是，老板们开始怀疑员工。他工作做不好，老板不高兴，觉得自己白发着工资养着人；他工作做好了老板也不敢高兴，生怕哪一天员工带着客户离开……简直是纠结死了。

说句实话，没有一个员工会为一个企业打一辈子工，人往高处走，员工想要离开公司自己创业是很正常的事情。一个销售员没有野心，如何能做好业务呢？野心代表着冲劲，而冲劲是销售员的必备素质。

在我看来，员工来打工，靠本事拿工资，靠业绩拿提成，学到东西只是工作的附属品而已，而企业得到的是利润，各取所需，好聚好散。

五、变淘汰为转岗，充分利用人力资源

公司里有一部分员工真的不适合做业务，怎么办？淘汰？不，转岗！

淘汰意味着你之前为这个员工付出的财力、物力、人力都浪费掉了，随着他的离开，所有的东西都成了0，再招聘人就只能从头再来。

转岗则好处多多，这个人在公司待了有一段时间了，对公司有了基本的了解，对公司的制度、运营模式也比较熟悉，也能融入公司的气氛，转到其他岗位可以省掉适应公司环境这个环节。尤其是那些曾经接受过业务培训的人，他们对业务有了比较深刻的认识，跟业务员对接的时候就不会完全为自己考虑，这可以解决单证员、操作员跟业务员经常产生冲突的问题。

JAC/旧文新看

这个观点，我现在也做了很大调整，员工工作不到位时，我会先去衡量他是因为能力问题还是态度问题完不成任务。如果态度有问题绝对淘汰。如果能力有问题要观察他是否有做好新岗位工作的能力和学习能力。二具其一才可以转岗。

六、不要把员工的额外付出当作理所应当

老板们千万不要把员工的付出看作理所当然。例如加班，有些时候，员工因为工作没有做完或者因为上进会留下来加班，甚至加班的频率较高，这是员工额外的付出，虽然他们未必是求奖赏，但是管理者还是应该给予表扬甚至奖励。

如果因为他们经常加班，老板就延长工作时间，实际上抹杀掉了员工额外的付出，把原本员工额外的付出变成了理所当然。

这种方式员工是很难接受的，甚至会让其他员工把原本因为上进而加班的某些员工视为眼中钉，集体排挤，大家会认为都是因为他的加班，让公司有了压迫大家的理由。

所以，想要员工额外付出，老板可以采取额外的激励来实现。这些激励未必是钱，可能是业务上的侧重分配，可能是晋升上的优先考虑，也可以是评优上额外看重，等等。

七、按照员工平均能力来制定考核基准，奖罚分明

其实这一条跟上一条很像，高压政策或许可以迅速让公司取得一些成绩，但是绝对不是长久之计，因为员工会逃离。制度制定的基准应该是大家都能做到的，或者稍微再努力一点就可以做到的。这样一方面可以防止员工因为惰性而让工作减量，另一方面可以适当地刺激一下大家的潜能。

如何激励大家的积极性呢？额外的奖励。奖励的方式有很多，可以是奖金，可以是给优秀业务员多分配客户，也可以给他多分红，或者将他提拔为中层管理者，等等。

这样的制度更人性化，而且同时做同样、同量的工作，本身就是一个竞争，老板可以很容易看出谁更值得培养，为以后的管理选拔奠定基础。

Part 2　对管理人员的基本要求

一、为员工发展创造条件

单纯谈管理是不正确的，还要看这个公司为员工的发展创造了哪些条件。

我先摆一下我为员工的发展提供了什么条件：

（1）良好的住宿条件；

（2）每日三餐；

（3）可以称为优质的办公环境；

（4）同等岗位上，其他的同行提供不了的薪金待遇，而且正式员工通信费全报销等；

（5）跟同行相比，可以称为巨额的宣传投入，所以询盘数量几乎可以在行业内称霸；

（6）灵活多变的请假方式，例如每个季度有三天的带薪病假等；

（7）其他的同行或者说绝大部分外贸公司没法比拟的外贸专业培训，尤其是成熟的标准化手册，几乎可以让新员工在上面找到方方面面问题的答案，不会再迷茫；

（8）六十平方米的室内活动场地；

（9）人性化的员工关怀，生日宴会，病中探视等；

（10）随时的产品学习，员工对产品有疑问，公司可以立刻安排他到工厂学习，公司产品图片、视频的齐全程度，几乎可以媲美很多工厂。

这一切都是公司应该做的，不值得炫耀，我摆出这些只是想说明一个问题。你想要收获，首先要有付出，但是付出了，却未必会有预想的收获。

得不到预想的收获很大一部分原因是企业为员工创造了足够的条件之后，没有让员工执行公司的相关政策。

员工的满意不一定会完全转化为生产力，这种满意可能只是表面的和谐和繁荣，想要依赖员工对公司的感恩来提高生产力，几乎是不可能的，你必须制定考核制度。

二、转变管理风格，制定考核制度

设定考核和考核之后的奖惩对企业来说是必要的。其实惩罚制度很多公司可能都有，但是，如果惩罚的方式是不痛不痒的罚打扫卫生，出活动节目之类的，根本不具备警示性。管理风格转变的要点有三个。

（一）必须有一个管理人员扮演黑脸角色

之前我们公司几名管理人员都是温文尔雅，态度柔和，虽然让员工有亲近感，但是缺少了威严。自控力强的员工会因为领导有亲和力，认为公司氛围好，进而努力工作，但是，很大一部分员工惰性强，喜欢钻空子，耍滑头，他们不会因为这种亲近感产生努力工作的动力。

那么就必须有一个推力，让这部分员工知道，某些事情做了有什么好处，不做有什么坏处。这个时候，扮黑脸的管理人员很重要，他有威严，员工看到会紧张，会觉得有压力，知道不做某些事情被公司发现会有严重的后果。

扮黑脸，并不是说让你莫名其妙地发飙，只是让你严格执行制度，不讲情面，这样员工才不会抱有侥幸心理。

（二）管理人员不能做老好人

现在很多公司的中层管理者都有一个倾向，做老好人。其实当一个公司有二十多个人的时候，一定会出现不同的意见和看法，甚至会是截然相反的意见。管理人员站在公司的管理角度，办事一定会有倾向性，那么就会有人说他好，有人说他不好。他做的事情甚至会直接触及某些人的既得利益，导致他被人怨恨，这是做管理人员必须承受的。

管理人员如果在所有的问题上都做老好人，和稀泥，那么就会失去威严，难以服众，这样就很难令行禁止。

（三）令必行，禁必止，辅以严惩

这一点是要提高员工执行力。公司制作了全面的标准化文件，员工该如何做，已经事无巨细写得清清楚楚，但是做不做只能靠员工的觉悟，这样肯定是不行的。

最简单的例子，给客户打电话。公司早就做过规定，每天业务员必须打两个电话给客户，但是却没有针对这个规定作出具体的考核方案，完全靠员工的自觉。这种自觉执行，效果极差，员工偷个懒，开个小差就混过去了。

再例如我会单独拿出时间让员工统计FAQ，但是总是有几个人不去做，或者拖很久。

还有跟踪客户，公司也有严格的跟踪客户的文件，也规定了一个月内业务员跟踪次数少于若干次客户会被回收，交由其他的同事进行管理，但是检查发现，还是有大多数人难以完成这个工作。

归根到底，这都是因为公司的处罚根本难以触动他们，拿走了他们不在乎的东西，对他们完全不具备警示性。而这些员工未能完成的事项，却是决定业务成败的关键因素。

公司从来不会强制员工执行职责以外的事项，如果必须由他们来做也会给出奖励。相反，在其位谋其政，完不成任务，员工有何资格领取岗位工资呢？其实我一直比较反对靠暴力来管理员工，罚款、扣奖金，甚至开除，都是我不想使用的方法，但是，对于某些员工来说，只有这个方法才有效。

Part 3　两个你容易忽视的管理小细节

管理，其实分为管和理，管是利用权力令行禁止，而理则是利用一些手段进行梳理。

所以，做管理需要有一些小方法，这些方法未必小，但是绝对是体现在细节上，容易被很多人忽视。

一、培养一个榜样很重要

新公司、新员工，虽然大家都在一个起点上，公平竞争，但是很容易出现一个问题，就是相持。你也不出单，我也不出单，大家都别出单，都别着急。

不仅仅是新公司，还有很多成立有些年头的公司也出现了这种情况。我有一个朋友他们公司有三个业务员都有三年多的工作经验，业绩也都差不多，订单不算多也不算少，但是很明显他们都没有动力，也没了激情、活力。公司开过会，也出台过奖励，但是，大家始终不为所动。

这个问题怎么解决呢？其实并不难，只需要一个方法就可以激活全盘。培养一只出头鸟，也就是一个榜样。

即便公司很多资源已经分配下去，作为老板你手里还是会有一些未分配的资源，那么你就将这些资源分配给其中一个你选中的员工。选择标准是忠诚度高，较为踏实肯干，比较有能力。或许一个人难以具备这些所有素质，那就任选其一即可。把客户询盘信息，甚至订单，都给他，提高他的业绩，打破原有的均衡和默契。这样一来，一定会刺激其他的员工，均衡了那么久，突然有一个人突出重围，人们心里难免会比较，一旦有了比较，员工就会有压力，有了压力就会有动力。

如果员工人数较多，那么你就选出总员工人数的 1/4 去重点培养，塑造榜样，这样基本上就可以带动全体人员。当然总是有那么几个人是无动于衷的，这个时候你再加以重刑，效果就会好很多。毕竟管理层不可能与所有员工对立，调动大多数人，对少数的一部分人下狠手，甚至直接踢出局，能够尽量减少公司新的矛盾，实现双赢。

我第一次创业的时候公司只有两个人，也没有什么宣传投入，全都是注册免费的 B2B，询盘比较少。到了第二个月的时候，我的助理已经坐不住了。于是，我注册邮箱，冒充客户跟她沟通，这样一来她的热情就来了，不会再茫然。这样做一方面用客户的身份问她问题她会格外重视，会自己去学习，要比我培训的效果好很多；另一方面，可以让她在实战中熟悉外贸流程，熟悉客户关心的问题，熟悉外贸行业的特点；第三方面，她树立了信心，我树立了威信，让她知道跟着我做，一定有效果。

就这样她又坚持了两个月，终于，真正的询盘来了，真正的客户来了，真正的订单也来了。

当然，冒充客户的事当时一定不能让她知道，我是很久之后才告诉她的，她很吃惊，但是那个时候她已经有了大量的订单，也有了足够的信心，所以她没有责怪我，反而比较感激那段经历。

二、你开的那些会有效吗？

（一）会议能解决问题吗？

这个问题真不好回答，因为这样问很不合理，会议的形式太多了。我知道某些公司不管大事小事都喜欢开会。这样的会议就不是为了解决问题，而是为了制造问题。

大家都厌烦了会议，而且会觉得开会根本就是浪费时间，没有实际意义，那么就没有人愿意去真正重视会议里出现的内容。

（二）掌握好会议的形式和频率很重要

例会要有，不然有些问题不能及时解决，但是例会的主持人和召集者一定不能是公司最高层人员。可以是部门经理主持，老板从后面默默注视。即便老板发现了问题，也要在会后提示给部门经理，让部门经理再去补充。这样一方面可以树立部门经理的威信，另一方面老板可以清楚地看到员工的反应，第三个方面就是留一个解决问题的退路。

（三）老板不会随便开会，一开会一定是大事

要让员工有一种概念，老板平时都是召集中层开会，中层再去布置任务。突然有一天老板召集所有人开会，那么一定是有大事或者急事要处理，或者老板对某些事忍无可忍。

默默地旁观例会，可以清楚地看到很多问题，如果经过了一段时间之后，老板发现问题还在重复出现，一定要提示部门经理，找点方法去解决，如果中层再怎么强调也无效，那就自己出手吧。

单刀直入，把问题摆出来，告诉大家这些问题你已经看到太多了，看得烦了，为什么公司一再强调却解决不了。然后，告诉大家处理方法、考核方法，并严肃地告诉部门经理严格执行考核。

这种会议不需要多长时间，问题讲完就可以散会，然后关注员工执行情况，抓典型。

三、提高会议效率

从三个方面出发会让会议有更好的效果。

（一）分级会议制度

下属能解决的问题就让他去解决，他实在解决不了你再出手。

（二）树立会议的权威性

让大家感觉到老板出手一定是严重的事，当然你也要严格做到这一点，不要为了鸡毛蒜皮的事情召集大家开会，这样会让你慢慢地丢掉震慑力。

（三）讲问题，寻方法，重执行，严考核，抓典型

要让员工知道，"老板开会了，问题很严重，开完会之后他还在盯着，我们千万要严肃对待，不然没有好果子吃！"

这里说的老板未必是指公司最高领导，但是一定是有生杀大权的那个人，他可以是主管，这样传达的震慑力才会强。

这一点要结合第一点去用，让员工觉得这个企业待遇不错，前途不错，不舍得放弃，这样他才有动力改变自己。有些公司只知道压榨员工，员工本来就不珍惜这次工作机会，你有生杀大权又如何？

JAC/旧文新看

> 针对会议我提出了十六字原则。
>
> 会议有议：要有议题、议程、谁主持谁发言谁记录。
>
> 议而有决：每次会议都要有结论。
>
> 决而有行：有了结论必须有行动。
>
> 行而有果：有行动必须考核结果。
>
> 剩余的工作就是找到不执行的人，抓住不落实的事。

Part 4　管理，本就没有道理可讲

一直以来我都想做一个讲道理的管理者，可是，长期的工作过程中我发现管理没有什么道理可讲，因为没有人跟你讲道理。

曾经，我给全体员工发了封公开信，推心置腹地说了很多话，信件内容如下。

关于工资公司始终坚持一个信念，发工资不是理所应当的，工资是需要员工拿着合格的工作来交换的。

标准化、制度化已经实施了半年的时间，有很大一部分人始终没有掌握，把工作的进程拖了又拖。公司想尽了办法去推动大家的工作进程，可是始终有人在浑水摸鱼。

设身处地地换位思考，公司需要看到的是员工保质保量地完成工作。在其位谋其政，是员工对公司的承诺，也是员工获得工资的前提条件。同时公司按时发放工资，这是公司的承诺。

承诺是彼此的，很多人可以把工作一拖再拖，一而再再而三地无法完成工作，公司也一再容忍接受，并谅解。但是公司只要有一点点不遵守承诺，对大家的福利工资有所延迟，就有人开始抱怨。我希望大家换位思考，想象一下公司应该如何看待某些员工的不作为或者拖延。

工资我一定会发给大家，这几个月不发工资，只是让大家知道，职场上，

大家不是亲戚朋友，公司可以短时间内对你做到容忍体谅，但是公司希望拿着容忍和体谅来换取大家的理解和自我觉醒。

我声明，公开信中提到的问题并不是针对所有人，但是大部分人或多或少都会存在这样那样的状况。一个星期做不完工作是意外，一个月做不完工作也可以称为意外，但是长久的考核不合格就不能再被看做是意外。

再次感谢陪着公司走过这一年的各位兄弟姐妹，不管是走的还是留下的，都很辛苦，但是，我不希望大家在这里一无所获。外贸本来就是一项烦琐、重复、枯燥的工作，做十年外贸的人，也跟我告诉大家的一样，细致地、重复地做每一项工作。其他的所有工作也都是如此，生活更是如此。

希望大家珍惜这个环境，让我看到大家的转变，我为这一年大家没有赚到很多钱而懊恼悔恨，我也不断地在调整经营思路，希望能够带领大家走得更快更好，但是没有大家的努力和配合，我一个人什么都做不了。

如果你对这封邮件有异议，请回复，说说你的想法，或者建议。

我再次郑重地请求大家仔细回忆一下这一年公司是如何对待大家的。大家也考虑一下你是否愿意跟着公司一起成长，以及你是否适应公司的政策制度和氛围。

铁打的营盘流水的兵，公司不怕人来人往，你们的未来也不是离开这个公司就暗淡无光，甚至可能会有更好的发展，但是作为你们的大哥，我郑重地说一句，既然做出了选择就要拼尽全力，为了自己，更为了一份承诺！

从2015年的10月份到12月底，我们公司进行了"大清洗"，劝退了几名员工，辞退了几名员工。在这三个月之间，我设置了各种制度，例如迟到早退罚款，任务量无法完成罚款。此外，公司开始有意识地在福利奖金甚至工资的兑现方面进行调整。

就如同公开信里写的，这不是因为某位领导，或者直白地说是我的反复无常，而是因为管理总是要随着形势的变化而有所调整。

从管理人员的角度来讲，公司的政策变化是非常正常的，因为一项政策是针对一个阶段公司的情况而存在的，情况发生变化，政策也一定会发生变化。可能你是老政策的既得利益者，但是，公司的政策调整不仅仅是针对你，而是针对所有人，没有人可以例外。

我们公司一开始很信任员工的自觉性和积极性，在制定制度和规章的时候，一切以人性化为主，无苛刻条款，无经济处罚措施，甚至没有严格的考核制度，这种情况持续了大约半年的时间。

半年中，虽然我不怎么说，但是我一直在观察，也一直试图利用制度正面地引导大家积极地向前走。可是，惰性是一个很可怕的敌人，随意性也是一些新人身上无法克服的致命伤，它们直接影响了员工工作的开展。当然并不是所有人都如此，但是一个公司苦心打造的氛围往往就是被一两个人破坏。

所以，权衡再三，我决定把政策进行相应的修订，在福利待遇保持一个很高的档次的前提下，加入严格的管理制度、考核制度以及处罚制度。我希望能用这些制度来约束大家的惰性和随意性。当个人自制能力失效的时候，就是制度生效之时。

公司的管理由严格进入轻松很容易，但是由轻松转到严格难免会触及所有人的既得利益，让员工产生不适，但是没有办法，阵痛不可避免。

大部分员工会愿意转变，但是总是有人还想浑水摸鱼，这部分员工要么辞退，要么劝退，即便是留下查看，肯定也要把薪水减少。的确，这种方式会落下埋怨，但是员工在一个公司赚不到钱，早晚公司会落下更大的埋怨，何必互相折磨。

做管理，不需要讲理，讲制度就好。

第十一节　我的企业投资观

做企业其实很大一部分时间都是在投资。投资就会有回报率，回报率有高有低，甚至为0，所谓投资有风险，决策需谨慎，也就是这个原因了。实话实说，没有稳赚的投资，中国有句老话叫作"富贵险中求"，虽然不怎么恰当，但是自有其道理，风险越大的投资，涉足者越少，回报率自然越高。风险大，意味着失败率高，你在投资的时候，需要做好承担失败的心理准备，而且绝对不能做博命式投资，那样的投资承担不起失败。

外贸中，工人的工资是投资，员工入职之后的培训也是投资，因为你不知道你所投入的人力、财力、精力，这个员工能否有回报，回报率又有多高。

网络宣传是投资，广告投入也是投资，因为你不知道每一项投资能否让你拿到既定的收益目标，甚至能否收回投资本金都是一个未知之数。同样，租赁或者购买新的办公室、办公用品、建设新的厂房，都是投资。甚至拜访客户，参加展会，客户来访的招待，也算是投资……所有的一切都是在做投资。

人们自然是喜欢低投入、高产出的项目，但是，这样的项目存在吗？当大家都知道做某件事有高收益的时候，自然会大量地投入去做这件事，瓜分收益，这样还会有高产出吗？

外贸发展到了今天，互联网平台为大家提供了一个低成本的投资方式，但是，一开始投入 2 万元就可以获得高收益的平台，当大家都投入了 2 万元的时候，你的收益会逐渐消失。于是你投入 2 万元，我投入 4 万元，你投入 4 万元，我投入 10 万元，你投入 10 万元，我投入 20 万元，你追我赶，投入越来越多。

据说济南的某行业，其关键词在 Alibaba 的 P4P 竞价最高到了 200 元点击一次，真是难以想象。据我所知这个行业的利润非常低，在这种收费方式下，众多的企业陷入了尴尬。参与到网络竞争，就算是有了订单，企业也基本上赚不到多少钱，但是，不参与竞争企业肯定赚不到任何钱。所以，很多企业只能硬着头皮死撑，撑到撑不住为止，撑到公司无法为继为止。

我跑了很多地方，见了无数的外贸人，我发现外贸企业的投资都流向了两个主要的方向，Alibaba，Made-in-China 为代表的 B2B 平台和展会。而这些也是被广大企业诟病的，回报率低的两种方式。

诟病归诟病，到了第二年，企业依然还是如此重复、循环，为什么？大多数时候是因为企业不知道还有哪些项目可以投资，或者说，有一些已知的项目却因为企业不知道回报率而不敢投入。

就如同传统外贸第一次遭遇网站建设，第一次遭遇 Alibaba，第一次遭遇 Google 的 Adwords，第一次遭遇 SEO，总是有那么一部分企业敢于尝试，敢于投资；所以，他们在竞争少的时候获得了高收益。当大家发觉这是一块肥肉，纷纷抢夺的时候，高收益就不复存在了。所以，我的投资观是当所有人都进入某个领域，竞争达到白热化的时候，你就要再寻找新的增长点。

因而，我选择了外包建站和外包 SEO，在很多人看来，花十多万元建网站是天文数字，花精力去研究 SNS 是浪费时间，图片营销和视频营销更是听都没听过，可见其投资观是如何了。

除了外包建站和 SEO，我选择在展会再多投资一点，把工作做细、做足，尽量占据客户眼球，用小投资换大收益。我每年拿出一笔预算来准备免费样品，发一次样品 400 元，20 000 元的预算可以发送 50 个样品。经过辨别之后发放的 50 个客户，只要成交一个客户公司就基本上可以回本，再有其他的订单就是公司白赚。当然我可以负责任地说，这种方式下，成单率很高，可谓小投入，大产出。

第十二节　外贸老板的自我修炼

Part 1　外贸老板之痛

在之前的讲课、调研中，我见到了很多老板，这些老板所拥有的公司有的只是几个人的小企业，有的是年销售额几亿美元的大企业，他们都在虚心地学习，全心分享。他们每个人身上都有丰富的、实打实的一线真经，通过和他们的交流，我也得到了一些启发。

一、误认为做外贸就是做平台

超过 80% 的老板认为，做外贸就是做平台，说白了，就是做 Alibaba，做 Made-in-China。跟大家聊网络推广的方式，SEO 他们不知道，营销型网站他们不了解，Adwords 他们更是没用过，SNS 他们也接受不了，图片营销、视频营销他们更是闻所未闻……他们就只会用 Alibaba 或者 Made-in-China。很多人说，离开平台，他都不知道该怎么做外贸。我原本以为只有北方外贸老板是这种情况，没想到全国一个样。

还是那句话，绝对不是说平台不好，平台有固定的客户群体，只要你敢投入，敢报出优惠的条件，还是很可能拿到订单的，很多外贸企业通过某些平台做出了非常好的业绩。但是，平台永远只是一条路，只走一条路，很容易走进死胡同，所以，路要多。

二、一线外贸人员话语权太弱

这是一个很奇怪的倒挂现象，老板事情比较多，很少有时间去主动了解新的形势，而一线业务员的圈子比较大，会听到很多不同的想法，和非常不错的宣传方式，听到之后他们会非常兴奋，兴奋之后则可能更多的是羡慕，因为自己觉得再好，老板未必会认同。再加上业务员自己肯定也有所顾虑，担心别人用得好，自己的产品未必有效果，花了钱，没效果，老板有想法他就得不偿失了，于是，他果断放弃。

因此，业务员的这种对形势的了解基本上不会推动企业的发展，所以想让企业进步最终还是要落实到老板的意识觉醒。

三、老板的思想瓶颈就是企业的瓶颈

我和很多老板交流过程中感触最深的一点是他们都说自己公司的发展遇到了瓶颈。我记得有个老板说他做了七八年外贸了，一直顺风顺水的，还有了自己的企业。公司一开始业绩也不错，可是五年之后，就进入了瓶颈期，人员不稳定，业绩无增长，甚至是负增长，这是怎么回事？

我仔细了解了一下才知道，他是一个业务高手，但是这个称号要加一个限定语，"很多年以前"的业务高手。这个"很多年以前"，就足以要了一个企业的命。外贸的发展，快得让你难以捉摸，外贸的工具更是层出不穷，原来联系客户靠打电话，后来靠发邮件，到了现在，我跟客户沟通基本上是靠Skype、WhatsApp等，邮件成了辅助工具，只是用来确认重要信息。

所以，对中小外贸企业的老板而言，学习绝对不能停止，要不停地接触、了解、接纳、使用新工具。同时，老板也要有辨别力，当某些人一直说自己的平台很好，肯定没问题的时候，你就要有怀疑精神，世界上哪有这么好的东西，有的话，同行不都做了？都做了还会好？

四、开拓老板思路，利用电商工具

老板思路要开阔，电子商务只是工具，你要利用工具，而不是被工具锁住。

外贸，说白了还是做业务，还是人与人之间的交易，电子商务只是提供了一个便利的、低成本的平台罢了。说句实话，电子商务低成本的时代基本上已经过去，因为电商平台竞争的加剧，企业只能增加投入才能拿到好的效果。

老板要有逆向思维，当大家在电子商务战场上血拼的时候，线下市场就空出来了，你们要把精力再拉回来一些，从电子商务上跳出来。作为企业的最高领导人，你要学会调配资源，这些资源不光是指资金，还有精力。

Part 2　舍得与尝试

一个企业从无到有，从小到大，总是在经历着不同的事情，不可能所有的事情都被预料到，也不可能所有的事情都有完美的解决方案，总会有新情况、新困难不停地出现，这个时候老板如何看待这些新事物和新困难，可能会影响企业的走势。

凡事都有第一次，从零开始的企业，遇到的所有事情都是新的，遇到的所有困难都是从没遇到过的，怎么办？绕过去？可能吗？当然不可能，因为几乎所有的经历对企业来说都是新的，如何绕，再怎么绕都是一条从未走过的路。

发展到一定阶段的企业，想要达到一个更高的层次，一定要突破一下，做一些以前从未做过的事情，不然停留在一个轮回里，不断重复以前做的一切，就不可能会有新的突破和发展，所以，我一直遵循两个重要的发展观，有舍才有得，实践出真理。

什么叫作有舍才有得？面对新困难的时候，你要抱着舍弃某些局部利益的决心去做某些事情，以求得更加长远或者宏观的利益。

实践出真理很容易理解，凡事要敢于尝试，敢于实践，不然你永远不知道如何解决遇到的困局，尤其是那些对于所有人来说都是新的问题的困局。

两者一结合，面对新局面、新困难，企业发展进入僵局之时的突围方案就出来了，敢于舍弃一些局部利益或者眼前利益。企业尝试后最坏的结果不外乎丢单，这个准备都做好了，你还怕什么呢？何况也不是百分之百会失败，你只需成功一次，困局就有了现实的攻破之道，后面可能就是坦途。

并不是所有人都喜欢将自己的订单交给其他人去操作，那么自己操作就必须动手积累经验。第一次很可能出错，可是第一步跨不出去，就不会有后面更多的订单。你不如豁出去，找一个小客户试手，积累操作经验，例如审单、做单、交单流程，等等，你对外贸流程有了直观的了解后，以后再接触也就不怕了。自己首次操作可能带来的损失是什么？不符点扣费？即使被扣费你也能收到钱，只是损失几十美元。或者单据中有不符点客户拒付，货物被退回，这种情况你也只是损失运费，但是你收获的经验是实实在在的，再遇到类似情况你还需要紧张害怕吗？

Part 3 加强执行力的具体方法

一、工作的意愿

工作的意愿，就是执行者愿意去做事，去执行任务。工作的意愿从哪来，无非是从主动和被动两个方面。主动是出于员工本身的意愿，员工乐于去执行任务；被动是在其位谋其政，员工被要求，不得不去执行任务。

无论是主动还是被动增加工作意愿，企业要加强执行力，有几个方面是完全不可少的。

（一）设定一个目标

目标无论是执行者自己设定，还是由用人者统一设定，它是必须有的，有了目标才有希望，才会有干劲，即便遇到困难，也会勇往直前。

（二）目标必须是公平的，可执行的

企业可以为执行者设定一个目标，但是这个目标必须切合实际，只要执行者努力，一定或者绝大部分情况下是可以完成的。拿最简单的例子来说，很多公司喜欢设定销售额目标，明明原来一个公司若干人的销售额才1 000万元，结果公司给单个员工设定的目标销售额是1 200万元，这个就属于强人所难，目标不可执行。

目标要公平是考虑到外贸业务很多时候需要长期跟踪，目标设定的时候，如果只设定销售额，难免会打击一些很用功，但是的确有一段时间没订单者的积极性。所以，公平原则可以在一定程度上确保人员不会流失太多。

（三）目标必须跟执行者利益密切相关

目标设定的时候，要设定目标完成的奖励和目标未完成的惩罚。

利益带来的驱动力是持久的，行之有效的。这么说看起来比较功利，但是，打工者打工为了什么，不就是为了钱，为了养家糊口，任何人都不是无私的。

当然，执行不力，达不到最终结果的惩罚也要有，而且惩罚不能无关痛痒，那样形不成震慑力，也形不成生产力。

所有的奖励或者处罚，都必须本着公开公正的原则，对于执行者一视同仁，把目标、惩罚、奖励，都白纸黑字打出来，形成制度。严格按照制度奖惩，避免人治。

二、环境

环境，顾名思义是指企业环境，企业文化。对于企业来说什么样的环境是好环境？

（1）管理者执行力要强，答应员工的事情能马上执行，例如公司为员工设定了某目标，员工去执行的时候发现需要某项条件作为辅助才能实现目标，于是，他向管理层提出要求，这个时候管理层如果认为他提的要求可以满足，就要马上去执行。如果员工发现管理层执行力就不行，一定会效仿，慢慢地他的执行力、热情、积极性就会被磨光。

（2）管理者要经常询问员工目标的完成情况，督促他们去保质保量地完成任务，对于现有的进度管理者也要给出建议或者意见，对于阶段性成果绝对不能吝啬赞美之词。

（3）公司内部可以采用竞赛机制。员工互相比较，互相学习，互相竞争。凡是有一点上进心的人就都不会甘心落于人后。

（4）公司内部分工要明确，每个人有自己明确的工作岗位、工作职责，你只需要提高他们本职工作的执行力就好。有的公司拿员工当全能运动员，杂七杂八的事情都要他们去做，这样员工的执行力如何能高得了？

（5）打造一个激励有度、奖罚分明、执行到位的公司文化非常关键，公司文化是虚的，看不见摸不着。但是，企业灌输的理念最终还是会表现到员工的实际行动中。

三、能力

你想去做某件事，又有一个很适合的环境让你去做成这件事，但是前提是你得有能力做。这是一个很有意思的现象，也是现在很多企业做得不太好的一点。

一个新人到公司来，公司不给培训，不给指导，只是下达任务，而且是员工必须完成的任务。在后面的日子里公司领导就不停地询问、催促，完全不管员工是不是真的会做这件事，让新人陷入迷惘、纠结，最终逃离公司。所以，能力在执行力里面很关键。

第六章
招人、用人

第一节　招兵买马壮大企业队伍

Part 1　招聘——磨刀不误砍柴工

招聘真的很难，应聘者数量不少，但是，公司很难找到称心如意的，许多老板又不想将就，于是人员一直缺失，这恐怕是很多企业面临的现状。公司可能计划招聘4个人，招聘启事中提出各种要求，力求筛选到自己最想要的人才，结果你左等右等，就来了3个或者5个面试的人，这里面又几乎没人合适，你怎么办？要还是不要？继续等还是将就？继续等可能就是到猴年马月，无疾而终，将就则会给公司后期的管理带来无尽的烦恼。

曾经有一个致命的误区给我带来了无尽的烦恼。我一直崇尚改造人，而不是选择人，于是我的苦日子来了。一个措施，我讲了一遍又一遍，动员了一次又一次，似乎很多员工都听得很清楚，结果就是执行不下去，我以为他们不懂，就继续讲，把自己变成了"唐僧"，劳心劳力，员工们却乐呵呵，一副天塌下来跟他们无关的态度。

于是，我设定了考核，结果员工怨声载道，阳奉阴违。每次约谈员工，他们总是一副要痛改前非的样子，但扭头就忘掉了。

有些小姑娘"玻璃"心，说重了不行，说轻了没用，我要变成知心大姐，对她们谆谆教导，动之以情，晓之以理。用这些心力我去找客户也找到一打了。

最后，我痛定思痛，与其花精力去改造人，不如把时间花在找到合适的人这件事上。

业务能力、表达能力、谈判能力等外贸能力是很容易培养的，因为我算是个中老手，精通此道，带个把人不在话下。可是，改造别人的性格、脾气、思维模式等不是企业老板该做的，你也根本做不了，因为这么做的代价高到你难以承受。

我不说我们公司招聘的标准如何，因为每个企业的标准都不一样，每个人对其他人的判断也是大相径庭，仅仅是如何增加简历数量这件事就让很多企业为难。一般企业就是去前程无忧等网站注册一个基本会员，然后，等着应聘者投递简历。在这种渠道下，你有没有从应聘者的角度搜索过你的公司排在招聘网站的第几页第几位？

人才投资应该作为企业的大型投资，企业不应该办个基本会员就了事，要覆盖所有的渠道。

这个道理很简单，你从4个人里找4个人，和从10个人里找4个人效果是不一样的，在40个人里找4个人就更不一样了。当你公司必须配备4个人，却只有3个人来应聘的时候，你怎么考核？不合适的人你敢立马淘汰掉吗？淘汰掉了活谁来干？可是如果你有8个人呢，情况是不是就乐观许多。

在现在的招聘市场，招聘者尴尬，应聘者同样也尴尬。应聘者单单从招聘启事上根本无法判断企业的真实状况，每家企业都写得天花乱坠，应聘者去面试之后甚至是入职之后才发现它是一个大大的坑。于是，时光就在这种无休止的寻找、入职、离职、寻找中被耗光，同时被消耗掉的还有应聘者的耐心和对企业的信任。

所以，企业都会认为应聘者要求高、挑剔、事儿多；而应聘者会认为企业不靠谱、有意为难。这样的互不信任双方什么时候才能匹配成功？

外贸行业的气氛很浮躁是事实，但是，还有很多企业能耐得住寂寞，想干点实实在在的事，他们需要不浮躁的员工。应聘者很浮躁也是事实，但是还是有一些很踏实的人，想要到踏实的企业一展所长。做外贸很多时候靠的就是信息不对称，我们因此而庆幸，但是招聘这件事情上，我们却又因为信息不对称而叫苦不迭。成也萧何，败也萧何。

外贸是一个要求很高的行业，从业人员要有内销的沟通能力、手段技巧，还要有一定的语言能力，更要有电子商务常识，所以，垂直型外贸招聘平台应该受到重视。这个平台上尽量要有在线招聘功能，只有这样才能提升大家的效率，更有助于打破区域的不均衡，将沿海地区的人才引进到内陆。

外贸的垂直招聘网站国内还是有一些的，例如福步旗下的福步人才网。2014年我在外贸招聘网、中国外贸人才网等网站发布了一年招聘信息，结果我一份简历没收到。这些网站无一例外存在一个严重的问题，就是把综合类招聘网站缩减了门类，只留下外贸相关岗位的招聘，仅此而已，没有什么实质性的创新。

前段时间，突然有个外贸圈的工作人员加我，我以为是 Alibaba 旗下的外贸圈论坛，聊了一会儿才知道他们是做外贸垂直招聘的，想让我给他们做的 App 一个测评。我当时正好遭受招聘困扰，于是就了解了一下那个 App，没想到它让我发现了很多新鲜的东西。

首先，移动端这种形式不错，使用者可以随时随地关注应聘者或者招聘者。其次，App 里面有视频展示功能，应聘者和招聘者可以直接生动地展示自己的风采。最后，这个 App 里还嵌入了聊天功能、在线面试功能，此外，还有一些不错的文章分享。

如果大家感兴趣，可以去 App Store 搜索"外贸圈"，安卓版和 iOS 版都已经上线，据说这个 App 是一帮实体企业老板众筹做的，以便打破他们自己的招聘困局，所以，还是比较实用的。

外贸宣传讲究全网营销，其实招聘也是，你要覆盖所有渠道，网罗更多人才，以便降低后期企业运行成本。

Part 2　招人、用人小贴士

"招人难，留人更难"这几乎是所有老板们都头疼的问题。说句实话，没有万能的方法可以解决这个问题，我们能做的是尽量找到合适的人，并留下人。

一、广撒网

关于招人我实在是没什么好说的，招聘会、招聘网站，我们公司都发布信息了，招聘会上我们逮着人就问："你找什么工作啊，我招聘外贸业务员，感兴趣不？"像是推销一样。反观那些找工作的，优哉游哉，爱答不理。招聘网站上我们也是只要应聘者简历匹配，就开始给他打电话，但是我们总是被对方"盘问"，"公司在哪？公司几个人？公司福利如何？公司假期如何？公司发展前景如何？"好吧，我主动打电话询问的那些人这样问也就罢了，谁让我去"追"人家，但是，那些给我们公司投了简历的人对我们公司还什么都不了解，就令人费解了。

所以，我们公司在招聘上花样百出，微博招聘，论坛招聘，校园招聘，只要能找到人，连大街网、毕业生网我们都不放过。这样做的好处在于招聘的面一下就可以铺开。

二、为员工解决后顾之忧

公司要想招到合适的人，就要想尽办法为员工解决后顾之忧。例如有一个愿意来我们公司的人，他家离单位比较远，我们就给他安排宿舍，他行李太多不方便过来公司，我们就去接，两个小时车程不算什么，一将难求。哪怕是应届毕业生，只要他愿意来，我们都去接。我们公司几乎所有的员工，都是专车接来的。这样，一方面，不会在中途出现状况；另一方面，也让他们脸上有光，家里人心中骄傲。其实家长的要求真的很简单，希望自己的孩子找一份可靠的、安稳的工作。而我们，就是提供这样一份工作的，而且，我们还能让员工赚很多钱。

三、向员工家长展现其成绩

替员工安排好住宿、座位，填完登记表后，我们赶紧给他们家长发短信，说他的孩子我们已经妥善安排好了，请他放心，感谢他……这种事我们不会告诉员工，因为我们不是做样子，我们是真的想让他们的父母放心，儿行千里母担忧，让家长们放心是用人单位的责任。当然这不是结束，后续公司还会和员工家长有一些沟通，例如搞活动的照片，参加展会的照片，他们的孩子为企业做出贡献受嘉奖时的照片，我们都会冲洗，挂在公司，同时寄给他们，让他们骄傲。

四、强化新人对首份工作的重视

第一份工作，第一个平台对于应届毕业生的发展非常重要，这个概念是最应该让毕业生知道的,所以,从招聘到入职,我都会一遍又一遍地给员工灌输这个概念。新人是一张白纸,关键在于用人单位如何书写,我要让他们知道,这里有他们发展所需要的一切,经验、资金、宣传支持、完善的培训、舒适的环境、融洽的气氛我们都有。

五、工资要有比较优势

工资不需要太高,只需要稍微高于他们的同学即可。我说的这个工资,不能只是数目,例如虽然我们公司的工资比不上某些公司,但是我们公司管吃管住,提供本子、笔等一切工作所需,他赚多少就能存多少,这才是真实的。更关键的是,我会让他们相信,不用多久,提成就成为他们主要的收入来源,到了那个时候,基本工资还有多少意义?

六、让员工劳逸结合

外贸人大多天天坐在电脑前面,很容易疲倦,所以,我们公司每天规定两个时间点(上班过程中)让他们活动,羽毛球、毽子、跳绳用的绳子,都已经买好,上午下午分别活动十五分钟,然后,再重新坐下来,这样做员工的工作效率要比硬撑高很多。

七、丰富员工业余生活

公司要经常组织一些娱乐性的群体活动,例如爬山、出游、唱歌,这些都是促进大家交流的好机会。一个群体有了黏性,员工对企业就有归属感,就不会随意离职了。

八、扶持个别业绩差的努力员工

公司要善于留一些表面上看起来不应该留下的人,例如某个业务员业绩很差,但是表面看起来很努力,很正能量,公司要留下他,分他一些询盘,帮他成单。这种业务员不是没有客户,只是时间一长心态变了,急于成单,反而搞砸了很多订单,你帮他成一个单,他的自信心会迅速提升,忠诚度会增强。

遇到困难的时候公司帮自己一把,跟自己本来就已经很受挫、很自卑的情况下公司抛弃了自己,他对公司完全是两个心态。

九、留住能活跃气氛的员工

公司里面有一两个活宝,愿意娱乐自己,快乐大家很难得。这种人未必对业务有贡献,但是他们会调节气氛,让压抑的氛围变得活跃,这对企业也至关重要。

十、穷人孩子干劲足

我一般会招聘一些家庭条件不是很好的孩子做业务。大多数情况下,老板们都有一个共识,就是穷人家的孩子更踏实,更需要奋斗,更需要钱,而家里条件比较好的员工,往往是出来赚点零花钱,很多时候承担不了压力。当然,这个理论不绝对,我现在也招聘了几个家庭条件很好的员工,他们干劲也是十足,上进心强,我很感激能找到他们。

十一、绩效要公平、公开

分钱是大事,提成多少,一定要跟员工说清楚,很多老板说,等有了业务再告诉他分成,这样的老板不能跟。原本公司规定,谈成订单提成是订单额的5%,后来突然提出要降低,这样的老板绝对也没法跟。公司政策三天两头变,不变的是要业绩,这个没错,但要看老板给员工提供了什么条件。公司一分钱宣传不做,就想做外贸,员工根本没办法跟着他干。

十二、与离职员工做朋友

离职员工也是朋友。离职时,你要尽量挽留,如果实在留不下,大家也是朋友,这里是他们永远的后盾。一个公司最怕的是所有的员工离职之后都不说这个公司好,都心怀怨恨,那一定是这个公司出问题了。

十三、注意员工情绪

企业里一定要有一个人观察员工的情绪、行为,形成"日常行为情绪"图谱。做这个图谱的好处在于一旦他们有行为、情绪方面的波动,老板就能敏锐地感觉到,第一时间帮他们解决困惑,避免很多后续事件的发生。

十四、福利要优质

企业如果要提供住宿，不如多花点钱准备一个像模像样的房间，大小不说，至少要干净、有序、阳光充足，让员工有满足感，家属也放心。同样，既然公司要提供餐食，也要做得像模像样。这两项加起来一个月多花不了多少钱，但是可以让员工感知到企业的用心。

十五、老板要有亲和力

老板不要总板着脸，没人喜欢一个总板着脸的老板，那样气氛会很压抑、紧张，压抑和紧张的气氛不利于员工发挥自己的主观能动性。笑容满面并不会让老板失掉威严，威严不是靠压制获得，是通过让员工们开心地工作，快活地赚钱获得。

十六、无规矩，不成方圆

企业要有规矩，规矩是底线，不能碰，碰了必被罚，底线之上，随便员工怎么干。

十七、老板要做实干家，以身作则

老板可以在员工面前说自己之前是多么的辉煌，多么的能拼，白手起家，但是不能只说，要做，帮员工谈一个客户，让他们知道你是多么的强大，让他们崇拜你，这比你说破嘴皮都管用。

Part 3　终极招聘方案

曾经在用人方面的失误让我经历了惨痛的失败，所以在后来的企业服务和企业辅导中，我把用人当作了最重要的点来研究、运作。经过两年的沉淀、成长，这些企业都有了长足的进步，并且形成了自己的用人体系。所以，我把这些经验分享出来，希望能够帮到正在这个方面有困惑的企业。

招聘标准

企业的招聘标准，就是指企业要招聘什么样的人。招聘要求有些会被写到招聘简章里，有些会作为面试时筛选应聘者的条件。一般来说标准会有很多，但是大体会分为两类：硬条件和软特质，如表6-1所示。

表6-1

招聘	
硬条件（可以写出来的条件）	软特质（某些靠感觉的因素）
学历	性格
工作经验	态度
英语等级	价值观
年龄	

硬条件也就是能清楚地写出来，作为标准、门槛的东西，例如学历、工作经验、英语等级、年龄，等等，用这些条件企业可以轻松地把不合格的人挡在门外。

但是，事实证明，只有这些条件是远远不够的，合适的人才还需要一些软特质，例如态度端正，为人诚信，进取心强，有团队意识，等等。那么问题来了，这些软特质看起来没有问题，但是真正衡量起来却是困难重重。

为了解决这个问题，我做了很多的尝试，事实证明如下的方案是最成功的。

硬条件要写入招聘启事，软特质也要罗列进去，但是招聘启事发布这个环节真正起作用的是硬条件。然后，企业把软特质变成可考核的一个个问题，在面试的时候提出，那么问题如何设置呢？

例如我说的进取心强，你总不能直接问员工他是否有进取心吧，所以，你要知道一个有进取心的人在某些事情上会有什么样的表现，例如面对挫折，面对上一份工作的不顺心他是如何表现的。如果他入职了遇到了困难他会怎么办，等等，问题要设定三个以上，最好是五个。（问题请你自己想办法设置，设置问题的思维逻辑是具备某种素质的人遇到某些事情会怎么表现，然后设定一个场景去考察面试者。）

这个地方要注意,你不能搞成一问一答的采访方式,那样会让被面试者很紧张,你要采用聊天的方式,例如"来,说一下你的经历吧,毕业就干外贸了?觉得外贸好干不?我干外贸那会儿比较简单,现在比以前困难了一些,有感受吧?"

面试时间要适当拉长,因为面试者面试前会进行一些准备,会在面试的一段时间内保持高度的紧张和敏感。我对这个时间进行了测试,一般是20分钟,当然有的人比较厉害,能保持40分钟的高度警惕,这段时间过了之后人会自然放松,真情流露。

每一个人都要花这么长时间吗?当然!所以,你要注意,面试之前要先对人员有一个过滤,以确定来面试的每一个人都值得你花这么多时间。你要先通过电话、网络的方式与应聘者做一个小沟通,10分钟到20分钟就好,问的问题就是你设置好的软特质问题。

我们公司有一个细节做得比较认真,通完电话,我们都会要求加被面试者的微信,一方面我们可以在微信里给对方发一个详细的面试通知,包括办公室距离被面试者住址的距离、交通方式;另一方面,我们能通过被面试者的朋友圈了解一下这个人的大体情况、性格、爱好;第三个好处是,可能这个人暂时被我们刷掉了或者他没看上我们公司,但是他会成长,他可能还会跳槽,我们可能还会有机会合作。我只需建立一个应聘者的标签,把他们放在一起就好了。

关于招聘简章,我提示两个很重要的点。

第一,不要让文员、后勤去写,他们不知道你真正想要的是什么人。

第二,不要只写你想要的,也要写清楚被面试者想要的,就如同你卖产品给客户要提炼客户关注的点一样,你也要把你们公司的优势清楚地介绍给应试者:

(1)公司是否有完善的培训体系,可以帮他们尽快上手工作,减少迷茫;

(2)公司都有哪些宣传途径,是否可以保证他们有足够多的询盘来处理;

(3)公司是否有完善的激励措施,提成、奖金可以不用写得太具体,但是要写一下现在公司收入最高的人大体能有多少钱;

(4)有无年假,有无旅游,有无各种活动等。

把这些东西写清楚可以让你收到更多的简历,收到更多的简历有助于你挑选到更多更称心的优秀员工。

企业要把招聘当成战略，长期开展，一定不能临时抱佛脚，只要企业在运转，招聘就要进行。因为大多数时候，员工总是在毫无迹象的情况下突然流失，或者你对某一个员工忍无可忍，必须开除掉他，紧急招聘补窟窿一定会出问题。

在人员配备方面，尽量不要一个萝卜一个坑，常年保持 $N+1$ 甚至 $N+2$ 的状态是最优的。外贸的订单谈判环节和服务环节一刻都离不开人，所以，不能像某些大企业那样讲究人员节俭，因为大企业采用的是流程化、制度化，甚至机械化操作的，人员流失对企业影响甚微。

大部分企业在人力招聘方面都不舍得投入很多钱，这是大错特错的，因为招到一个不合适的人，浪费了钱，也浪费了时间，成本更高。我辅导的一家深圳企业，2015 年年底公司只有 4 个人，2016 年年初他们在招聘上花费了 11 万余元，买到各种招聘网站的最高特权，各种职位招聘都可以置顶排名，某些重点职位的招聘他们甚至做了横幅广告，招聘后公司是 15 个人，公司 2016 年下半年，销售额正好是 2015 年的两倍。2017 年这帮人会迸发出什么样的战斗力难以预计，你觉得这笔招聘投入值不值？

很多人问我一个问题，我会要求被面试者具备什么能力？我现在要求那么严格，是不是只要能力很强的人？

并非如此，我并不看重员工的外贸经验，只要这个人对社会有一个清晰的认识，通过设定的问题测试出他很希望赚钱，并且诚实守信、态度端正就够了，我最不怕我的同事没能力，因为我自认为我的培训可以让每一个想要成才的人成功。

Part 4　老板要具备"原本思维"

"我是一切的根源"这句话着实火了一段时间，也成了很多人标榜自己公平公正的经典语句，这句话可能会让很多人变得心态平和，不对别人过于苛求，出现任何事情先分析自己身上的问题。

可是，对于大部分人来说，这只是一个口号而已，因为他们根本不会分析，不愿意去分析，或者不懂得如何分析，他们只是在压抑自己的情绪，这样总有爆发的一天。所以，我们不如使用"原本思维"，不要管是谁的错，去寻找那个原本。

可能很多人没听说过原本思维，我给大家举几个使用场景吧。

用人单位跟员工之间，恋人之间，夫妻之间，合伙人之间，供应商和客户之间，一开始都有一个蜜月期，彼此充分信任，相处融洽，合作顺利，沟通顺畅，甚至如胶似漆。在此时期，双方有什么问题都不是问题，都可以迎刃而解。

可是，很多时候，或者说大部分时候，人与人之间都会出现各种矛盾，你看不惯我，我也不满意你，直至感觉两人不可能再一起走下去了。

这个时候，一些心灵导师会说，你要想一下，"我"是一切的根源，要分析自己的问题。就如同前文所说，分析，怎么分析，不会啊，忍着吧。忍一次两次还好，经常出现问题，谁能忍得了？

这个时候你要改用"原本思维"，问自己几个问题。

一、原本你对他的定位是什么

无论何种关系，彼此对对方都会有初始定位，这种定位可能就是最理性最现实的，但是随着双方相处时间的增加，尤其是对对方有更高期待的情况下你会发现对方并没有表现出应有的水平，你就会失望。实际上，对方做的事情完全符合你对他的初始定位，只是你的要求变高了而已。

这一点体现在职场上就是老板对员工的要求会越来越苛刻，其实一开始老板就是招聘一个业务员，定位就是做销售。结果呢，老板期望越来越高，要求越来越多，失望也就越来越多。但是只从业务角度而言，这个员工做得很不错，只是他没有满足老板更高的期待而已。

所以，你一定要回到最开始对他的定位，去判断自己是不是对他存在苛求。如果你对他有了新的期望你要相信他能做到是给你惊喜，做不到才属正常。

当然，如果你对他有更高的期待，不妨告诉他，并且告诉他如果做到会额外得到什么。你一开始付的薪水是基于初始期待的，你想要用 1 000 元薪水买员工 5 000 元的表现，徒增烦恼而已。

二、原本他的表现如何

一个员工表现很差的时候，老板要回想，原本他的表现如何？如果一开始他表现很不错，工作很努力，很用功，也很积极，但是突然有一天他就开始三天打鱼两天晒网了，这时，你就要想想这其中到底发生了什么。找到那个时间节点，去判断他遇到了什么事改变了自己，或者你做了什么事改变了他。

你还要排除一个可能性，就是他本性如此，一开始他的积极表现只是在隐藏，那么你要了解是什么促使他露出了本性。

这种情况要求老板主动去沟通，不要装腔作势地说什么"我"是一切的根源，他这样表现肯定是"我"不好，这样说一点作用都没有。很多这样说话的人只是为了表达自己很高尚，同时要求对方也从自己身上找原因。实质上，这只是把责任推出去而已。

如果懈怠是群体行为，你就要考虑一下是不是公司制度有问题，让员工原本积极的态度变成了消极的态度，如果是制度出现问题说明公司可能到了新的发展阶段，要制定适合新阶段的制度了。

三、原本你给他的承诺是什么

其实这个跟上一个问题有关，大多数时候，合作双方——老板跟员工也是合作——出现问题大多数时候都是因为钱。

当对方态度突然大转变的时候，你要想一下这个时间节点自己是不是该做点什么却没做呢？例如兑现什么承诺。

承诺很容易给，张口就可以说，而大部分时候对方基于对你的信任，并不要求你给予书面承诺。说者可能无心，听者却是有意，于是，员工拼命地去工作，以得到这份承诺的收获，结果呢，说的人像是没有说过这些话一样，于是听的人就不断地等，不断地失望。老承诺未兑现，新承诺继续出现，矛盾总有爆发的一天。

四、原本你们之间有矛盾吗

答案肯定是没有，不然你们不可能走到一起，或者说有，双方都能容忍。

那么为什么现在就不能容忍了呢？是因为矛盾比以前扩大化了吗？如果没有扩大化，一定是双方的心态出了问题，你要看看能否将双方调整到原本的心态吧。

当然，如果一开始双方就有矛盾，而且双方采取了暂时回避的态度就另当别论了，那你们就谁都不要怪谁，因为你们一直有隐患。此时你的态度应该是能解决就解决，不能解决就分道扬镳，你们也无须相互指责。

五、原本他对自己的定位

这个要跟第一条相对应。我举一个我的实例，我第一份正式的外贸工作是公司老板带着总经理助理、销售经理一起找我谈心，把我从原公司挖走的。当时我们双方对我的定位都很清晰，外贸经理，带着团队将外贸做起来。

结果后来我发现我的定位出现了模糊的情况，老板将其他的工作，包括后勤、总经理助理（他把原来的总经理助理开除了）、网络管理工作都交给了我，后来居然连车间管理、内销管理等工作都让我参与，并明确声明，除了技术我不可以插手外，其他的所有部门我都要管。

其实，我明白这是老板对我的肯定，但是，我想坚持自己的定位，至少在当时那个阶段是。于是，我跟老板谈，可老板铁了心要把我推上全局管理的位置，可是，我真不喜欢，于是双方摊牌我辞职退出。

所以，老板要充分认清对方原本对自己的定位跟你对他的定位是否统一，如果不能统一，当时谈的时候是谁让步的，找到这个根源，很多矛盾就容易解决了。

还有一种情况，就是双方对同一个定位的理解是模糊的，可能你们用的是同一个词，但是彼此有不同的认识，或者由于专业性的问题，专业的人很理解这个定位，但是外行人却有误解。这样的合作从一开始就存在问题，外行人拿着自己的理解要求专业人士，专业人士想按照自己的规划去做，结果却被处处制衡，最后就是外行人认为专业人士能力不行，专业人士认为自己难以施展，有口难言。

所以，回到最初，找一下他对自己的定位，看看你是否真的理解了他口中的看似跟你一致的定位。

其实，员工也要从这个角度来考虑企业，原本企业为什么看重你？原本企业给了你什么承诺？原本企业对你的期望是什么？

这种原本思维，实际上就是让你回到初心，我们一直在喊不忘初心，可是实际上，很多人都忘记了原本自己到底想要什么。很多人更忘记了，为什么原本别人愿意跟自己在一条战线上。因钱而合，就谈钱，因前途而合，要让他一步步实现预期。可是原本因钱而合，到后来你跟他大谈前途、情怀，钱的问题再也不提，那就是骗人了。

第二节　学会用人让员工人尽其才

Part 1　企业对待功臣的两个误区

最近，我看了一部纪录片，谈中国的企业对待忠臣、老臣的两个误区。

一、不当回事

有些企业总是觉得忠臣是因为没有更好的归宿，不敢走，害怕出去了找不到更好的工作、更好的待遇、更好的环境。再或者就是企业认为员工忠诚是应该的，拿你的工资他就应该如此。有这种想法的企业日常表现就是不在乎员工，或者装作很在乎，但实际上只是给员工一些口头承诺。

纪录片里的一个老板有切身的体会，他说："我们集团有段时间业绩很低迷，员工的工资都难以保证，大部分人都离职了。只有几个人留了下来，和我一起打拼。最后，企业情况终于开始慢慢好转，可是此时突然有4个在最艰难时期陪我打拼的人提出了离职。我当时很诧异，问他们为什么，我的员工告诉我公司困难的时候，拖工资，拖提成，没奖金，他们都能理解，他们的想法就是帮着公司走出来，可是等公司情况好转了，员工的待遇一点没有好转。工资提成是他们努力获得的，是他们应得的，因为他们给公司创造了利润，这是等价交换。他们质疑的是奖金，员工豁出去干了一年，到头来没见到公司有一分钱表示，他们心寒！"

最后，这个老板百般挽留也没用，员工还是走了。他很懊悔，虽说现在职工很容易找，但是找到忠心的太难。

这就是第一个误区。

二、太当回事

还有一部分企业对忠臣太当回事，企业给这些人高薪、高奖金、大自由度，功臣犯什么样的错误都能包容，结果，破坏了公司的内部环境，让新加入的员工感觉不公平。

纪录片举的一个例子是一家木制品工厂。工厂发生了一次火灾，造成了人员伤亡，大批的工人离职，只有少数的几个人留了下来。这次事故影响很大，政府部门也介入了，对工厂的处罚很重，后来工厂经过疏通才恢复了生产，招入了新工人。工厂为了表扬留下来的人的忠心，把他们都提了班组长。很快工厂的生产、销售、收入都恢复了正常，利润越来越多，这个老板很感恩，开始越发信任、喜欢这些忠臣。

过了一年左右，他发现有一些熟练的木工总是莫名奇妙地提出离职，而且，他们什么原因也不说。于是，他开始暗自调查，最后，他发现那几个忠臣恃宠骄横，不容人，工人知道他们是老板的心腹，只能忍，忍不住就走，就这样很多熟练技工流失了。

这是第二个误区。

所以，对待忠臣，一要奖，二要控。奖是指每季度结束，或者年底，企业要通过奖励来感谢员工对公司的贡献。只要是正式员工，人人有奖金，但是忠臣的要高一些，一个忠诚的技工的奖金，甚至要高过新雇佣的高层管理人员的奖金。这一方法能极大地提升员工的士气，员工的忠诚直接受到了奖励，企业的凝聚力也会增强。

控是指要会用人，老板要看得出这个人的能力如何，不能因为他是老臣、忠臣，就不管能力如何，把他放到一个管理岗位，这样会直接影响部门的士气和发展。知人善用，把他放在最合适的地方，让他发光发亮。此外，控还指要管，不能太放纵功臣，他们犯小错误，造成的影响小你可以私底下和他交流，如果他犯的是大错误，对企业影响大，你要在大家面前提出，让工人知道，企业是一视同仁的。

现在大部分企业第二点做得很好，甚至做过了。可是，第一点能做到的人很少。其实做好了第一点，通过奖励来提升功臣们的满足感和成就感，要比刻意提升他们的地位，放纵他们更管用。

Part 2　为什么你的员工没有执行力

"执行力"是管理学这个概念兴起之后非常火的一个词，所有公司的管理行为、文化制度都会跟员工执行力挂钩。

我们公司在极力地从个人层面去倡导执行力，但是，我想说，从个人层面来谈执行力在绝大部分情况下是不现实的，因为就算大家知道某件事正确、有效果、应该做，但是真正去做，而且坚持不断地去做的人很少很少。这就是为什么成功的人总是小部分，而大部分人总是很平庸的主要原因。

写了十多年的外贸原创文章，我从没有奢望过会帮到所有人，甚至大部分人。我的文章总计有上亿次的浏览量，估计真正用它做出了大事的不过百人。

执行力是制度保障出来的，不要让个人因为制度的缺失而为自己的错误埋单。

我不知道有多少人听过这个经典的案例："某人养了一只猫，几条金鱼，某天，这个人要出差，他告诉这只猫，你跟金鱼要互敬互助，不能吃他们，要保护他们。猫答应了，这个人满心欢喜地走了。"

大家想想，当这个人回来，金鱼还在吗？这个时候你对这只猫进行说教有用吗？动之以情晓之以理可以达到目的吗？这是谁的错？是猫的错吗？绝对不是，这是猫性。

人也有人性，管理学的大多数理论相信人性本恶，因为如果我们坚信人性本善的话，管理和制度就没有了任何存在的意义。

我坚信每个人都是要求进步，希望能够在事业上有一番成就的，但是，我更相信，绝大部分人这个信念不够坚定，畏惧困难，经常退缩，也经常受到一些单靠个人意志难以抵抗的蛊惑。这个时候，制度就成为最后的保障。

作为企业的管理者，你不要抱怨你的员工执行力不够强，你要想想你的企业给了员工增强执行力的理由吗？

加强执行力需要三个条件：意愿、环境、能力。这六个字跟企业的制度和文化息息相关，可以说是制度和文化的衍生物。

意愿，似乎是发自个人的内心，但是很多时候，它是由外力推动和提供的。例如设定一个目标完成后的奖励对员工是一个推动，设定完不成任务的处罚是一种鞭策。太多事实证明，很多人到了一定程度会自我满足，奖励的作用会慢慢地减弱，但是做不到的处罚却始终是一种强大的鞭策力。

我在中企动力工作的时候，一年半的时间，我每天两点睡，五点起。为什么我会有这么强大的执行力，一方面，公司舍得分钱，而我又正好缺钱；另一方面，公司有末位淘汰制度，很多时候我累急了，就想躺着不起来，心里想反正过去几个月我已经赚了很多，干吗要这么累？可是，我转念一想，不行啊，不赚钱倒是没问题，不能被淘汰啊，于是我就又挣扎着投入战斗。

现在想想，我极其感谢那段时期，因为那种痛苦都熬过来了，还有什么是我不能承受的呢？

环境，那就更加是企业制度和文化的产物了。环境方面我只说两点，公平和正能量。任何一个地方都不存在绝对的公平，但是存在相对的公平，也就是劳有所得，所得要真正地显示出员工的劳动；正能量，就是不能有抱怨者，在团队中不能有传播负能量的人，这种人要坚决清除出队伍。

能力，是什么意思？举个例子，一头病牛，自己走路都成问题，主人还非让它拉车，而且是一车的砖，只是因为其他的牛都在拉一车的砖（环境公平），但是它的确难以完成这个任务，于是主人拿着草在前面引，拿着鞭子在后面抽，这头牛也使出了吃奶的力气，但是，结果呢？它被打死了！这就是能力不足造成的恶果。

所以，外贸企业都喜欢能力强的人，都希望招聘到能力强的人，可惜，能力强的人要价高，心气高，原来的企业也是当成宝，你很难挖角成功。于是大部分企业选择退而求其次，只要应聘者英语差不多，踏实肯干，哪怕只有一个月的外贸经验，甚至没有外贸经验也要他了。

问题来了，他们的外贸能力怎么办？只能仰仗公司的标准化培训体系了。

作为公司的管理者永远要记住一句话，招聘员工是用来创造利润、创造价值的，而不是给着工资考核、考验他们的，他们能力提升得越快，给企业带来的回报也就越快。

为什么有些企业可以让自己的员工迅速成长呢？因为每个企业，总有其成功的地方，能把这些成功的地方传承下去，就能带来收益。

意愿、环境、能力，也是我做企业咨询辅导过程中遇到最多的三个问题，每一个企业都应该在这三个方面下大力气，这样才能切实地提高员工的执行力，提高企业的活力和竞争力。

JAC/旧文新看

> 2014年我进入外贸企业咨询管理行业，发现了一些很有意思的现象，老板总是在强调员工可能不行，所以业绩不够好，但是，我们内部调研之后才发现更大的问题在于制度，无制度保障的能力可能就如同断翼的雄鹰，有心无力。

Part 3　人才培养速成法——培训篇

我宁愿在招聘的时候当小人，多考察应聘者一下，多试探一下，多设点局，我也一定要搞清楚这个人到底是不是我想要的人。因为招聘到不合适的人，浪费的是双方的时间和热情，是一个"双输"的结局。

这里我要提醒大家几点，有些人看起来业绩不错，但是这并不意味着他能力很强，也可能是他的前公司的平台很棒或者他赶上了外贸红利期。我曾经就招聘到号称自己很有能力的人，来到公司却一无是处。就算是对方很棒，你也要看他是否能够跟自己配合，跟公司文化、价值观相符，例如我是一个风风火火的人，我就不希望我的同事做事情拖拖拉拉；我是一个实干的人，就不喜欢只说不做的人。当然，遵循互补原则很好，但是总不能你们看到对方就讨厌，还一起共事吧。

你为什么要招聘员工？创造价值，而不是考验。每个公司能够延续都有其成功之处，你要把自己的成功经验传承下去才可以，因而，培训非常重要。

不管新来的员工是否有经验，你都要对他进行完善的培训。因为绝大部分的外贸企业都没有系统的培训，所以你招聘来的人很大可能也是"野战军"。难道你希望你的员工拿着你的工资不停地碰壁摸索，难以创造出价值，最终失去信心而离职吗？

我始终认为，在我用人最失败的那几年里面我的培训也是成功的，因为员工的进步是显而易见的。

至于如何做好企业内部的培训体系，大致包括以下七个方面。

一、员工手册

员工手册俗称岗位说明，也就是告诉你的员工该干什么工作的一份文件，如下文所示。

岗位：外贸业务员

岗位职责：

（1）负责询盘的处理，先分析后报价；

（2）负责客户的沟通，邮件、电话、Skype、WhatsApp，等等；

（3）负责客户的跟踪；

（4）负责客户管理系统中客户的分类整理；

（5）负责 SNS 的运营；

（6）负责产品的学习，产品卖点的提炼；

（7）负责产品关键词的选择、组合，产品描述的整理；

（8）负责展会的高质量参与；

（9）负责客户的接待和订单的谈判；

（10）负责客户拜访的准备、进行和跟踪；

……

以上只是举例，未必全面。员工手册的编写要坚持一个原则，事无巨细地罗列上岗位工作内容。相应的问题来了，很多业务员根本不知道上面这些事情具体该如何开展，甚至很多项目在原来的公司根本没有做过，你告诉他们这些东西也是白说。

所以，你要推出标准化文件，告诉业务员以上的每一项事务具体要怎么做，而且要严格要求他们必须这样做，在入职后的几个月内不允许自我发挥。很多人说，这样不好啊，每个人的特点不一样，方法肯定就不一样啊。我就说一句，如果他的方法很棒，业绩很好，他会选择再跳槽做一个普通业务员吗？

其实，我一直在博客上分享的各种文章就是我们公司标准化的雏形，也就是标准化的指导文件，指导我的同事该用什么思路来做外贸。此外，我们还会做出标准化操作文件，直接告诉他具体工作该如何做，让他拿来就能用。

什么是 FAQ 文件呢，Frequent Asked Questions，也就是客户常问的问题汇总。很多业务新人之所以紧张，尤其是不敢打电话，聊 Skype，WhatsApp 等，就是担心客户问问题他回答不了，导致客户跑掉了。

有了 FAQ 文件，大多数问题他都可以在文件中找到，答案也在其中，他还有什么好担心呢？

除了员工手册、标准化文件和 FAQ 文件以外，员工初入职，还有很多东西要培训，下面我再一一说明。

二、公司的制度和文化

公司制度包括公司有哪些高压线，内部管理方式如何，考核、激励方式如何，等等。员工手册告诉大家该做什么，公司制度告诉大家哪些不能干。企业文化就是企业的价值观，也就是公司欣赏什么素质，例如诚信、简单、互助分享，等等。

三、产品学习能力

培训需要传授的不仅仅是产品知识，更重要的是学习方法，例如我们公司会重点推行七大体系学习方法：供应体系、生产管理体系、质量控制体系、包装体系、仓储体系、出厂前检验体系、售后服务体系。

四、解决问题的能力

我解决问题重点采用的是麦肯锡"空雨伞"的方法。使用这种方法，你能找到解决问题的思路，不至于碰到从来没有遇到的问题时两眼一抹黑。

五、专业、职业、商业

这个以前的文章已经写过太多次，我不再多说。

六、销售能力

销售能力包括沟通能力、销售技巧、销售心态等，这些能力是科班出身的国际贸易专业的毕业生不具备的。学校教育并不把做国际贸易当作做销售，只教授学生经济学、管理学等理论知识，这都造成了外贸销售员缺少销售能力。所以，你必须把这一点补充进去。

七、压力

抗压能力是必须培训的项目，你要原原本本地告诉入职员工，外贸业务员这个工作是枯燥的、乏味的，甚至可能是劳苦一年无所得的。我们公司还会故意设置一些加班给新人，看他们的接受程度。

有这些就够了吗？远远不够，我们的员工成长有四大体系：基础成长体系、一带一成长体系、自我成长体系、补救成长体系。

基础成长体系就是入职培训的体系。可能，很多公司的员工成长计划到此就结束了，下面就靠员工自我摸索，自生自灭。而我们公司在入职培训之后，还有一个一带一成长体系，就是入职培训完员工进入正式工作流程之后他会被分配给一个老师，老师的选择标准如下：

（1）如果有人主动提出担任老师，公司会优先考虑，如果有多人提出，大家通过演讲竞选；

（2）如果没有人主动提出，公司会指派。通过入职培训，你可以清楚地看到新入职员工身上的缺陷，因而，企业需要做的就是找能够弥补这个缺陷的老员工给他当老师；

（3）正能量要足，不能传递负面信息。

担任老师是有偿的，他会从新员工那里分成。如果新员工完全无工作经验，我们会将新员工提成的50%分给老师，如果新员工有一定的工作经验，我们会分30%提成给老师。一带一成长体系的培训时间最短3个月，最长半年，在此期间公司会为员工设定考核标准，优胜劣汰。

过了这段时间之后，才是员工真正的自我成长。入职培训告诉了大家该做什么、该怎么做，一带一成长体系让大家知道了如何真正地去落实。员工只有具备了落实能力才能自我成长，自我完善。

你要密切关注每一个员工的发展。他们的状态和业绩肯定是你需要重点关注的。人的情绪总会有起起落落，有些员工会突然变得情绪低迷，业绩滑坡，连基本考核目标的完成都有困难，这个时候你要赶紧启动补救成长措施。

找他聊天谈心找到问题是必需的，让其知道他最近的表现公司很不满意也是必需的，更加重要的是拿出完善的措施来激活他，告诉他公司相信他一定能够重新振作，然后做一些资源性倾斜，询盘多分配一些，并帮助他分析他的客户，找出他思维中的误区或者缺陷，带他度过最困难的时期。你要知道你招聘标准那么严格，进来的每一个人都不应该轻易被放弃。

Part 4　关于"邮件转发"，必须让业务员明白的那些事儿

邮件转发，并不是抄送那么简单，而是通过邮箱的后台设置，将不同邮箱收到的邮件自动转发到你的邮箱。在我们公司客户一旦发来邮件，我会第一时间看到，通过邮件转发我能够了解业务员的这个客户到底谈到了什么程度，可能遇到了哪些问题，哪些问题业务员回复的时候可能会忽略掉，我可以稍微提示一下，帮助他们迅速抓住客户，拿下客户。所以，公司的新人才会成长这么快。

实际上他们发出去的邮件我是看不到的，只有他们收到的邮件才会转发给我。我会看每一个客户回复的邮件，然后给予业务员必要的指导。这些指导都是针对新人的，等他们有经验了，我也就不再这么管理。

当然看客户回复的邮件时，我也会看到业务员给客户写的邮件，如果我发现问题，我会立马集中业务员开会讨论。例如某天晚上我看到一个同事的邮件有问题，第二天早上一上班我就组织开会、培训，然后要求他们写一个范文给我，包括邮件的细节、排版、等等都要设置好。写完后我逐个检查，确定他们的邮件没问题之后，就让业务员把这封邮件作为以后回复邮件的大体范本。如果我看不到他们的邮件，我如何给他们指导呢？

有些员工你让他自己操作，他觉得公司不管自己，放羊式的管理；你在后台监督他，他又不喜欢让公司看到自己的邮件，公司也很难做。

退一万步说，就算我要求他们抄送所有的工作邮件给我，又有何不可？我不会干涉私人事务，更何况私人事务需要放在私人时间和空间做。拿着公司的工资，在上班时间处理私人事务，合适吗？

此外，我还想说一句话，管理方式没对错，关键在于执行管理的人和执行管理的目的。员工不要一看到某种方式，自然而然地条件反射，认为是别

人要害你。同样是菜刀，有人拿来切菜，有人拿来砍人，完全看个人的动机。

进入一个企业，员工就要受到这个企业的管理和约束，工作范围内的一切事务，公司都有权利知道。

人都有惰性，我也是从基层做起的，我很明白，人都想偷懒，但是业务员是一个很敏感的职业，这个月偷懒，可能当时看不出来，但是积累少了，下面的几个月会让你很难过。

当自我管理出问题的时候，就是企业规章管理起作用的时候。自己想放纵一下的时候，突然想到，还要向老板交代，向经理交代，咬咬牙，或许就克服了。

我做业务员那会儿也会有逆反心理，但是我会调节，我会经常问自己几个问题：我业绩好吗？我是第一名吗？所有问题我都能解决吗？所有的问题我都能做主吗？寻求帮助会让我遭受损失吗？老板愿意帮我谈，我不是可以学到更多吗？

所以，心态是关键，第一，接受企业的管理和监督是正常的，谁让你拿着这里的工资呢？这是制度，合则来不合则去；第二，你不要总想着别人会害你，不好的老板是有很多，但是自己的企业，没人愿意毁掉它，所以，大部分老板做的大部分事情都是为了公司好，而公司好的前提是业务员有业绩。有了业绩，你才能有提成，即便你家里有钱，不在乎钱，业绩也是能力的体现，对个人的信心提升很有帮助；第三，如果你的老板或者经理是这方面的行家，你要主动去黏着他，而不是避开他。站在他的肩膀上，你会比你的同龄人成长得快很多。

换个心态，让自己轻松一点。

第七章
外贸老板经常面临的那些"纠结"

第一节 左右为难的业务决策

Part 1 一个订单赚钱不多甚至不赚钱你到底要不要做

请你看清楚标题,订单不赚钱,但是不赔钱。外贸行业中,每个人都在尽最大努力保证公司利润的前提下拿到订单,但是很多时候结果并不尽如人意。你谈了很久的一个大订单,用尽了浑身的解数,但客户下了最终通牒,就按他说的价格,做还是不做,让你们来决定。

你一算,这个订单几乎无利润,你做还是不做?这种情况很煎熬,订单如同鸡肋,食之无味,弃之可惜。

我也经常面临这种抉择,一般来说,我从如下的几个方面来考虑。

一、客户价值

这个应该很容易理解,虽然订单不赚钱,但是客户本身价值很大,例如行业的知名客户、样板客户,甚至是世界知名企业,那么即使订单不赚钱你也要做。

这点我深有体会,我们公司一直在与韩国的某世界五百强企业合作,说实话,跟他们合作的订单利润很低,但是,我们在如下三个方面获益匪浅。

(1)样板效应。我们获得了客户的同意,可以告诉其他的同行,我们是他们的供应商，供应的是主原材料，这让我们公司获得了非常好的宣传效果。

（2）促进了我们公司的技术革新和管理提升。尤其是合作的前几年，我们公司的技术较差，管理水平也差，该企业一直在帮我们，甚至会派他们的技术总监来我们公司为我们指点技术细节。在实验室方面我们也是收获颇多，他们给了我们很多先进的检验方法，一些超精密的仪器我们虽然买不起，但是在理念方面我们已超出同行很大一截。

（3）往返韩国的便利，跟他们公司合作让我们公司人员办理往返韩国的签证、通关非常方便，甚至在免税店我们都会享受特别优惠。

所以，我们公司制定了大客户策略，目前，我跟四家世界五百强企业在合作。有些客户可能没有这么大，但是只要它有一定的声望，你一定不要放过。

二、信心价值

信心价值涉及管理的一些东西，因为订单谈到了成交这个地步，往往需要管理层介入，由他们决定是否要接受这个订单。

如果这个订单的经手者是一个新手，还没出过订单，或者是老手，但陷入了订单真空期，我会鼓励他接下这个订单，哪怕不赚钱。

当然，话还是要说明白，这不能是公司的常态，它只是为了让业务员的信心提升一些，摆脱压抑的状态而接不赚钱的订单。

三、开拓价值

如果该订单是某个国家/地区的第一笔订单，我也会考虑做下来。

每个国家/地区都有自己的贸易规则和贸易特点，单凭网上搜索和道听途说很难抓得住，抓得准。所以，这个订单的价值在于成交之后你能跟这个客户好好地沟通，了解这个国家/地区市场的特点、容量、价值，以便后续进一步开发该国/地区市场。

四、对于工厂的价值

工厂要维护，要谈判。虽然没有订单的情况下，通过你高超的谈判技巧可以让工厂在一定时间内对你很支持，但是归根到底，要维护工厂还是要靠订单说话。

我维护工厂有个明显的特点,就是舍得把自己的订单给工厂做。有些客户一还价就直接超出我的承受能力,我问了下工厂那个价格他们能做,我就会直接把客户给工厂,并告诉他我不要佣金,只求后续我的订单价格能稍微稳定一点,货期准确一点。

还有一种订单,就是我能自己做,但是我基本上没利润可得,那我也会接下来,并且直接把合同金额告诉工厂,以显示我完全没利润,就是为了支持工厂才接的,目的同上。

要知道,你走一个柜的货物是一个价格,走十个柜的货物又是另外一个价格,对于你的后期市场开发百利而无一害。

在产能过剩的严峻形势下,很多工厂为了保证车间运营成本,订单利润低点也会接单,因为工厂的机器开工越足,产生的平均费用越低。我是做过工厂的,这一点我深有体会。

五、广告价值

很多公司每年都有大量的广告投入。其实做成一个客户就是一次很好的广告宣传,至少当事人知道了你的产品,了解了你的公司,你为什么还要拒绝这次广告机会呢,它又不需要你额外掏钱。而且,只要你的产品不存在问题,以后客户有订单会更多地倾向于你,这个机会不好吗?

很多客户都会关心你在他们国家/地区是否有过出口经验,这个订单不就是一个获取经验的机会吗?

Part 2　写给各位对宣传纠结的老板看

一直以来,我在讲宣传的时候都忽略了一个很严重的问题,我懂网络营销,所以我在布局公司营销策略的时候可以规划得清清楚楚,但是,大部分老板不懂。就像某些人说的,我说的那些方法业务员的确知道,但是老板们不知道,最起码老板不会对这些方法了解得那么透彻,所以它很难被执行,没效果。

可是问题来了,大部分老板真的不想去了解这些略显复杂的问题。所以，Alibaba 做了别人没有做的工作。Alibaba 的业务员会告诉老板，"你看你的同行是这样做的，大体投入了多少钱，数据如何，只要你也做，基本上可以达到这个效果。做 Alibaba 不需要你操作，不需要你费心，我们有全流程的培训，只要你开了账号，所有的事情交给我们，怎么操作 Alibaba，怎么谈客户，我们都教，你就管执行就好，跟执行公司其他的政策没有任何差别！"

对于大部分老板来说，钱往往不是大问题，完善的思路，全套的可实施的方案，明确的指引才是他们最想要的。

Alibaba 也确实做到了，而且它真的是有一定的效果的，至少是有询盘的，所以他们独霸了 B2B 领域，老板就此成了他们的忠实粉丝被套牢。

当其他人提供不了像 Alibaba 这样整套方案的时候，老板们就犹豫了，不敢投资，因为他们心里没有底。但是，各位老板有没有想过，你们花了多少时间在操作 Alibaba？如果你不知道，你问下你的业务员们每天花多少时间操作 Alibaba？你们在其他的渠道花了多长时间？你们再想一下，你们当时是怎么决定做 Alibaba 的？是不是 Alibaba 的业务人员过来，告诉你你有多少同行做了 Alibaba，效果如何，你就做了？也就是，你一直在跟着同行的脚步走，对吗？

我先不说这个做法对不对，其实，你们根本没有完全跟着同行走，只是某些平台的业务员告诉你在他们的平台上有你的竞争对手，而且收获颇丰。

还有一些途径，没有人告诉你，你也没有发现。找到这些途径最简单的方法就是拿着你的关键词去 Google 搜，看第一页有没有你的同行，如果有，看看是 Adwords 广告，还有自然排名。如果有 Adwords 广告，你也马上做起来，因为你的同行不是傻瓜，没有效果他会投钱吗？如果是自然排名，看看网站的下部有没有服务商的名称，如图 7-1 所示。

Website by Pom Design

图 7-1

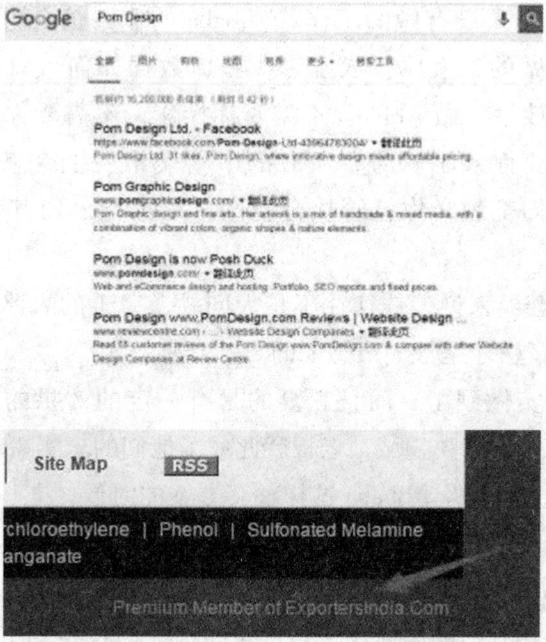

图 7-2

图 7-2 是我的两家同行。在 Google 的第一页，打开网站我就能找到他们的网站服务商，然后，我只需去联系一下，看看这是不是他们提供的服务，如果是，需要多少钱。当然，不是所有的网站你都要做，只是给宣传多一个渠道罢了。

那么多关键词，你每个都搜一下，看看哪些网站排名比较靠前，你研究一下这些网站是不是可以发布信息，如果可以，你要立刻发布信息上去。

这些都是小技巧，老板更喜欢整体方案，但是说实话，国内大部分网络营销公司的服务水平都很差，很少有人能够有针对性地给老板一套合适的方案，所以，老板们才会觉得 Alibaba 虽然不怎么可靠，但是其他的平台更不可靠。

这是一个恶性循环，必须改变，我觉得企业可以这样做。

（1）要求业务员每人提交至少 10 个本产品的关键词，当然，可以包括长尾词。

（2）要求业务员把这 10 个关键词放进 Google 里搜索，并做出记录。Adwords 广告有几家，是否有自己知晓的同行，是否有可以花钱做宣传的 B2B 网站。如果有 B2B 网站，而且可以免费注册你就要立刻注册，如果要花钱就要问一下需要投入多少钱。

前三页的自然排名是否有同行企业，网址是什么，网站是谁制作的，是否有可以发布信息的途径，例如收费的 B2B、免费的 B2B、SNS、视频网站等，若发现，立刻注册。

（3）拿你们行业里面做得很好的公司的名称去搜索，看他的名称出现在什么地方，需要花钱的就花钱，需要花时间的就花时间。

（4）把搜索结果一页页地翻下去……

这就是思路，一点都不复杂。说句实话，只有中国的平台服务投入才会动辄五六万元、七八万元，国外的很多优化服务，平台费用都很低。

至于具体的操作，根本不需要诸位老板费心，你要做的是，把业务员的精力解放出来一部分，甚至是大部分。如果一个平台只是靠竞价和交易量来决定排名，你还盯着它干什么呢？

诸位公司的 Alibaba 操作员也是从不懂到懂，到熟练，到精通的不是吗？所有的操作都一样，只要你让你的员工花心思去学习，绝对不可能没有效果。

享受暂时安逸，但是被 Alibaba 越绑越紧，还是暂时操劳，但为自己备条后路，大家自己想。

短时间内，要在产品方面超出同行一个档次很难，但是，要在宣传方面比同行高出一个档次并不难。

第二节　老板也要不断深造

Part 1　老板怎样筛选供应商

对于贸易公司来说，要生存，要发展，需要有越来越多的订单。要达到这个目的，找几个价格公道、供货期稳定、质量可靠、后期服务到位的供应商极为重要。

订单前端，有优惠的价格，可以配合的货期；订单执行过程中，不搅和，跟着你的思路走；订单后端，有周到的服务，去除你的后顾之忧，这样的供应商并不容易找。所以,你要花一些时间去寻找、筛选、培养供应商。

很多人说,"没必要啊,只要我有订单,订单越来越多,供应商会来求着我的。"这句话非常对,但是也非常荒谬,因为,这句话中的前提错了。有订单的前提是有好的价格、专业的资料、配合的货期,这个前提的前提是有供应商可以为你提供这些条件。

没有可靠的供应商就没有订单,没有订单,就没法让供应商忠诚。貌似这是一个恶性循环,没法入手,实则不是,供应商是可以在公司一成立就开始培养的。

一、找大量的供应商,实地考察

我现在要做的新产品供应商地域集中的特点比较明显,百度搜索一下,济南周边一百公里以内,开车三五天,就可以考察十几家供应商。

有大量的供应商是进行筛选的前提,也是了解这个行业的必要条件。哪怕是筛选出来了几家好的供应商,其他的也不能完全断掉联系。你可以通过他们探知行情,了解行业趋势,万一选定的几家出现状况,你可以立马转移阵地。

这或许就是外贸公司的优势所在。

二、找到供应商的关键人物

关键人物在公司中能做决定,说话有分量,能拿到特权价格,对货期掌控力也比较强,后期如果有产品安装、维修方面的问题,也是他一句话就可以解决的事,所以,你一定要找到供应商的关键人物。

我找供应商时很少找业务员谈订单,当然我会找他们要一些资料信息,但到了谈关键条件的时候,我就会说,我直接跟他们负责人谈,但是,签合同还是跟他签,只是找他们负责人确认一些因素,这还是算他的业绩。这样,业务员还是很乐意让我接触他们的负责人的。

负责人未必是老板,因为很多老板不直接负责业务,甚至不怎么懂,他们会把这些活安排给下面的人,可能就是个小业务员,你直接找到这个人,和他搞好关系,事半功倍。

三、显示出你其他产品的业绩

这个绝对不是为了显摆和炫耀,只是让对方知道,你们公司外贸做得还不错,跟你们合作有好处,因为你们可以给他订单。

还有,你们有一些现成的客户,关系维护得非常好,已经在各个领域进行了合作,这个产品也有可能推荐给这些客户,只要他给的条件合适。

总之,四个字,以利诱之。

四、显示出你对该行业的了解,和对行业里面主要工厂的了解

你要向工厂显示出虽然你没有工厂那么专业,但是你们并非是完全不了解行业状况、竞争情况,行业里面的工厂有哪些,知名的有哪些,市场主要在哪边等。当然,想了解这些需要你前期对这个产品进行一定程度的调研。

我曾经说过,只要你愿意去找,网上有你所需要的产品信息、行业信息,收费或者免费的都有,当然工艺、核心技术相关信息不可能有,但是产品基本的参数、构造、组成等,还是很全的。

了解这些信息可以让工厂觉得你是有备而来,要的是实实在在的东西,他们没办法蒙骗你,而且,也让工厂知道你是真的想把这个产品做好。

五、显示出你对这个产品的投入和准备

让工厂知道虽然你现在没有客户,但是你们投入的资金是巨额的,绝对要比大部分企业的投入高。你们宣传用的是高配置,人才也用的是高配置,各方面都准备周全,要大干一场。让工厂相信你们的诚意和决心。工厂自然会设想这个公司的前景如何,会给自己带来多少利益,这样它才会在某些方面对你配合和照顾。

这5个方面的工作做好了足以在前期让工厂重视你,而且我想说的是,公司有了宣传的铺垫,拿到询盘是早晚的事情。一旦你们公司开始有了询盘,有了客户验厂,工厂会更加青睐你,会把你看作重点客户,进行重点照顾,这样更有利于拿下订单,而拿下订单,交给他们生产,他们就更加……

这个过程就是一个培养供应商的过程,同样也是筛选供应商的过程。工厂对包括你在内的外贸公司进行筛选,你也在对工厂进行筛选。筛选工厂的

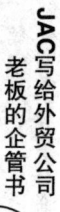

标准有很多，前期可以通过产品价格进行一系列的筛选，总是处在高位的供应商作为备胎，价格合适的供应商作为主力；后期你可以通过产品质量和售后服务进行进一步的判断、淘汰，慢慢地选出建立战略关系的三家左右的工厂，其他的作为后备。除非主力的工厂全部无法满足你的需求，尽量不动用后备，因为他们实在不是优等选择。

Part 2　根据公司禀赋，量体裁衣

近些日子，有些平台一直在对老板进行洗脑，大体意思就是做外贸要建立自己的团队，团队人要多，要分组，要形成竞争机制。然后，平台人员带着这些脑子充血的老板们参加网商会，参观其他的外贸企业感受气氛。

很多老板受不了诱惑，回来之后就大张旗鼓地招聘。觉得有了人就万事大吉了。但是我想说，这样下去，大部分企业会面临危机。为什么？其实原因很简单。

一、产品不同，有些经验不可借鉴

某些企业做所有的化工产品，他们可以按照产品将公司分成 N 组，公司可以容纳上百人，济南就有这样的公司。这些公司，产品多，投入高，光投入的平台就超过十个，一年的宣传费用几十万元，询盘自然就多一些。人人有询盘，有事做，有单签。

某些企业只有三五个产品，平台投入少，如果再盲目地招人，有可能出现人有了却没有询盘，或者几个员工收到同样的询盘的现象，于是业务员之间争抢客户、打架的问题层出不穷。老板若只是盲目地进行扩张，却没有学到其他企业后期的管理经验，可能会弄得公司乱七八糟，完全从正常的发展轨道上脱轨。

JAC/旧文新看

> 现在外贸形势已经有所变化，外贸订单的零散化、小额化，让单位个人创造的价值在减少，要想支撑公司发展，团队之间复制经验成为必然。

二、后期投入过大，陷入纠结

当你盲目地扩张人员的时候，公司的配套资源可能会跟不上了，最明显的就是平台数量和询盘数量不够，例如 A 平台，只够五个人操作，但是公司有十个人，其他的五个人怎么办？继续投入，把平台做大。

于是乎，公司继续投入，开通新账号，但是基础账号效果一定会受影响。此外，十个人的工资一个月就得三五万元，老板不心疼吗？养着这么多人却没业绩，怎么办？增值服务继续上，于是有实力的企业慢慢用钱堆起了渠道，效果慢慢地展现，但是效果到底多大，谁也不敢说。实力差点的企业，咬牙硬挺；没有实力的企业，只能放弃，眼看着什么都没有了，就剩下一帮人。

三、后期管理成为短板

第一点里已经说了，如何划分区域或者产品，如何协调员工关系，如何让公司有序地运行，这些问题并不是所有的老板能够应对得了的，但是，这些又直接影响这个团队的战斗力。

所以，我奉劝老板们，想要扩张先要看看自己的实力，三个人的时候，公司资源足够，五个人呢？十个人呢？这些都是要考虑的现实。资源不够，可以后期增加投入，但是，后期投入的压力，你能承受得了吗？如果迟迟不出成绩，你能撑多久，三个月，五个月，还是一年？

四、挖人要谨慎

管理方面问题的解决有捷径，就是挖人，很多老板热衷于挖人，看到一个外贸业务员做得不错，就想收为己用。爱才，是好事，聚敛人才也是发展之道，但是挖人是有很多门道的，要注意很多方面。

（一）业绩好，不代表能力一定强

很多大公司的所谓管理者，他们能力一定强吗？大型企业，基本上已经脱离了人治，有一套完善的运行规范，只要他按照规范走，不偏私，不破例违规，保证员工在一个公平的平台上操作发展，即便这个人没什么个人魅力，没什么特别能力，这个部门的业绩还是不会差。

（二）能力强，风格不一定相符

当企业定位在专业的时候，希望走专业路线，却挖了一个喜欢通过扩大产品品类增加订单的人过来，的确他可以为公司提升业绩，但是他带的团队也一定会向增加品类，而不是打造专业精湛的产品的方向发展，跟企业定位背道而驰。

（三）销售能力强，不一定会或者愿意带人带团队

有个朋友跟我说过这样一个事情，他们老板挖了一个销售能力强的业务员做管理，这个部门业绩立马提升了。可是实际上是他自己的业绩带动了整个部门的业绩，部门其他人并没有进步，但是这种繁荣蒙蔽了老板的眼睛，他没有去协调。

结果某一天这个管理人员走了，外贸部的业绩一落千丈，部门里面跟着他干了很久的几个员工都撑不起来。老板研究了一下原因才知道，这个管理人员根本不带新员工，甚至不愿意让员工看到自己是如何工作的。由于总账户由他管理，他分配询盘不甚公平，还影响了下面员工的发展，员工敢怒不敢言。

（四）能力强，没有配套支持也没用

这个估计很多老板都遇到过，很好的一个业务员，重金挖过来后却怎么也重现不了辉煌。究其原因，是因为这个业务员原来的团队强大，采购精明能干，货源、价格有保证；后期服务人员高效、专业，客户满意度高；老板大气开明，宣传有保证，而且敢于放手，任其发展。

结果挖过来之后，就算是做同样的产品，货源有，但是价格没保证。老板本来想挖一个有现成业务经验的人过来，让他坐享其成，没想过要再加大投入，进行新宣传。再加上，老板有自己的想法，不希望新人太自我，破坏环境，所有的这一切，造成了重金挖来的"空降兵"只能走人。

所以，一个企业想要有大的发展，人才很关键，为人才创建一个好的平台更关键。老板想坐享其成，或许有机会，但是只能撞大运。

Part 3　更该受教育的是老板

市面上有很多针对外贸业务员的文章或者培训，各种操作方法、理论、

实战经验分享，层出不穷。其实我写的文章主题也不外乎这些，只是我一直在一线，文章更加接地气而已。

但是，从一开始就有人反映，我写的东西很好，只是有少部分的方法或者技巧难以实行，因为那些不是业务员能够决定的，涉及公司的政策和定位的问题，说白了领导才是这些事情的关键。

我曾经也提供了很多的话术和策略供业务员参考，去找老板谈条件，提要求，从反馈来说，还是有很大一部分人成功的。当然，成功的前提意味着他们要承担更多的责任和风险。从这种意义上来讲，更应该受教育的是掌握员工生杀大权和企业前途命运的老板。

老板掌握着企业的布局、人员组成、资金投向。干或者不干，怎么干，老板一句话即可定局。但是，老板个体的能力、精力往往有限，所以，老板就需要分权，需要有某个方面能力很强的中层管理人员来辅助他，例如有人专管网络营销，有人专管单证，有人专管业务……然而，作为外贸主体的中小企业，体制大部分不可能那么全，往往是老板决定一切，这从任何一个角度来说都是不合理的、有隐患的。

针对老板的培训有很多，但是大部分是洗脑、说理论、打鸡血。不，不是大部分，应该说是无一例外。一个企业要发展不仅仅要有热情。昨天还激情四射，踌躇满志，指点江山，被捧为标杆企业的老板，今天就公司倒闭跑路的还少吗？

老板不懂，又没有懂的专人负责，可某些事情还是必须做的。于是，社会上诞生了很多第三方服务公司，例如网络营销公司、外贸托管公司、外贸代运营公司。但是，就目前来看，他们大部分都是打着服务的旗号敛财，仅此而已。能够真正为企业的发展出谋划策的人凤毛麟角。这些服务商，不仅仅没有为企业解忧，反而增加了老板们选择的困惑和负担。

其实，你也不能过分苛责这些服务公司，因为他们大部分没有从事过外贸行业，对于行业和企业的产品几乎是一无所知，很多的所谓针对性的产品或者服务都是理论化的产物。

企业在做某个领域如网络营销的投资预算的时候，应该跟平台的直接使用者和受益者沟通，并且要求其写出推荐或者不推荐某些方法的所有理由。如果网络服务商给出了某些宣传方案或者承诺，企业也要找平台使用者和受益者去沟通，他们在一线，更能给出非常契合实际的建议。当拿到建议后，老板要进行最后的筛选。

投资回报率是老板们最关心的话题，你不要盲目地听服务商说你的同行取得了多少成绩，你更要了解的是，同行到底投入了多少钱财、人力、物力。

老板不该被教育吗？业务员好不容易让自己有确切需求且需求量大的目标大客户有了回复，客户要免费样品，老板却坚持要收费，于是客户再也无音讯，老板却说，客户不是真的有意向。外贸行业是什么竞争状况？哪一个客户没有合适的供应商，你要挖人家墙脚还要让人家先出钱买一个质量不知道如何的样品，怎么可能？

再例如很多老板看到某些所谓大咖的文章或者业务员反馈的展会客源稀少的报告，就认为展会效果不好了，不再投资，却从来不问问业务员他们在展会上干了什么。

但凡能成为老板的人必有过人之处，但是问题来了，很多老板成了老板之后就跟一线脱离了，没有再亲自回过一封邮件，亲自接待过一个客户，更没有亲自接触过客户的各种质疑和问询。

在很多老板心里，凡是员工提出的意见或者要求，就都是不合理的，是推卸责任，是借口，是搪塞，所以，他们更喜欢学习激励、惩罚、人力方面的东西。我承认，激励做好了，有利于令行禁止，公司的长治久安，但是你的令是否真的适合一线的需求？

我也做老板很多年了，从 2007 年到 2013 年，我带着自己的团队（五个人，人比较少，也算是团队吧）做出了骄人的业绩，现在总结一下，我觉得主要是因为我一直在一线。写邮件，聊 Skype，见客户，做宣传我都干，我始终知道一线业务员最需要什么，然后去满足。当然我的短板也很明显，只会做事，不会做人。相反，现在的很多老板似乎只会做人，不会做事，手下也没有自己信任的会做事的人，不是我危言耸听，这样早晚会出事。

Part 4　外贸公司老板的常见软肋

人人都想当老板，但是不是人人都能当得上老板，更不是每个人都当得好老板。或许可以这样说，并不是人人都适合当老板，有些人就适合当一个小兵或者中层管理者而已。老板之所以能成为老板，肯定有其过人之处，但是人无完人，或多或少会有一些缺陷，可有些缺陷是致命的。

今天我想说的是，我用三年的时间了解了一个老板，本来我以为他有一条或者两条缺陷就已经很严重了，结果，他几乎全部中招，所以他把公司从小做到大，从大做到瘫痪。好在他人品不错，对人诚恳，有那么几个人对他不离不弃，支撑他到现在。但是，只有人品好是不行的，大家都要吃饭，公司半死不活，没钱可赚，没有人可以放着生存不管一直为他收拾残局，除非是亲人。

罗列一下他的问题，权当给大家做个警示，我也做个自省。

一、崇拜权力

"舍我其谁，我是老板，都要听我的！有不同意见？留着！想跟我争论？除非你不想干了。"

这种老板，采用的是家长制，崇尚的是官僚作风，认为员工只要有异议就是挑战老板的权力，不管这些建议是对还是错。

这种老板我见过不少，只要别人一有意见，他立马警觉，就如同要投入战斗，带来的后果是没人再敢给他提一些好的建议，尤其是跟他的初衷相违背的建议。如果这个老板能力强，见识广，懂经营还好，就怕老板能力不足将企业带入误区，还一意孤行，让公司落得惨淡收场。

二、吹嘘不实干

天天吹嘘自己的成功史，却从来不拿出点真本事。

老板的奋斗史的确值得大家学习，大部分老板是从底层慢慢做起来的，在某些方面绝对是权威。

但是，我认识一个老板，天天说自己年轻时在什么工厂当厂长，后来怎么样发的家，自己如何如何懂销售。可是业务员带客户来公司，本来谈得很好，他非要插一手，结果客户被他谈来谈去谈丢了。稍微有点困难的事，他就让员工去解决，解决了之后立马不允许员工再接触，自己再插一腿进来。弄砸了，再找员工替他解决……如此周而复始，循环往复。

招聘员工进来就是解决困难的，但是，这些困难应该是市场带来的，而不是老板自己一直在制造的。这样内耗下去，员工如何能做长久？

三、"榨干"员工的心理

有些老板未必是真的想"榨干"员工，但是他们确实是这样做的，具体主要表现在招聘上。其实大家心知肚明，一个员工不可能在一个公司工作一辈子，三年五年已算是长久。

很多老板不愿意招聘应届生，害怕他们刚刚出徒就走了，于是争失恐后招聘老人，明知他还是跟新人一样也要离开，但是老板能在短时间内榨干老人的剩余价值，那他走不走也就不再是老板介怀之事了。

这种想法，真的是迫于无奈，企业要追求投入与产出，相同的投入都希望能够产出更多、更快。但是，每一个老板都应该有自己亲手带出来的嫡系员工，好好对待他们，这些才是企业的财富，太急功近利，总是不好的。

四、共患难，不能共富贵

举个最简单的例子，某公司一直都比较小，业务量也只是小打小闹，员工撑不着，饿不死。某天老板突然想做外贸，于是，通过各种途径找到一个很有经验的外贸经理，谈好条件，双方开始合作。

一开始的路不好走，但是两个人互相信任，若干个月之后开始见成效，工厂生产规模开始扩大，产值从1 000万元到2 000万元，到7 000万元，外贸经理赚到了钱，老板也赚到了钱。

就在这个时候，不知道是什么作祟，老板开始怀疑这个经理，认为他有架空自己之嫌，因为他的威望在公司太高，而且老板认为这个经理从中有其他的好处。更可怕的是，他认为外贸特别好做，自己也能做好，于是他违背了一开始的协议，频频地插手外贸一线操作，可是实际上他什么都不懂，搞得整个公司乱七八糟。

这个故事估计很多人都看着眼熟，这样的老板到处都有。

五、要马儿快跑，却从来不喂草

有些老板天天盯着业务员，只有一个念头，要订单，最常说的话是："你看别人家的业务员做得如何如何，你怎么还没有订单。"

他看到了别人的业绩，却没有看到别人的投入，这种坐享其成的外贸发展思路，未免太低估了同行。

没有宣传，哪来的询盘？没有询盘，哪来的订单呢？

六、什么事情都想揽过去，却总是做不好

有些老板，怕采购的大权旁落，于是自己负责采购，但是无奈自己水平太低，总也维护不好与厂家的关系，供应商那边三天两头出状况。就算是这样，他也不愿意别人去管理，业务员眼看着有订单，却找不到货源，无奈之下一个又一个离开了公司。

七、新人总是好的，老人总是不行的

我记得我给大家讲过一个故事，有这么一个老板，自己不给公司做任何的投入，却总是嫌外贸经理水平不够，于是他到处挖人，挖来人就告诉新人，这个外贸经理不行，让他好好做，以后代替这个外贸经理。

一开始新人的确气焰很盛，但是后来他发现根本不是老板所说的那个情况，原来的外贸经理能力很强，在什么宣传都没有的情况下还做出了大量的业绩，于是，开始佩服他。

几个月后，新人熬不住了，要离职，离职之时，他找到外贸经理，告知了他老板当时说的话。外贸经理一气之下，带着所有业务员离职，自己开了个公司……

所以无论来多少新人，新人水平多高，我都会告诉他，我们团队非常好，我对团队的每一个人都很满意，招他来不是为了让他取代谁，而是因为大家都很忙，有很多事情顾不上……

八、朝令夕改，承诺虽多，从不兑现

一些中小企业的老板，上午自己设定了一个政策，下午就能改掉。

给员工很多承诺，过后却不再提起，更谈不上兑现，在员工看来极其不可靠。其实他完全可以不承诺，没人会期待，既然他说出来了就要兑现，至少应该给员工个说法。

九、给工资如同施舍，发提成如同割肉

很多老板认为，自己的员工在外面肯定找不到工作了，他是大发慈悲收留了这个员工，施舍点工资给员工，员工不应该再要这个条件那个条件的。

发提成更不用说了，之前说得好好的，款到账或者什么时候发提成，可是真到了那个时候，他就一再拖延，进了自己腰包的钱想让他再掏出来，割肉似的。殊不知，没有这个业务员，他一分钱也赚不到。

分钱问题，永远是一个大问题，分钱不均，或者不按照事先的约定分钱，散伙是转眼的事。

我知道一个济南的公司，一位老员工在公司都已经干八年了，很大的一个原因是老板从来不拖提成，而且还经常给出额外的奖励。例如员工开发的客户是这个国家/地区的第一个客户，除了基本提成外，还有开拓奖；某个客户曾经是公司的客户，但是后来丢了，员工经过努力又开始与其合作，除了提成，员工还有损失挽回奖之类。

十、政令不行，规章不举

很多公司有明确的规章制度，但是老板或许是比较仁慈，明知员工犯错，却不按照规章给出对应的处罚，甚至连责怪都没有，造成大家都效仿。当老板发现没办法收拾的时候，再祭出大刀，这样让被处罚的员工感觉很不公正，心生怨愤。

既然有了规章，无论谁犯错，处罚是一定要有的，或轻或重，你要让大家知道，公司并不是不管员工的错误行为，而是出于人道主义，对他从轻发落，其他的人未必有这么好的运气。

规定从严，执行从宽，既有规有矩，又人性化十足才是管理的良方。

第八章

外贸老板必须主导的实操

有三件事，对外贸企业至关重要，但是很少有业务员会主动去做。我们为企业做辅导时总是因为这些看似简单的问题，被拖延进程。这三件事包括基础产品知识的学习，背景资料的调查，以及模拟训练。

第一节 做好外贸要加强模拟和训练

奥运季大家都在关注比赛，尤其是有中国选手出现的比赛。赛场很残酷，运动员苦练四年，要在一场比赛中把自己的训练水平完全发挥出来，可是很多时候人的竞技状态会受到许多因素的干扰，例如心态、情绪，甚至天气、现场气氛。水平一直处于顶级的选手可能一败涂地，平常不温不火的选手可能一鸣惊人。但是，训练始终是运动员保持状态，提高水平的决定性因素。

外贸业务员同样如此，外贸教学教了大家很多的理论，或者实务技巧，但是却忘记了外贸就是做业务，做业务需要很多表达技能、沟通技巧和沟通方法。这些似乎从来没有任何人教过，很多人认为这些能力是与生俱来的，很难教会。我想告诉大家，这种想法是错的。

表达技能、沟通能力是可以通过训练提升的。相信很多人都有这个感受，听了很多所谓高手的课，学到了很多听起来很绝妙的技巧和方法，可是回来自己还是不会用。

你有没有想过，为什么别人用得如鱼得水，而你就是不会用，用不好呢？是别人比你更聪明吗？绝对不是。

我经常在微信、微博发一些外贸同人反馈给我的好消息，例如他用错误PI方法成单了；缔结成交法帮助他成交了很多客户等。有个小伙伴直接说，他就是看着我的博客做外贸，所有的思路和方法都是学我的，现在他是公司的 NO.1。每次分享的时候我会写一句话："同样是学习技巧，别人开始用了，出效果了，你呢？"其实这句话并不正确，刚开始用别人的技巧，并不一定出效果，是不断地用，不断地强化训练，才会出效果。

我从来不会速成的技巧和方法，我用的是最笨的方法，它们都是一点点的积累、训练、强化的产物。

如果大家真的愿意学我的东西，我还是要郑重地向大家说一句，加强训练，你会变得很强。

例如我说每个公司都应该有 PPT 展示，而且 PPT 一定要做得像模像样，不能糊弄。但是有了这个 PPT，并不是结束，只是刚刚开始，因为 PPT 的作用是向客户讲解。业务员要对 PPT 讲解进行训练，让它烂熟于胸，知道里面哪些是重点，哪些能够吸引客户眼球，并能根据客户的各种反应做出调整。

PPT 可能很简单，但是讲解不能太简单，有些内容要根据客户的注意点进行增删，这就要求你讲解的时候完全脱稿，要能看到客户的表情，发现到底哪部分内容是他们感兴趣的。这个要长期的训练才能实现。

我提倡大家学习产品的时候分为收集信息和将信息逻辑化两步走，而将信息逻辑化的过程也是通过 PPT 完成的。PPT 建议大家要熟记，要按照逻辑一遍又一遍演练，最后把 PPT 翻译成英文再训练，这样你碰到客户，才能把自己对产品的了解，自己的专业性淋漓尽致地体现出来。

我说的缔结成交法也要训练，各种说辞要一项项地全部列出来，然后假设你跟客户在谈判，从表情到语气，到说辞，到准备好的资料，不断地训练、模拟，这样到了真正的谈判桌上，你才会觉得很自然。

要把客户故意为难你的很多问题都列出来，假设自己必须给客户写邮件，然后认认真真地把一条一条问题的答案都写好，从语气，到用词，到各种材料，都要像在真实场景一样准备齐全、到位。

危机公关更要训练，之前，我带着 Jac 面对面群里的小伙伴们做了一次模拟，我提出一个场景，让大家去分析，去解决，然后让他们模拟给客户写邮件。模拟过程中我发现了一个严重的问题，大家在说的时候都头头是道，但是写邮件的时候就很难下手了，不知道语气如何掌握，用词如何推敲。可能很多人觉得只要分析好了就可以了，我想说的是，这种想法大错特错，你分析得再好，方案再好，都要通过邮件来传递给客户，所以，邮件至关重要。当然你也可以打电话，那么电话沟通过程也要模拟。你要永远记住，你的情绪，你的态度是通过邮件或者电话传递的，你想要表达得更清楚，一定要训练。

还有生产流程的讲解也要模拟。你现在想一下，你能毫不犹豫、毫无障碍地把你产品的生产流程讲出来吗？你能真正地做到成本拆分吗？不要告诉我你老板不允许你们知道流程、成本，这些东西网上都有，而且我也告诉过大家一些小窍门去获取产品生产流程和成本信息，例如行业QQ群。只要你想了解，你一定会知道，可是，你训练过自己吗？从2007年开始我就带着客户看生产流程，一直到2013年我还在强化训练，一直没停止过，所以我才能在客户面前应对自如，几乎没有什么解决不了的疑难问题，而你有这样做吗？

模拟训练里面，气氛和心态最难模拟，因为你总是觉得它是假的，所以最好的办法是你提前来个100米冲刺跑，让自己的心跳快起来，然后再做模拟训练。那样你会发现，你什么都忘了，什么都乱了，那可能才是你面对客户的真实状态。

我始终认为，模拟训练非常关键，因此，我这么多年一直坚持做。我会模拟给客户打电话，模拟与客户在展会见面，模拟去对方公司面谈合作，模拟对方如果不愿意跟我谈要送客，模拟一切我会遇到的问题。

所谓熟能生巧，一点都没错，这些强化训练让我在面对所有客户的时候都能很淡定，很自信，不论客户是什么性格，什么脾气，当时是什么心情，我都可以应付，因为这些我早就"遇到"太多次了。我略作调整，把平常训练的东西施展出来就好了。

当然，每个客户情况不一样，你的模拟训练有时候会对不上号，这个时候就要考验每个人的反应和调节能力了。一旦遇到新问题，你就要把它加到后期的模拟训练项目里面，列出各种解决方案，去强化训练。甚至你要举一反三，把所有可能的变数都考虑到，并添加到模拟项目中。

第二节　收到询盘后的客户背景调查

外贸要做得精细化一些，不能闷着头收询盘，闷着头报价，闷着头跟进，闷着头谈判，要经常抬头看看前面的路，看看走过的路。

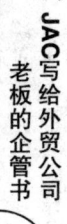

现在大多数的外贸人在询盘处理流程上存在巨大漏洞。绝大部分人都不是在谈客户，而是在碰客户。具体表现为，业务员来了询盘，看到客户的询价，不管三七二十一，算一个价格就报过去。

很多人问，这样有问题吗？这么做效率很高啊。答案是有问题，因为高效率不代表高效能。

所以，今天我想谈一下询盘处理高效能这个话题，高效能是说要快，同时效果还要好，要在两者之间取得一个平衡点。

快，大家都会，效果好怎么达到？提供以下方法供大家参考。

一、你要知道你的询盘来自哪

了解询盘来自哪有两个方面内容需要关注，第一，询盘来自于哪个宣传渠道；第二，询盘来自哪个国家或地区。

每个渠道的询盘都有自己的特点，例如 Google 平台中一对一有针对性的询盘较多，客户较为专业，价格谈判较容易。我们公司利用 Google 宣传，收到询盘后的订单成交率一度达到 60% 以上，就说明了这个问题。B2B 的网站，询盘可能不少，但是质量不高，例如 Alibaba 上的询盘都是拼价格的较多，需要你在报价的时候定位明确，不然容易陷入僵局。当然，我并不是说 Alibaba 上来询盘的都是不好的客户，还是会有一些好客户的。Alibaba 有一个优势就是它在给你询盘的同时还会提供一些发送询盘的人的信息，例如多少人加了他，他发了多少有效询盘，以往多少人认为他发了垃圾询盘等信息。有一些信息是隐藏的，你可以申请向自己展示，了解到这些信息后，你可以根据客户的热门程度来决定谈判策略。

判断客户来自哪个国家或地区主要是让你想几个问题：第一，这个国家或地区会不会有政策限制，例如是否有反倾销；第二，这个国家或地区会不会有特殊规定，例如付款方式等；第三，这个国家或地区你之前有没有客户，是什么客户，合作状况怎么样，这个客户跟老客户可能会是什么关系；第四，该国家或地区的客户有没有什么明显特点。

二、搜客户的网站

网上来的询盘大部分都标注有公司名称，你要做的是找到客户的官方网站，看看客户的各种信息。主要看何种信息，以及为什么要看呢？

（1）客户的发展历程、经营模式、主要产品、主要市场等。对这些信息有了了解你就可以跟客户有共同话题了。

（2）客户的规模。看其网站上的描述可以对客户公司的规模有一定的了解，看其网站上的联系方式也能窥探一二。如果网站上留的联系方式就是给你发询盘留的联系方式，对方可能是一个小公司，老板兼任着销售员、采购员、保安、厨师等岗位。如果网站上显示公司规模很大，那么你基本上可以判断来询盘的人是采购员，因为大规模的公司分工较为明确。当然，这不能一概而论，但是准确率可以达到90％以上。

我记得以前说过谈老板和谈采购经理是两个方向，谈采购经理重点要强调你的产品质量好，绝对不会出现问题，就算是出现问题，你们也会有非常完善的处理流程，绝对不会给他惹麻烦。当然，话不能说得这么直白，但是你要不断地表达你们会做好服务这个理念。此外，谈采购经理时很多事情要柔和处理，因为他可能根本做不了主，你要经常试探，例如这个付款方式是公司规定的吗？谈老板就不一样了，他们更注重价格，因为钱是自己的。产品质量、售后服务也要谈，但是老板并没有采购经理那种怕惹祸上身的心态。跟老板还要谈一些有高度的东西，例如行业现状，长远趋势，他们公司的发展规模，团队等话题。

（3）公司的性质是中间商还是终端客户，这个从公司的简介完全可以看出来。终端客户是生产什么产品，你们的产品在他的产品中起到了什么样的作用你要搞明白，此外，之前你是不是做过类似的客户，对方有没有对你们的产品做出过反馈。例如当我知道客户买乌洛托品是使用在C4炸药中的时候，我就会对纯度、粒径、下游产品的利润率做一个清晰的了解，和客户谈判时让对方觉得我非常专业。

终端客户会比较在意供货的稳定性，这并不是说价格和付款方式、产品质量对他们不重要，而是因为终端客户自己要使用产品，因此，他们非常注重生产延续性，所以，更加重视供货稳定这个方面而已。此外，你也要强调包装，因为包装决定着客户的使用是否方便，工人是否愿意使用。

谈中间商就简单了，第一，你让他赚多少；第二，别给他惹麻烦；第三，别抢他的客户。我的出发点是，跟他站在一起，经常说我们一起做市场，我们一起赚钱，遇到麻烦就让他指点一下，我来做工作，我们一定拿下……

当然，你还要看客户是转手卖还是留库存，转手卖的客户要求简单得多，留库存的用户往往会在意付款方式。转手卖的客户销售利润不会很高往往是谈佣金，而留库存的客户销售利润偏高，因为他毕竟有各种库存费用。他手头上一般都掌握了一些下游的小批发商，这些小批发商忠诚度往往较高，所以他们的市场可以越做越大。你可以把他作为重点客户开发。

三、搜索看看客户是不是有 SNS

SNS 是分析客户的重要手段，所以，从一开始你就要去寻找客户的 SNS。

搜索的方法比较简单，搜索邮箱、客户姓名加客户所在国家或地区、公司名称、电话号码等，反正你有的信息都拿来搜一遍，尤其是在 Linkedin 中搜，稍微大一点的公司可能都有注册 Linkedin。Linkedin 中该公司有多少员工，员工的职位都会写得清清楚楚，如果你真的能够找到给你发邮件的那个人的 Linkedin，他的所有信息你就可以一览无余了。Facebook 可以看到个人的各种信息、动态、爱好、习惯，Linkedin 可以看到他的教育经历、职场经历甚至志愿者活动之类，然后怎么做你就比较清楚了吧。肯定是加他，Facebook 的 Messenger 是你跟他取得及时联系的优质渠道。

用 SNS 分析客户可以让客户立体化，大部分时间你觉得客户难以把握就是因为客户对于你只是一个概念，不立体。解决这个问题的重要手段就是利用 SNS 营销。

四、尽量在客户的即时聊天工具上出现

如果客户的邮件中留有 Skype 或者手机号，你要做的是马上加客户，向客户做自我介绍，并且通过你对他的了解给他留下良好的第一印象。如果你有他的私人手机号码，可以获取到他的 WhatsApp，你也要马上和他打招呼，并问一句，以后是否可以在这里跟他联系，获取到许可后，你们可以多聊一些。你别忘记把你们聊的内容做备忘录给客户发邮件确认。

即时聊天可以让你更贴近客户，了解到更多的信息。实践证明，很多客户不愿意回邮件，但是会在即时沟通软件里回答很多问题。

五、在 Google 搜索客户的姓名、邮箱、电话等

Google 搜一下客户，你会获得很多意想不到的信息。我曾经无意地搜到了客户母校的捐款名单，搜到了客户在上海中文集训班的报名单，搜到了客户在某论坛的注册信息。搜到的所有信息都会成为你日后谈判的话术，例如我会说，当我去他们国家拜访的时候，朋友带我去了某个大学（就是客户的母校），或者说，要不这样他教我西班牙语我教他中文（因为他需要学中文）……

这些信息连同 SNS 的信息都要登记到客户信息提取表里备用。注意如果你要和客户谈这种话题，要在即时沟通工具里谈，不要在邮件里谈。

我一直在强调，报价的模式应该是 7P + 1A，这 1A 就是你的优势或者特点。聊天过程中除了要传递你提炼出的信息之外，还可以有其他的选择，例如你可以明确地告诉客户你的产品用在他的产品上效果如何，你还可以明确地告诉客户你们的产品更耐储存，你们跟他们国家或目地区的很多客户有合作，所以深谙规则……

第三节　一定要让你的业务员分清这三组词

SNS 运营是一个很火的话题，但是在我的概念里 SNS 绝对不应该成为其他任何宣传方式的翻版或者延伸，这是一个全新的领域，有独特的玩法。

要玩好 SNS，首先要分清三组词：目标客户和目标用户，社交思维和传播思维，购买需求和社交需求。它们有什么区别呢？

一、目标客户和目标用户

很明显，目标客户一直以来是业务中的重要概念和考核维度，找到目标客户，你就可以直接推销，万一对方正好有需求，你就有机会继续深入沟通下去，就有成交的可能性。所以，做业务的人最喜欢谈的就是目标客户。

但是，玩 SNS 就不仅仅要聚焦于目标客户。B 端，很多产品你从 Facebook 和 Linkedin 上根本找不到很精准的目标客户，如果你以此为目的还怎么玩下去呢？所以，你要将对象转变为目标用户。目标用户有哪些呢？

（1）目标客户；

（2）有共同客户的群体，有哪些产品是会跟你的产品一起卖给目标客户呢？找到销售这些产品的人，跟他们联系起来；

（3）掌握行业资源的群体，例如协会，如果真的可以找到，你可以打通一条资源线；

（4）意见领袖或者行业老手或者机构组织，例如学校某些专业的老师。

有了这四类用户，你会发现 SNS 玩起来就比较有意思了。在 SNS 平台除了跟目标客户可以直接谈生意之外，其他的都需要你先用内容把自己武装起来，让自己的 SNS 变成一张名片，为自己背书，然后本着社交思维去与他们沟通。

二、社交思维和传播思维

社交思维在前文已有介绍，我就不再多说了。

传播思维，即广告思维，也就是把 SNS 当作一个类似于 B2B 平台和网站这样一个收询盘的地方，大量地发产品广告，希望客户能够搜索到你。这不是不可以，尤其是 Facebook 和 Linkedin 是有企业版的，你可以在企业版做公司简介、产品发布，只要你内容做得专业，也一定是可以拿到询盘的，但是在我看来这只是 SNS 运营的一个餐前甜点而已。

三、购买需求和社交需求

要知道，当你面对目标客户以外的目标用户群体时，传播思维会完全失效，因为他们本身是没有任何采购需求的，但是他们有社交需求，你可以选择去满足他们的社交需求。你与他们不断地交流，不断地互相吸引，达到互相信任，这样他们可以利用自己手中的资源为你对接，这就是社交思维想要达到的结果，也是为什么会有社交需求和购买需求对比的原因。

就算客户是你的目标客户，可是他有供应商，而且双方长期合作，当客户从现有供应商处采购就已可以满足他的采购需求时，你再从采购需求的角度切入，往往会无功而返。但是，客户的社交需求是永远存在的，如果你可以找到客户感兴趣的点，尽量去满足客户的社交需求，你还是可以给客户留下深刻的印象。

如何找客户的兴趣点呢？SNS 具有天然的优势。客户的动态、履历都醒目地在那里放着，你总能探知一二。所以，要玩好 SNS，你必须找到目标用户，具备社交思维，从用户的社交需求切入。不信你就试一下，很好玩的。

第四节　别再让你的员工做这样的事件营销

营销是为了获取客户和留住客户，所以一切的营销都要以此为目的，不然就是凑热闹。

什么是凑热闹？你走到大街上，突然看到前面人群聚集，人声鼎沸，即使你不知道那里发生了什么，更不知道是好事还是坏事，你还是会因为好奇心和从众心理而不自觉地走上去一探究竟，这是凑热闹。

很多外贸人包括所谓外贸大神的事件营销方案都是凑热闹，根本不是营销。例如前段时间有人写了一篇感恩节营销方案，提倡大家去做营销，于是很多人做了。每个人都以为自己做营销了，其实你有没有发现你是被营销了，只是跟着凑热闹而已。感恩节来了，圣诞节来了，每个人都开始发邮件，结果大部分客户一天之内收到了几十封甚至上百封邮件，这是赤裸裸的骚扰。

营销，不仅仅要考虑自己，还要考虑营销对象的感受，同时要考虑竞争对手的营销模式。

凑热闹似地发送祝福邮件，根本就没考虑竞争对手的行为模式，因为他们可能也在做同样的事，你没有想过自己怎么样能做得比他们更好一些，同时，考虑到客户的感受。从这几个维度出发你可以很容易得出营销真正要做好的要素是创造性和差异化。

我以前就说过希望大家不要用凑热闹式的方式做营销，不要再疯狂地发送圣诞节祝福邮件，而是去 B2C 上买一些小礼品。很多公司看完后立刻去执行了，取得了很好的效果，但是绝大部分企业都没有做，因为发邮件最省事，也最省钱，而买东西需要太多操作步骤，最关键的是需要花钱。

大部分人做低成本生意甚至无本生意太久了，免费的邮箱、免费的学习、免费的工具用的极其顺手，很多人已经不愿意为了自己的未来多投入哪怕一分钱。

节日祝福只是一个例子，一个缩影，大部分人的营销其实都是凑热闹，几乎所有的专家都拿着凑热闹的营销事件带来的负面影响来批判营销，例如前段时间的巴黎暴恐事件。暴恐，本来就不是什么好事，拿它做营销本来就要慎之又慎，但是大家一哄而上，直接变成了凑热闹，客户肯定会觉得这帮人心理扭曲，利用灾难做噱头。于是，有专家跳出来说，不要拿灾难做噱头做"营销"，其实我同意，因为在这些人的心里，凑热闹就是营销。

我当时仔细地研究了事件发生的地点，然后找出了巴黎的客户，并找到他们公司的地址去 Google 地图搜索查看它与暴恐事件发生地点的距离。距离近的公司我马上打电话，以朋友的语气询问是否安好。这样做效果极好，这才是营销。

例如我去穆斯林国家参展，正好赶上斋月，很多人都做营销，学一些斋月的祝福，见到客户说上几句，而我们公司印刷了一些穆斯林风格的贺卡，空白页以公司名义写上祝福语，碰到客户就送，这才是营销。

所以，如果你不懂营销，就不要随便讲营销，写营销，因为你那只是教大家去凑热闹，挤独木桥，一不小心就产生反作用。在此，我也忠告各位外贸业务员，一定要抓住营销的本质，多想一点你能做出哪些差异化、创造性的营销，拒绝凑热闹。

第五节　教会你的业务员危机公关的基本逻辑

一、正确看待客户投诉

心态方面，你不能让自己的立场和客户对立，不要客户一投诉你就觉得客户在找事，在为难你。这是很多人做事的心态，当别人跟他协商某个事情的时候，他的第一反应是质疑对方的出发点，其实，大部分商人都是诚心诚意的，哪有那么多骗子？不要随便给客户打标签，因为一旦如此，你就会有意无意地透露出你的态度，这样只会把事情搞砸。

二、平复客户的心情后再商讨问题

对方有损失的时候，心情一定不好，所以，你要保持冷静，第一要务是让客户先冷静下来。

我依然记得某年我们公司一个柜子的货把客户的车间烧掉了，客户打电话过来都要哭了，因为他是采购经理，他负不了责任。我肯定是先劝他，说这个事情跟他无关，我会向他老板交代，我们认识这么久了，我不会甩手不管。

等他情绪平缓了，我说，如果真的是我们的问题，让他放心，我绝对不会推卸责任，我会汇报给老板，启动应急预案，等待他的生产部门拿过来事故调查报告。

其实道理很简单，对方有损失，而且的确是因为我们的产品造成的损失，第一反应肯定是来追责，这个时候你没必要和他争执，到底是不是你们产品的问题，调查结果出来一目了然。

所以，你要先考虑对方的情绪，让对方冷静下来，然后去明确地表示你的态度，当然，事故调查的文件必不可少。

三、解决问题比解释问题更重要

解释原因是必要的，但是，更重要的是如何解决问题。解决危机的最重要法则就是，先解决问题，再解释问题。

货期拖延是一次小危机，估计很多人都会遇到，大多数人的第一反应是该怎么跟客户解释，而我做的是，先安排最近的一个班次，然后向客户道歉。

客户看到解决方案，气往往会消了一大半，然后你再随口说一下原因，切勿推卸责任。当客户在气头上的时候，你可能只是想解释问题，并没有想推脱责任，但是客户还是会以为你在找借口。

还有，某些理由你看起来似乎很妥当，例如运输过程中的货损问题。某些客户为了节省成本，非要在货物里面加一些其他的货物，你很清楚两种货物如果发生碰撞，会造成货损，这种情况下，你要第一时间给客户提出来，看客户是否可以更改方案。如果客户坚持，你要告诉他，你会如何处理，以最大限度确保不发生问题，但是如果无法确保万无一失，还是不要一起运，或者可能要多花点钱处理，看客户能否承担。这些问题，提前说是服务的表现，出了问题之后说就是找借口。

四、变通的执行方案

如果交易过程中出现问题，并且证实是我们的原因导致的问题，我们会给出解决方案，例如补点货，赔点钱，我建议大家这个时候一定要痛快一点。

我看过一个案例，一个大客户第一次与工厂合作，到了工厂，他们发现产品包装破损，没法再用，只能销毁。这明显是工厂的问题，所以客户找工厂索赔产品费用和处理费用，总计 1 700 美元。然后，业务员给出的方案居然是下次客户下订单给他折出来。客户立马生气了，说他不会再跟这种供应商合作，下不下订单是他们的问题，就算是他们不下订单，工厂也要赔偿他的损失。后来那个国家的客户再也没在这个工厂下过订单……

业务员操作的时候往往搞错重点，订单是订单，赔偿是赔偿，客户会看你的行事原则再决定是不是会再次下订单给你。所以，遇到这种状况我们公司会直接提出马上给客户赔偿，有时候客户反而会提出，下一个订单折出来。你提和客户提，完全是两个概念，不要混淆。

当然，如果赔偿金额很大，你也要考虑执行方式，例如先付一部分赔偿，其他的分批赔偿。我们当时就是这样做的，分批赔偿就是从订单里慢慢折，最终把问题解决。

危机谁都不愿意面对，但是真的发生了，又不能不面对，做好危机公关有利于巩固你跟客户的关系。当然有个问题需要跟大家说明白，出现了危机，你解决了，客户未必会继续跟你合作，但是，至少不会让你在市场上的声誉坏掉。若处理不好危机，不仅会直接丢掉客户，还可能得罪客户，得罪整个市场。

第六节　预防邮箱被盗引发客户被骗的一些方法

现在外贸行业的骗子大多数采用的方法都是盗取出口商邮箱，给客户发假账号，让客户把钱打到骗子的卡上，每年都有大量客户被骗。这个不是什么新鲜话题了，在各种外贸群、外贸论坛都有人一直在寻求方法如何避免或者减少损失。说句实话，到现在我都没有听说过完美的解决方案，只听一个外贸同人说，他们通过报警，冻结了骗子的离岸账户，拿回了钱。我具体问他时，他又语焉不详，所以我没能获取到有价值的操作细节。

针对这个问题我们更应该重视的是预防，而不是出现问题之后的补救，因为大多数时候根本无法补救。

这里给大家介绍一些预防的方法吧。

一、每一封邮件的最下方加入一段提醒的话

这个很早很早以前我就写过，也有很多小伙伴已经用了，有人回来向我

反馈他因为这段话被客户夸奖细心负责。

"Important NOTE: If there is anything about the important information (payment, account and so on) change, I will confirm with you by phone (****) and fax (****). If there is only email, but no phone or fax, please don't make any reaction."

二、登录邮箱网页版查看异常提醒

如果你的邮箱客户端没有登录异常提醒,你就要经常登录你的邮箱网页版,看是否有登录异常提醒。

骗子行骗的第一步就是黑入你的邮箱(当然也有可能是客户的邮箱),获知大量的客户沟通记录,如果发现有客户和你正处在谈判的关键阶段,客户可能会付款,他们就行动,所以,你要从源头上杜绝这种可能性。不要随便点击陌生邮箱里面的链接,尤其是 sample,PO,PI 这样的提示链接,记住,天上不会掉馅饼的。

当然,很多时候人会莫名其妙地被骗,所以,你要隔两天登录一次网页版邮箱,网页版会有异常登录提醒,如果它发现异常登录的 IP 不是你常用的 IP(例如使用 VPN 会更换 IP,所以,建议大家不要使用免费版 VPN,因为免费版 VPN 的 IP 地址经常变更,扰乱你对邮箱异常登录的判断),会发出异常登录提醒。

还有的公司在使用客户管理软件,很多客户管理软件也没有登录异常提示,所以,你也要经常进入网页版服务器查看。

三、进入邮箱检查是否有设置邮件转发

在邮箱的账户设置中,有一项是转发,如图 8-1 所示,设置了转发,就是说进入这个邮箱的所有邮件都会转发一份到其他邮箱,这个功能你不去特意检查是看不到的。骗子没法天天进入你的邮箱查看邮件,你也有可能改密码,但是转发你不取消会一直存在。看看是不是很恐怖?

四、用多种方式联系客户

养成用多种联系方式与客户沟通的习惯,尤其是涉及资金,要在What-

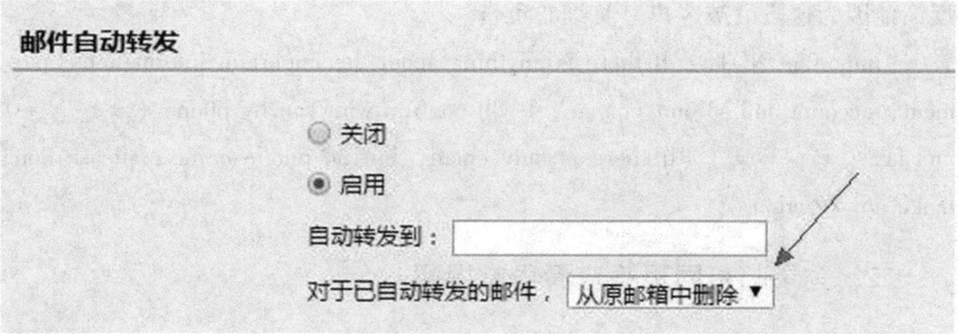

图 8-1

sApp、邮箱中不断地提醒客户。

这也是索要客户即时沟通方式的好方法，我会不断地告诉客户我被骗过，所以，我们不仅仅用邮箱，有关键信息一定还会通过电话，或者即时沟通再三确认。每次发账号，我都要给客户打个电话，然后往即时沟通软件上再发一份。

以前我从来不在邮箱发账号，都是传真发，现在传真少了，即时沟通更方便。

还有一些骗子是这样行骗的，黑入到我们的邮箱或者客户的邮箱，知道双方的沟通细节，然后阻断双方的沟通，例如跟我们沟通的时候模仿客户的邮箱，跟客户沟通的时候模仿我们的邮箱，我们认为邮件是发给了客户，实际上是发给了骗子。骗子看一下邮件是不是需要修改，然后模仿着再发给客户。客户也认为邮件发给了我们，实际上是发给了骗子，骗子也会视情况确定邮件是否需要修改，再模仿客户发给我们。

所以，要多种沟通方式一起使用，杜绝这种事情发生。

五、出现异常，立即通知所有客户

如果你发现你的邮箱有异常，你要通知所有的客户，老客户要直接打电话，未合作的客户，就发邮件，交代清楚，也算是一种跟踪，而且在邮件里要告诉客户，他跟其他供应商沟通的时候也要注意安全，经济形势不好，少赚点钱问题不大，不能被骗。

六、将沟通频繁的客户加入联系人列表

如果骗子没有进入邮箱更改已经存在的联系人信息，仅仅采用模仿邮箱

的形式发送邮件,在收件人的邮箱中发件人是显示为未知联系人的,这个在一定程度上有助于保障账户安全。

七、特殊邮件特殊处理

告知客户,你们所有的资金方面的沟通都会通过特别邮箱发送,邮箱地址你会通过 WhatsApp 发给他。例如发送公司账号的邮件,更改账号的邮件都会通过特殊的邮箱发给他,这个邮箱不会在你们的邮件中出现,会通过 WhatsApp 发给客户,让客户进行储存。

当然,就算是这样,还是要多渠道和客户沟通,每一次联系都要仔细,因为哪怕有一次马虎都有可能酿成大祸。

八、设置信任计算机

如果可以设置信任计算机,一定要设置,非信任计算机登录邮箱必须短信验证或者其他的方式验证。

腾讯企业邮箱有绑定微信,如果是非信任计算机登录邮箱,都会发送验证码给微信,除非骗子连你的微信都黑到手了,不然他们登录不了邮箱。

很多非腾讯企业邮箱也会提供这个安全选项,例如绑定手机,通过手机短信或者微信验证,如图 8-2 所示。找到这个功能设置好。

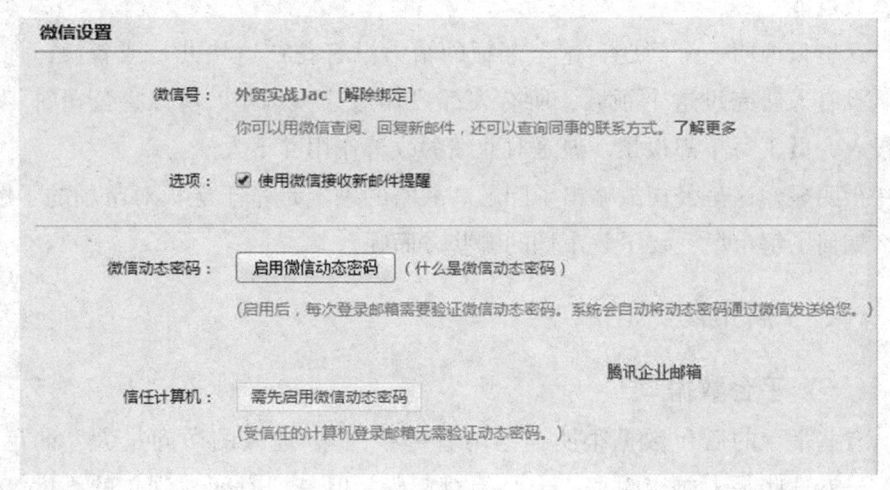

图 8-2

第九章
外贸企业未来几年关注点

第一节 这几个市场值得外贸企业重点关注

声明一下，我不是宏观经济研究家，我所写的都是我在做的，今年要进一步加强做的事情。我始终认为，作为企业的最高决策者——老板，应该多一点时间抬头看路，看看自己的方向对不对，有没有跑偏，如果有及时调整。我跟很多有意愿寻求我们团队辅导的企业老板聊天，我发现他们居然还不如我了解他产品的国外市场。他们不了解产品到国外后如何分销，不了解为什么某个市场份额高，某个市场份额小，为什么某个市场同行做得很好，自己却无论如何都切不进去。要知道，我只是花了几天时间去研究他产品的市场，这怎么可能？

这里只说明一个问题，这帮老板的精力没有花在这块儿，或者说，他们团队没有人研究过这个领域，所有人都只知道低头拉车，所以，公司每年都有投入，员工每年都很累，但是对业绩的改善作用并不大。

很明显，这是公司战略出了问题。战略的确定是基于老板对市场的了解，那么如何了解市场？要了解市场的哪些方面呢？

一、了解市场

（一）平台数据

有些平台的后台数据很明显地写着哪些国家/地区的访问量大，询盘量大。虽然这些是未成交数据，未必绝对正确，但是把时间放到年的维度，还是能够看到哪个市场需求量更大的。需求量大是有原因的，或许是因为该国/

地区人口多，所以消费量大，这个是长期的。此外，还可能是因为偶然事件导致市场需求骤增，具体原因你要去研究。找到原因后为第二年的战略制定提供依据。

（二）产品的目标市场

你肯定很清楚自己的产品可以用在什么领域，是直接销售还是加工后再销售，卖到终端客户的产品是卖给谁，了解了这些信息你才可以做出一个基本的判断。例如你的产品是橡胶助剂，用在橡胶产业，但是，哪个国家/地区是重点市场你不清楚；你的产品是高档家具黏合剂，用在哪个国家/地区你不清楚；你的产品是建材，但世界上有哪些国家/地区正在搞基建、重建，有大的建材城，你也不知道，这样你怎么做市场，怎么提升业绩？

（三）自己的产品定位

有些产品的定位很模糊，似乎每个国家/地区都需要，那你就要知道产品的定位是在低端、中端，还是高端，这样你的战略就会清晰很多。你不能定位自己的产品是低端产品但非要去挤高端市场，可能你也能挤进去，但是后患无穷。

（四）新兴热点国家

几年前印度尼西亚成为新兴市场，韩国、日本许多企业都去印度尼西亚投资建厂，于是，该国各种建材、劳保用品的需求量出现爆发式增长，基于此种形势，我们公司也在2007年将印度尼西亚作为主要市场。

（五）世界各国政策

做外贸必须关注世界各国的政策，因为国家政策的变化会极大地影响外贸形势，因此那些人口多、消费能力强的国家或地区政策的变化情况必须时刻关注。

（六）外贸形势的变化

外贸形势的变化可能更多影响的是外贸方式的变化，外贸方式的变化就会引发市场的变化，例如当地推能力增强，我们公司就可以直接"杀"到非洲这个网络极不发达，但是手机网络很发达的市场。

（七）海关总署的官方数据

这些数据很宏观，但是很能说明问题，作为企业的运营者一定要关注。

二、2017年较有前景的市场

2017年我会重点关注下列几个市场,以下内容供大家参考吧。

(一) 越南、菲律宾、泰国市场

越南是一个新型的制造业国家,很多工厂都在不断地迁入越南,所以越南会需要很多基建设施,我查过某个产品出口越南的数据,2015年比2014年增长了104%,2016年11月数据已经比2015年增长了110%。而菲律宾是截至2016年11月中国海关公布的出口数据中同比累计增长唯一一个超过两位数的国家,泰国在下降,但是下降并不多。

这三个国家的共性就是有大量的企业迁入,先是基础建设相关产品需求量会提升,再是生活消耗品需求量提升,因为这些国家的居民收入提升了,消费力增强了。还有就是中国在菲律宾和越南都有一些港口的战略投资和建设。

(二) 中亚一直到俄罗斯

这个不需要多解释,在"一带一路"的影响下,亚洲基础设施投资银行已经在中亚地区投入了大量的资金进行公路建设,"一带一路"沿线国家的经济一定会有稳健的增长。

2014年我们就已经尝到了这个市场的甜头。要想做好这个市场,必须做好两个方面,第一,手机网站和手机端的内容一定要做好,因为这些国家/地区电脑网络不发达,但是手机网络发达;第二,语言问题,这些国家/地区的人很多都说俄语,所以,公司要培养俄语团队。

(三) 西班牙语市场

西班牙语市场就是我一直说的小语种市场。这个已经强调了太多遍,我不想再强调了,不要等着大家都做了你才动手。

(四) 传统的印度市场

就如同上面所讲,虽然印度在2016年11月8日开始实行的废钞令极大地影响了本国的进口量,但是2017年我国对印度的出口量还是实现了增长。当然废钞令的影响会持续下去,但是我个人认为,将大量的资金集中于银行,有利于印度的基础设施建设,更有助于银行贷款的运作,而大量的人口、雄厚的银行资金是一个市场容量大的标志。所以，大家还是要持续关注印度市场，当然印度市场是低端市场，更适合定位低端市场的企业。

第二节　要这样做外贸宣传

宣传是业务的第一步，所以，每年年初我都会规划新一年的外贸宣传投入，规划下来之后我就会严格按照步骤投入精力或者资金，我把我2017年的规划写出来，希望对大家有用。

一、线上营销

线上营销大致包括6方面内容，如图9-1所示，下面我一一列明。

图 9-1

（一）营销型网站

我们公司已经投入了两个营销型网站，目前，基础框架搭建已经完成，正处于优化阶段。两家公司的服务都很不错，但是由于优化正在进行，最终效果还未可知，估计要等到完成之后才能见分晓。

之前我在我的书里写，我们找印度一家企业做了一个营销型网站，一开始他们承诺的很不错,整个过程配合得也很好,煞有介事地索要各种资料,可是最后证明,这是一帮骗子,他们做的网站基本上毫无效果,一直到现在这家公司还不断地打电话,让我投入这个投入那个,不胜其烦。

我 2012 年开始每年都有投入资金到营销型网站,事实证明,在这些网站上一直都能拿到不错的询盘,而且如果我们自己能做好小语种翻译,小语种的询盘数量也还是可以的。

如果你还不知道营销型网站是什么,请尽快学习。

这方面我的投入大约是 15 万元每年。

(二) B2B 平台

作为最成熟的国际贸易宣传方式,B2B 平台不容忽视,虽然它们已经明显地进入增速放缓甚至下降的阶段。

我的产品适合用 Made‒in‒China,的确,Made‒in‒China 的询盘量比 Alibaba 少,但是询盘质量却远远超过 Alibaba。

还是那句话,我承认 Alibaba 在 B2B 领域的统治地位,也肯定 Alibaba 平台本身的作用,所以,我在给企业做辅导,制订宣传方案的时候也会推荐对方做 Alibaba。但是 Alibaba 平台规则变化多端,让供应商无所适从是事实,现在用信保绑住买家,要挟卖家,分配询盘也是事实,你要能接受这些现实就去投入吧。

这方面我的投入大约是每年 5 万元。

(三) 自建站 + SEM

除了营销型网站之外,企业还是要建几个简单的官方网站,其目的大致如下。

第一,把官方网站作为内容集合地,如果它能够贡献高质量的内容,还是可以获得 Google 的权重,获取一些高质量流量的。

第二,建立移动站,现在 Google 端移动站的优化规则虽然已经放出了一些细则,但是实际上还是不成熟。目前成熟的规则是,没有移动站,就要与占据 Google 总搜索 70% 左右的移动端搜索绝缘。

第三,BlueHost + WordPress 的构架,加一套好模板,加单一产品关键词发布的产品可以轻松地获取 Google 的良好排名。Bluehost + WordPress 建站比较简单，建议大家使用国外的模板，尤其是最新的模板，它可以让你的网站获取意想不到的排名。我推荐一套模板，INOVADO。这种建站方式适合有一定精力的外贸人研究，新人勿入。

这方面我的投入大约是每年 1 000 美元（10 个站）。

SEM 最常见的就是 Adwords，Adwords 其实不仅仅包括最常见的按照点击付费的搜索广告，还包括 Google 各种搜索联盟的联盟广告，还有 Gmail 邮箱里面的展示型广告，也就是打开 Gmail 邮箱之后，最上部标签中的"Promotions"标签，如图 9-2 所示。

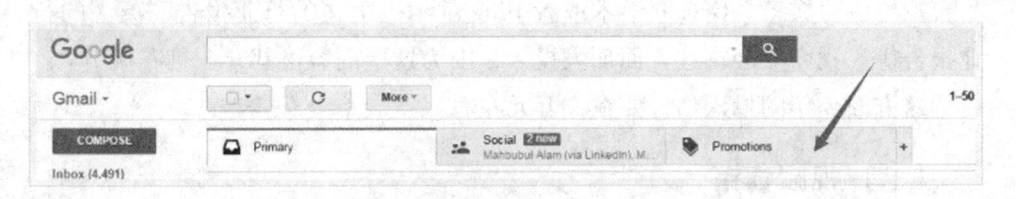

图 9-2

我在 SEM 的投入大约是每年 6 万元。

（四）SNS

我的 Linkedin 让我受益匪浅，所以，新的一年我要继续加强 Linkedin 的运作。

（1）继续贡献高质量内容，以获取客户的眼球和认可；

（2）继续关联更多的用户，并且主动去交流，贡献有价值的观点，获取他们的关注，让高质量内容发挥功效。

前文已经介绍了 SNS 营销的方法，大家可以自行查看。

这方面我的投入大约是每年 1 万元。（Linkedin 的高级账号，可以解除商业搜索限制，所以需要投入资金注册高级账号）

（五）EDM 营销

在市场活跃度降低，很多客户普遍地不再出来寻找供应商的情况下，主动出击成为重要的方法。EDM 其实也就是发开发信，只不过是借助软件来发信。

软件包括两个，第一个抓取软件，第二个邮件发送软件。现在市面上这样的软件不少，比较有名的抓取软件有八爪鱼、金蜘蛛、集搜客，等等，比较有名的 EDM 则有，Webpower、汉启、思齐等，请大家自行选择。

这方面我的投入大约每年 8 万元。

（六）内容营销

这个可能是很多公司从来没有想过的投入，内容营销也就是写一些关于我的产品的高质量的内容，内容来源有免费渠道，也有收费渠道，例如威客平台找枪手写文章，Google 学术或者 Bing 学术，中文的行业报告，英文的行业报告等。我今年会在这方面加大投入，因为这些内容极其专业且有吸引力。

这方面今年的投入估计要在 5 万元左右。

（七）视频营销

我的产品生产过程多，工艺复杂，每一个环节都可以使用视频来展现。以前我虽然也有零零星星地传视频，但是没有将视频营销作为公司的战略，今年我把这个内容全面提升，因为我们公司有了专门的营销部。这个方面主要就是人的精力的投入，不需要额外的财务投入。

上面是线上宣传渠道，大家可以看到我的投入几乎涵盖了所有的渠道，这么做并不是我多么有钱，而是无奈之举，没有投入或者投入单一肯定会出问题，所以，布局很重要。

当然，我也辅导了很多企业，因为他们投入的资金有限，我就只能为他们选择最合适的途径。

二、线下营销

线下宣传，无非就是引进来，走出去。引进来就是邀请客户，但是我的产品实在是竞争过于激烈，在客户活跃度降低的情况下，过来的客户也是凤毛麟角，所以，重点是走出去。走出去主要包括 4 个方面的内容，如图 9-3 所示。

走出去主要就是展会和地推。目前，我们公司的海外办公室正在筹划，主要采用众筹的方式，但是人员暂时难以选定，需要先进行团队的打造。

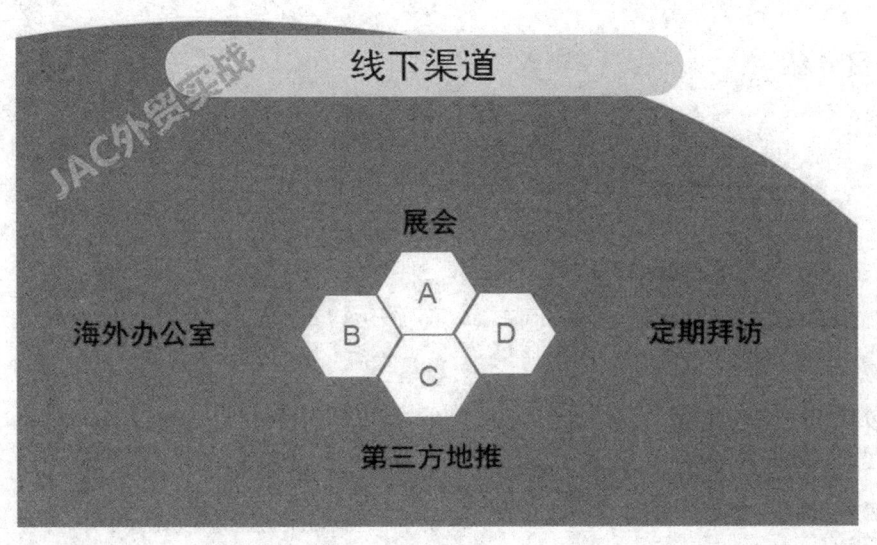

线下渠道：展会、海外办公室、第三方地推、定期拜访

图 9-3

我还是那句话，那些喊着展会已死的人永远没有意识到展会未死，死的是他们的意识。没有新思维，新玩法，你就不要去参展。

很多人说，走出去成本会很高，我承认，但是并不是没有解决这个问题的办法。

（1）多多联系客户，约客户，实际的操作经验告诉我们，当你告诉客户你要跑过去跟他们谈的时候，大部分客户会欣然答应。去一次约到1个客户成本高，约10个客户呢，20个客户呢？

（2）做好准备和攻略，提高订单转化率。如何准备，我已经写过了，请在前文查看。当然，准备是一方面，个人能力的提升是另一方面。业务员必须让自己专业、职业、商业，而且要懂得谈判的思路、技巧和方法，要见之能战，战之则胜。

总之，线上和线下渠道的结合才是战无不胜的营销途径。

书目介绍

乐贸系列

书名	作者	定价	书号	出版时间
跟着老外学外贸系列				
1. 优势成交:老外这样做销售	Abdelhak Benkerroum（阿道）	45.00元	978-7-5175-0216-6	2017年10月第1版
外贸SOHO系列				
1. 外贸SOHO,你会做吗?	黄见华	30.00元	978-7-5175-0141-1	2016年7月第1版
跨境电商系列				
1. 跨境电商多平台运营,你会做吗?	董振国 贾卓	48.00元	978-7-5175-0255-5	2018年1月第1版
2. 跨境电商3.0时代——把握外贸转型时代风口	朱秋城（Mr. Harris）	55.00元	978-7-5175-0140-4	2016年9月第1版
3. 118问玩转速卖通——跨境电商海外淘金全攻略	红鱼	38.00元	978-7-5175-0095-7	2016年1月第1版
外贸职场高手系列				
1. 向外土司学外贸1:业务可以这样做	外土司	55.00元	978-7-5175-0248-7	2018年2月第1版
2. 向外土司学外贸2:营销可以这样做	外土司	55.00元	978-7-5175-0247-0	2018年2月第1版
3. 阴阳鱼给外贸新人的必修课	阴阳鱼	45.00元	978-7-5175-0230-2	2017年11月第1版
4. JAC写给外贸公司老板的企管书	JAC	45.00元	978-7-5175-0225-8	2017年10月第1版
5. 外贸大牛的术与道	丹牛	38.00元	978-7-5175-0163-3	2016年10月第1版
6. JAC外贸谈判手记——JAC和他的外贸故事	JAC	45.00元	978-7-5175-0136-7	2016年8月第1版
7. Mr. Hua创业手记——从0到1的"华式"创业思维	华超	45.00元	978-7-5175-0089-6	2015年10月第1版
8. 外贸会计上班记	谭天	38.00元	978-7-5175-0088-9	2015年10月第1版
9. JAC外贸工具书——JAC和他的外贸故事	JAC	45.00元	978-7-5175-0053-7	2015年7月第1版
10. 外贸菜鸟成长记(0~3岁)	何嘉美	35.00元	978-7-5175-0070-4	2015年6月第1版
外贸操作实务子系列				
1. 外贸高手客户成交技巧2——揭秘买手思维	毅冰	55.00元	978-7-5175-0232-6	2018年1月第1版
2. 外贸业务经理人手册(第三版)	陈文培	48.00元	978-7-5175-0200-5	2017年6月第3版

书名	作者	定价	书号	出版时间
3. 外贸全流程攻略——进出口经理跟单手记(第二版)	温伟雄(马克老温)	38.00元	978-7-5175-0197-8	2017年4月第2版
4. 金牌外贸业务员找客户(第三版)——跨境电商时代开发客户的9种方法	张劲松	40.00元	978-7-5175-0098-8	2016年1月第3版
5. 实用外贸技巧助你轻松拿订单(第二版)	王陶(波锅涅)	30.00元	978-7-5175-0072-8	2015年7月第2版
6. 出口营销实战(第三版)	黄泰山	45.00元	978-7-80165-932-3	2013年1月第3版
7. 外贸实务疑难解惑220例	张浩清	38.00元	978-7-80165-853-1	2012年1月第1版
8. 外贸高手客户成交技巧	毅冰	35.00元	978-7-80165-841-8	2012年1月第1版
9. 报检七日通	徐荣才 朱瑾瑜	22.00元	978-7-80165-715-2	2010年8月第1版
10. 外贸实用工具手册	本书编委会	32.00元	978-7-80165-558-5	2009年1月第1版
11. 快乐外贸七讲	朱芷萱	22.00元	978-7-80165-373-4	2009年1月第1版
12. 危机生存——十位经理人谈金融危机下的经营之道	本书编委会	22.00元	978-7-80165-586-8	2009年1月第1版
13. 外贸七日通(最新修订版)	黄海涛(深海鱿鱼)	22.00元	978-7-80165-397-0	2008年8月第3版

出口风险管理子系列

书名	作者	定价	书号	出版时间
1. 轻松应对出口法律风险	韩宝庆	39.80元	978-7-80165-822-7	2011年9月第1版
2. 出口风险管理实务(第二版)	冯斌	48.00元	978-7-80165-725-1	2010年4月第2版
3. 50种出口风险防范	王新华 陈丹凤	35.00元	978-7-80165-647-6	2009年8月第1版

外贸单证操作子系列

书名	作者	定价	书号	出版时间
1. 外贸单证经理的成长日记(第二版)	曹顺祥	40.00元	978-7-5175-0130-5	2016年6月第2版
2. 跟单信用证一本通	何源	35.00元	978-7-80165-849-4	2012年1月第1版
3. 信用证审单有问有答280例	李一平 徐珺	37.00元	978-7-80165-761-9	2010年8月第1版
4. 外贸单证解惑280例	龚玉和 齐朝阳	38.00元	978-7-80165-638-4	2009年7月第1版
5. 信用证6小时教程	黄海涛(深海鱿鱼)	25.00元	978-7-80165-624-7	2009年4月第2版
6. 跟单高手教你做跟单	汪德	32.00元	978-7-80165-623-0	2009年4月第1版
7. 外贸单证处理技巧(第3版)	屈韬	42.00元	978-7-80165-516-5	2008年5月第1版

福步外贸高手子系列

书名	作者	定价	书号	出版时间
1. 外贸技巧与邮件实战(第三版)	刘云	38.00元	978-7-5175-0221-0	2017年8月第2版
2. 外贸电邮营销实战——小小开发信 订单滚滚来(第二版)	薄如骢	45.00元	978-7-5175-0126-8	2016年5月第2版
3. 巧用外贸邮件拿订单	刘裕	45.00元	978-7-80165-966-8	2013年8月第1版

国际物流操作子系列

书名	作者	定价	书号	出版时间
1. 货代高手教你做货代——优秀货代笔记(第二版)	何银星	33.00元	978-7-5175-0003-2	2014年2月第2版

书名	作者	定价	书号	出版时间
2. 国际物流操作风险防范——技巧·案例分析	孙家庆	32.00元	978-7-80165-577-6	2009年4月第1版
3. 集装箱运输与海关监管	赵宏	23.00元	978-7-80165-559-2	2009年1月第1版

📖 通关实务子系列

书名	作者	定价	书号	出版时间
1. 外贸企业轻松应对海关估价	熊斌 赖芸 王卫宁	35.00元	978-7-80165-895-1	2012年9月第1版
2. 报关实务一本通（第2版）	苏州工业园区海关	35.00元	978-7-80165-889-0	2012年8月第2版
3. 如何通过原产地证尽享关税优惠	南京出入境检验检疫局	50.00元	978-7-80165-614-8	2009年4月第3版

📖 彻底搞懂子系列

书名	作者	定价	书号	出版时间
1. 彻底搞懂关税（第二版）	孙金彦	43.00元	978-7-5175-0172-5	2017年1月第2版
2. 彻底搞懂提单（第二版）	张敏 张鹏飞	38.00元	978-7-5175-0164-0	2016年12月第2版
3. 彻底搞懂信用证（第二版）	王腾 曹红波	35.00元	978-7-80165-840-1	2011年11月第2版
4. 彻底搞懂中国自由贸易区优惠	刘德标 祖月	34.00元	978-7-80165-762-6	2010年8月第1版
5. 彻底搞懂贸易术语	陈岩	33.00元	978-7-80165-719-0	2010年2月第1版
6. 彻底搞懂海运航线	唐丽敏	25.00元	978-7-80165-644-5	2009年7月第1版

📖 外贸英语实战子系列

书名	作者	定价	书号	出版时间
1. 让外贸邮件说话——读懂客户心理的分析术	蔡泽民（Chris）	38.00元	978-7-5175-0167-1	2016年12月第1版
2. 十天搞定外贸函电	毅冰	38.00元	978-7-80165-898-2	2012年10月第1版
3. 外贸高手的口语秘籍	李凤	35.00元	978-7-80165-838-8	2012年2月第1版
4. 外贸英语函电实战	梁金水	25.00元	978-7-80165-705-3	2010年1月第1版
5. 外贸英语口语一本通	刘新法	29.00元	978-7-80165-537-0	2008年8月第1版

📖 外贸谈判子系列

书名	作者	定价	书号	出版时间
1. 外贸英语谈判实战（第二版）	王慧 仲颖	38.00元	978-7-5175-0111-4	2016年3月第2版
2. 外贸谈判策略与技巧	赵立民	26.00元	978-7-80165-645-2	2009年7月第1版

📖 国际商务往来子系列

书名	作者	定价	书号	出版时间
国际商务礼仪大讲堂	李嘉珊	26.00元	978-7-80165-640-7	2009年12月第1版

📖 贸易展会子系列

书名	作者	定价	书号	出版时间
外贸参展全攻略——如何有效参加B2B贸易商展（第三版）	钟景松	38.00元	978-7-5175-0076-6	2015年8月第3版

书名	作者	定价	书号	出版时间

📖 区域市场开发子系列

书名	作者	定价	书号	出版时间
中东市场开发实战	刘军 沈一强	28.00 元	978-7-80165-650-6	2009 年 9 月第 1 版

📖 国际结算子系列

书名	作者	定价	书号	出版时间
1. 国际结算函电实务	周红军 阎之大	40.00 元	978-7-80165-732-9	2010 年 5 月第 1 版
2. 出口商如何保障安全收汇——L/C、D/P、D/A、O/A 精讲	庄乐梅	85.00 元	978-7-80165-491-5	2008 年 5 月第 1 版

📖 国际贸易金融工具子系列

书名	作者	定价	书号	出版时间
1. 出口信用保险——操作流程与案例	中国出口信用保险公司	35.00 元	978-7-80165-522-6	2008 年 5 月第 1 版
2. 福费廷	周红军	26.00 元	978-7-80165-451-9	2008 年 1 月第 1 版

📖 加工贸易操作子系列

书名	作者	定价	书号	出版时间
1. 加工贸易实务操作与技巧	熊 斌	35.00 元	978-7-80165-809-8	2011 年 4 月第 1 版
2. 加工贸易达人速成——操作案例与技巧	陈秋霞	28.00 元	978-7-80165-891-3	2012 年 7 月第 1 版

📖 乐税子系列

书名	作者	定价	书号	出版时间
1. 外贸企业免抵退税实务——经验·技巧分享	徐玉树 罗玉芳	45.00 元	978-7-5175-0135-0	2016 年 6 月第 1 版
2. 外贸会计账务处理实务——经验·技巧分享	徐玉树	38.00 元	978-7-80165-958-3	2013 年 8 月第 1 版
3. 生产企业免抵退税实务——经验·技巧分享(第二版)	徐玉树	42.00 元	978-7-80165-936-1	2013 年 2 月第 2 版
4. 外贸企业出口退(免)税常见错误解析 100 例	周朝勇	49.80 元	978-7-80165-933-0	2013 年 2 月第 1 版
5. 生产企业出口退(免)税常见错误解析 115 例	周朝勇	49.80 元	978-7-80165-901-9	2013 年 1 月第 1 版
6. 外汇核销指南	陈文培等	22.00 元	978-7-80165-824-1	2011 年 8 月第 1 版
7. 外贸企业出口退税操作手册	中国出口退税咨询网	42.00 元	978-7-80165-818-0	2011 年 5 月第 1 版
8. 生产企业免抵退税从入门到精通	中国出口退税咨询网	98.00 元	978-7-80165-695-7	2010 年 1 月第 1 版
9. 出口涉税会计实务精要(《外贸会计实务精要》第 2 版)	龙博客工作室	32.00 元	978-7-80165-660-5	2009 年 9 月第 2 版

📖 专业报告子系列

书名	作者	定价	书号	出版时间
1. 国际工程风险管理	张 燎	1980.00 元	978-7-80165-708-4	2010 年 1 月第 1 版
2. 涉外型企业海关事务风险管理报告	《涉外型企业海关事务风险管理报告》研究小组	1980.00 元	978-7-80165-666-7	2009 年 10 月第 1 版

书名	作者	定价	书号	出版时间

外贸企业管理子系列

1. 小企业做大外贸的制胜法则——职业外贸经理人带队伍手记　　胡伟锋　35.00元　978-7-5175-0071-1　2015年7月第1版
2. 小企业做大外贸的四项修炼　胡伟锋　26.00元　978-7-80165-673-5　2010年1月第1版

国际贸易金融子系列

1. 国际结算与贸易融资实务（第二版）　李华根　55.00元　978-7-5175-0252-4　2018年3月第1版
2. 信用证风险防范与纠纷处理技巧　李道金　45.00元　978-7-5175-0079-7　2015年10月第1版
3. 国际贸易金融服务全程通（第二版）　郭党怀　张丽君　张贝　43.00元　978-7-80165-864-7　2012年1月第2版
4. 国际结算与贸易融资实务　李华根　42.00元　978-7-80165-847-0　2011年12月第1版

毅冰谈外贸子系列

毅冰私房英语书——七天秀出外贸口语　毅冰　35.00元　978-7-80165-965-1　2013年9月第1版

"实用型"报关与国际货运专业教材

1. e时代报关实务　王云　40.00元　978-7-5175-0142-8　2016年6月第1版
2. 供应链管理实务　张远昌　48.00元　978-7-5175-0051-3　2015年4月第1版
3. 电子口岸实务（第二版）　林青　35.00元　978-7-5175-0027-8　2014年6月第2版
4. 报检实务（第二版）　孔德民　38.00元　978-7-80165-999-6　2014年3月第2版
5. 进出口商品归类实务（第二版）　林青　45.00元　978-7-80165-902-6　2013年1月第2版
6. 现代关税实务（第2版）　李齐　35.00元　978-7-80165-862-3　2012年1月第1版
7. 国际贸易单证实务（第2版）　丁行政　45.00元　978-7-80165-855-5　2012年1月第1版
8. 报关实务（第3版）　杨鹏强　45.00元　978-7-80165-825-8　2011年9月第3版
9. 海关概论（第2版）　王意家　36.00元　978-7-80165-805-0　2011年4月第2版
10. 国际集装箱班轮运输实务　林益松　郑海棠　43.00元　978-7-80165-770-1　2010年9月第1版
11. 国际货运代理操作实务　杨鹏强　45.00元　978-7-80165-709-1　2010年1月第1版
12. 航空货运代理实务　杨鹏强　37.00元　978-7-80165-707-7　2010年1月第1版
13. 进出口商品归类实务——实训题参考答案　林青　12.00元　978-7-80165-692-6　2009年12月第1版

"精讲型"国际贸易核心课程教材

1. 国际货运代理实务精讲（第二版）　杨占林　汤兴　官敏发　48.00元　978-7-5175-0147-3　2016年8月第2版

书名	作者	定价	书号	出版时间
2. 海关法教程（第三版）	刘达芳	45.00元	978-7-5175-0113-8	2016年4月第3版
3. 国际电子商务实务精讲（第二版）	冯晓宁	45.00元	978-7-5175-0092-6	2016年3月第2版
4. 国际贸易单证精讲（第4版）	田运银	45.00元	978-7-5175-0058-2	2015年6月第4版
5. 国际贸易操作实训精讲（第2版）	田运银 胡少甫 史 理 朱东红	48.00元	978-7-5175-0052-0	2015年2月第2版
6. 国际贸易实务精讲（第6版）	田运银	48.00元	978-7-5175-0032-2	2014年8月第6版
7. 进出口商品归类实务精讲	倪淑如	48.00元	978-7-5175-0016-2	2014年7月第1版
8. 外贸单证实训精讲	倪 波 田运银	48.00元		
	龚玉和 齐朝阳	42.00元	978-7-80165-937-8	2013年4月第1版
9. 外贸英语函电实务精讲	傅龙海	42.00元	978-7-80165-935-4	2013年2月第1版
10. 国际结算实务精讲	庄乐梅 李 菁	49.80元	978-7-80165-929-3	2013年1月第1版
11. 报关实务精讲	孔德民	48.00元	978-7-80165-886-9	2012年6月第1版
12. 国际商务谈判实务精讲	王 慧 唐力忻	26.00元	978-7-80165-826-5	2011年9月第1版
13. 国际会展实务精讲	王重和	38.00元	978-7-80165-807-4	2011年5月第1版
14. 国际贸易实务疑难解答	田运银	20.00元	978-7-80165-718-3	2010年9月第1版
15. 集装箱运输系统与操作实务精讲	田聿新 杨永志	38.00元	978-7-80165-642-1	2009年7月第1版

"实用型"国际贸易课程教材

书名	作者	定价	书号	出版时间
1. 海关报关实务	倪淑如 倪 波	48.00元	978-7-5175-0150-3	2016年9月第1版
2. 国际金融实务	李 齐 唐晓林	48.00元	978-7-5175-0134-3	2016年6月第1版
3. 外贸跟单实务	罗 艳	48.00元	978-7-80165-954-5	2013年8月第1版
4. 国际贸易实务	丁行政 罗艳	48.00元	978-7-80165-962-0	2013年8月第1版

电子商务大讲堂·外贸培训专用

书名	作者	定价	书号	出版时间
1. 外贸操作实务	本书编委会	30.00元	978-7-80165-621-6	2009年5月第1版
2. 网上外贸——如何高效获取订单	本书编委会	30.00元	978-7-80165-620-9	2009年5月第1版
3. 出口营销指南	本书编委会	30.00元	978-7-80165-619-3	2009年5月第1版
4. 外贸实战与技巧	本书编委会	30.00元	978-7-80165-622-3	2009年5月第1版

中小企业财会实务操作系列丛书

书名	作者	定价	书号	出版时间
1. 小企业会计疑难解惑300例	刘华 刘方周	39.80元	978-7-80165-845-6	2012年1月第1版
2. 做顶尖成本会计应知应会150问	张 胜	38.00元	978-7-80165-819-7	2011年8月第1版
3. 会计实务操作一本通	吴虹雁	35.00元	978-7-80165-751-0	2010年8月第1版

2017年中国海关出版社乐贸系列新书重磅推荐 >>

《外贸大牛的术与道》

作者：丹 牛
定价：38.00 元
书号：978-7-5175-0163-3
出版日期：2016 年 10 月

内容简介

外贸江湖中，有哪些克敌制胜的秘籍，可以让你顺利成交订单？同客户"过招"，怎样报价、撰写邮件，才能一拳击中目标？在工作中如何运用作为重中之重的内功心法——思维能力？想要开门立派，自主创业，如何迈出至关重要的第一步？名声赫赫的大公司和夕阳产业的小门派，哪个能助让你登上高峰？波涛汹涌的形势下，作为外贸人又该如何立足？外贸高手丹牛将以风趣幽默的语言，为你娓娓道来。

2017 年中国海关出版社乐贸系列新书重磅推荐 >>

《外贸全流程攻略——进出口经理跟单手记（第二版）》

作者：温伟雄（马克老温）
定价：38.00 元
书号：978-7-5175-0197-8
出版日期：2017 年 4 月第 2 版

内容简介

《外贸全流程攻略——进出口经理跟单手记》第一版出版以来受到读者广泛好评。为了满足最新政策和形势下外贸人的需求，作者修订了本书。

《外贸全流程攻略——进出口经理跟单手记》第二版仍延续了第一版的定位和写作方式，结合大量图表和一个虚拟订单，在更真实的情境下介绍外贸出口流程操作。同时，针对报关员资格考试取消、无纸化通关逐步完善、报关单出口退税联取消、4 个新的自贸协定签订等变化增删了相应内容。

《外贸全流程攻略——进出口经理跟单手记》第二版，语言通俗易懂，流程讲解详略得当，实用性极强，有助于读者迅速跟上外贸行业发展节奏，高效完成工作，值得反复阅读。

2017 年中国海关出版社乐贸系列
新书重磅推荐 >>

《让外贸邮件说话》

作者：蔡泽民（Chris）

定价：38.00 元

书号：978-7-5175-0167-1

出版日期：2016 年 11 月

内容简介

"互联网+"时代，邮件是展会的最佳助攻，是开发客户的必备利器，也是与客户谈判的重要桥梁。

如何高效利用邮件的功能，成为困扰许多外贸人的难题。本书将引导你开拓不同的外贸思维，利用开发信抢占商机，教你深度分析客户只言片语的技巧，精准把握客户需求。

本书甄选大量作者与客户往来的真实邮件，再现谈判实景，深入解读客户字里行间的"潜台词"。

全书语言轻松，逻辑缜密，带你一步一步揭开客户神秘的内心世界，对症下药，高效开发客户，成交订单。